칭기즈칸의 세계화 전략

몽골 병법

THE MONGOL ART OF WAR

_____ 님께

아낌없이 베풀어주신 사랑에 감사드립니다.

_____ 드림

칭기즈칸의 세계화 전략

몽골 병법

THE MONGOL ART OF WAR

티모시 메이 지음 | **신우철** 옮김

KOREA.COM

THE MONGOL
ART OF WAR

현대의 지휘관들이 전략과 전술 문제에 봉착한 경우,
몽골 군대의 기본 전략과 전술 원칙을 고려해보면서
'칭기즈칸이라면 이런 문제를 어떻게 타개해 나갔을까?'
자문해보는 것은 매우 현명한 방법이다.

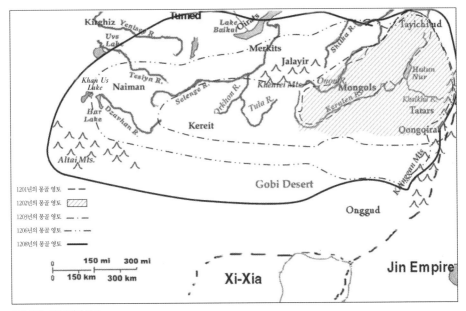

▓▓▓ 1201~1208년의 몽골

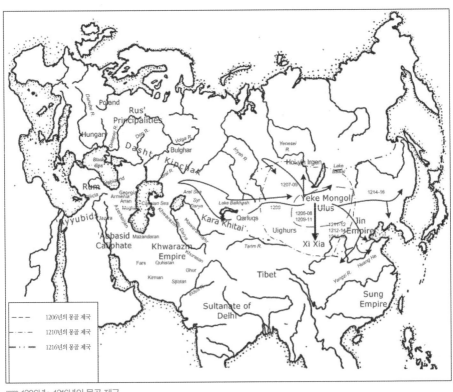

▓▓▓ 1206년~1216년의 몽골 제국

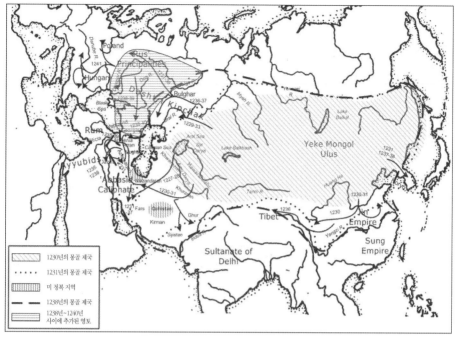

▩▩▩ 1230년~1240년의 몽골 제국

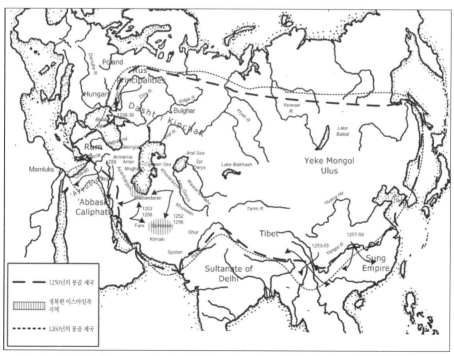

▩▩▩ 1250~1260년의 몽골 제국

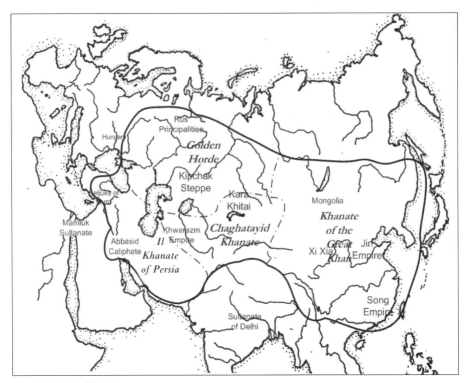

저자TIP 발음과 음역 가이드

몽골을 연구하는 데 있어서 가장 어려운 점은 여러 언어를 알아야 한다는 것이다. 연구에 필요한 주요 문서가 몽골어, 중국어, 아랍어, 페르시아어, 러시아어, 라틴어, 고대 프랑스어, 그루지야어, 일본어 및 기타 언어로 쓰여있기 때문에 인명과 지명이 여러 가지 형태로 나타난다. 나는 가능한 한 발음 기호의 사용을 자제하면서 학계에서 공인된 인명과 지명을 고수하려고 노력했다. 특이하게도 중국이나 페르시아어보다 러시아어식 인명과 지명이 선호되고 있지만, 본서에 사용한 단어는 주요 인물, 용어, 장소를 식별하는 데 어려움이 없을 것이다.

🔊 본문에 나오는 인명과 지명을 처음 대하는 독자는 이를 어떻게 읽어야 할지 혼란스러울 것이다.
여기에 그러한 문제를 해결해주고자 기본적인 발음 지침을 소개한다.
'Kh'는 스코틀랜드어의 'loch'나 독일어의 'ach'에서의 'ch'처럼 발음한다.
'Ch'은 'church'에서의 'ch'처럼 발음한다.
'Ö'은 'ugly'에서의 'u' 발음을 목 뒤쪽에서 발음한다.
'Ü'은 'goose'에서의 'oo'처럼 발음한다.
'Ts'는 'cats'에서의 'ts'처럼 발음한다.
어미에 붙는 'ci'는 몽골어와 터키어의 접미사 'chee'처럼 발음한다.

Acknowledgements
감사의 말

이 책이 출간되기까지 도움을 주신 많은 분들께 감사드린다. 우선 위스콘신-매디슨대학교(University of Wisconsin-Madison)의 데이빗 모르간(David Morgan) 교수께 감사의 마음을 전하고 싶다. 모르간 교수는 내 논문의 일부로 썼던 이 책의 원고를 반복해서 읽고 충고를 아끼지 않았을 뿐만 아니라, 펜 & 소어드 출판사(Pen & Sword Publishing)를 소개해주신 분이기도 하다. 특히, 그는 내가 페르시아를 다루는 부분에서 많은 도움을 주었다.

내 논문의 심사위원회 의장인 마이클 체임벌린(Michael Chamberlain)은 내가 몽골 군대를 연구하는 데 있어서 구태의연한 관점에서 벗어나도록 독려해주었다. 낯선 부족에서 징집한 병사를 어떻게 몽골의 정규군으로 만들 수 있었는지에 대한 연구는 체임벌린 교수가 내게 정해준 과제였다. 체임벌린 교수는 내가 아랍어를 몰라서 힘겨워할 때 결정적인 도움을 주기도 했다.

내게 충고를 아끼지 않은 울리 샤밀로글루(Uli Shamiloglu), 데이빗 맥도널드(David McDonald), 찰스 할페린(Charles Halperin), 토마스 알센(Thomas Allsen), 미샬 비란(Michal Biran), 레우벤 아미타이(Reuven Amitai), 크리스토퍼 아트우드(Christopher Atwood), 모

리스 로사비(Morris Rossabi) 그리고 케말 카르파트(Kemal Karpat)에게 감사드린다. 질문에 대한 그들의 대답과 조언은 내게 너무나 소중한 자산이 되었다. 특별히 폴 부엘(Paul Buell)에게 감사드린다. 그는 이 책의 초고에 대한 논평을 해준 것은 물론, 다른 프로젝트를 연기하고 이 책을 탈고할 때까지 인내심을 가지고 기다려주었다.

　내가 재직하고 있는 북조지아대학 및 주립대학교(North Georgia College and State University)의 역사학과 학과장인 조지아 만 박사(Dr. Georgia Mann)와 예술 및 문학 대학 학장인 크리스토퍼 제스퍼슨 박사(Dr. Christopher Jespersen)는 많은 격려로 지지해주었고, 내가 이 책을 집필할 수 있도록 강의할 과목의 수를 줄여주었다. 또한, 북조지아대학 및 주립대학교와 위스콘신-매디슨대학교의 대학 도서관 상호 대출(interlibrary loan) 담당 직원들에게도 감사드린다. 그들이 없었더라면 이 책의 집필은 불가능했을 것이다.

　그리고 친애하는 동료 리처드 바이어스 박사(Dr. Richard Byers)는 베르마흐트군(Wehrmacht)의 훈련에 대해 자세히 가르쳐주었으며, 몽골군과 그들이 남긴 유산에 대한 나의 두서없는 질문에 정성껏 답변해주었다. 또한 2005년과 2006년 봄 학기에 가르쳤던 몽골

정복(Mongol Conquest) 과목을 수강한 제자들에게게도 감사드린다. 몽골에 관심이 많았던 그들은 내가 상상조차 하지 못한 수많은 질문을 던졌으며, 그들의 질문에 나는 이 책의 결론을 재고(再考)해야만 했다. 내 제자 리 모드린(Lee Modlin)은 이 책의 삽화를 그려주었다.

펜&소어드 출판사의 편집장 루퍼트 하딩(Rupert Harding)의 부지런함과 부단한 인내가 없었더라면, 이 책은 세상에 나오지 못했을 것이다. 집필 초기부터 그의 제안은 내게 큰 힘이 되었고, 내가 가야 할 방향을 제시해주었다.

항상 나를 지지해주는 아름다운 아내 미쉘린(Michaeline)과 아이들에 대한 고마움은 이루 다 말로 표현할 수 없다. 미쉘린은 내가 이 책을 집필할 시간을 마련해주었고, 사랑하는 나의 아이들인 아이단(Aidan), 빅토리아(Victoria), 카이라(Kira)는 내가 스트레스에서 벗어나 인생을 즐길 수 있는 여유를 안겨주었다.

추천의 글

소수 부족에서 위대한 나라를 만든 칭기즈칸의 비밀

몽골 변방의 소수 유목민 출신인 칭기즈칸이 정복한 땅의 면적은 얼마나 될까요? 알렉산더가 348만 km^2, 나폴레옹이 115만 km^2, 히틀러가 219만 km^2에 달하는 지역을 지배했습니다. 칭기즈칸은 이 모든 지역을 합친 것보다 넓은 무려 777만 km^2에 이르는 땅을 지배한 정복자입니다. 그에게 정복당한 나라의 역사가들이 남긴 기록에서 그는 무자비한 도륙을 일삼은 정복자였지만, 오늘날의 칭기즈칸에 대한 평가는 다릅니다. 그 누구도 따라올 수 없는 위대한 성과를 이룩한 리더이자 세계사의 가장 중요한 인물로 손꼽고 있습니다.

최근 세계 경제난의 혼란과 위기를 맞아 칭기즈칸이 난국을 타파할 지도자상으로 새롭게 부각되고 있습니다. 그는 유목민들만이 가진 고유의 특성을 살리면서 혁신을 시도하여 조직력을 강화시켰습니다. 자신의 고유한 것을 적극 활용하여 세계화에 적용한 지혜는 칭기즈칸을 따를 만한 이가 없을 것입니다. 장기전에 능한 몽골 준마와 독특한 군장과 무기, 전통 사냥법을 통한 전략과 전술로 엄청난 기동력을 구사한 몽골군은 중세 기사들에게 공포의 대상이었습니다. 그는 10진법적인 군사조직인 천호제로 조직을 개편하는 한편,

부족장이나 씨족장을 우대했던 전통적인 방식을 깨고 능력에 따라 장수를 기용하여 전투력을 극대화했습니다. 특히, 능력을 우선으로 한 인재등용은 칭기즈칸 휘하의 장수들로 하여금 충성을 다하게 했고, 합리적이고 인간적인 리더십은 조직의 결속을 최상으로 끌어올렸습니다. 전리품도 상하관계가 아닌 각자의 성과에 따라 분배했고, 전사자 가족에게도 나누도록 했습니다. 전투에서는 항상 선두에서 위험을 두려워하지 않고 솔선수범으로 지휘했고, 병사들과 똑같이 '게르' 안에서 생활하여 몽골인들에게 무한 존경의 대상이 되었습니다.

〈몽골 병법〉은 소수 부족에서 위대한 제국의 황제가 되기까지 칭기즈칸의 탁월한 지도력과 함께 아시아와 유럽에서 치른 전쟁의 낱낱을 소개하고, 승리 비결과 전략을 상세하게 다루고 있습니다. 칭기즈칸에 관한 많은 책들이 있지만, 잘못된 오해와 왜곡을 바로잡아 주고 현대 조직과 일맥상통한 몽골군의 조직과 체계, 모병과 무기 등을 면밀히 고찰한 전문서는 매우 드뭅니다. 혹독한 고통을 이겨내고 다양한 환경에서 승리를 거둔 칭기즈칸 군대의 전략과 전술을 깊이 다룬 이 책은 위기를 기회로 반등시키고 강한 정신력으로 우리를 새롭게 무장시켜줄 것입니다. 세계를 정복한 칭기즈칸의 끝없는 열정과 강력한 리더십이 필요한 지금, 초원의 거친 숨소리와 웅장한 말발굽 소리에 온 몸을 던져보십시오. 수많은 용장들을 지휘하는 선두에 바로 나 자신이 서 있을 것입니다.

(예)육군대장 **백선엽**

추천의 글
세계를 정복한 전략, 기동전의 뿌리!

몽골의 수도 울란바토르에서 몽골말을 타볼 기회가 있었습니다. 사실 한국에서 말을 타보는 것과 크게 다를 바가 없었습니다. 승마 체험을 마치자, 고삐를 쥐고 안내해주었던 몽골 소년은 자신의 말에 올라탄 후 다른 무리의 말들과 함께 쏜살같이 먼지를 일으키며 들판을 가로질러 달려갔습니다. 한 삼십여 마리쯤 되어 보이는 말 무리가 삽시간에 넓은 평원을 건너서 지평선 너머로 사라졌습니다. 걸음마를 배우기 전부터 승마를 배웠다는 몽골 소년들이 말을 타고 질주하는 광경은 소름이 끼칠 만큼 위협적이었습니다. 이들을 전투력으로 조직화한 것이 칭기즈칸의 원정군이었다는 사실이 뇌리를 스쳐 갔습니다.

기동(機動) 능력을 바탕으로 싸우는 전법을 기동전(機動戰)이라고 합니다. 이것은 전투력을 신속하게 발휘하여 적보다 유리한 위치를 선점하기 때문에 전쟁에서 승리할 가능성을 높여줍니다. 적이 동쪽을 향해 배치되어 있으면 신속하게 서쪽으로 기동하여 적이 준비되지 않은 곳을 공격하는 것입니다. 적군이 수적으로 우세하다 해도, 조직이 무너지면 전투력을 발휘할 수 없습니다. 따라서 기동력이 우

세한 경우에는 적을 기습하거나 심리전으로 교란시켜 적의 지휘 체
계를 마비시킬 수 있습니다.

　유목민들이 말을 잘 탄다고 해서 모두 기동전의 명수(名手)가 되
는 것은 아닙니다. 칭기즈칸이 수많은 내부의 도전을 이겨내면서 하
나의 통일된 세력으로 몽골제국을 구축하고 광대한 영토를 점령할
수 있었던 것은 그만의 탁월한 능력이 있었기 때문입니다. 이 책은
그러한 능력을 분석적으로 설명해주고 있습니다. 첫째, 자유분방한
유목민들을 일사불란한 지휘 체계 하에 엄정한 군기를 유지하는 전
투원으로 양성하고 관리할 수 있었던 것은 칭기즈칸만의 탁월한 지
휘 능력에 기인했습니다. 둘째, 미지의 세계를 침공하면서 부단히 상
대를 파악하여 적의 강점(强點)은 피하고 약점(弱點)을 찾아 공격할
수 있었던 것은 그의 군사 정보 체계가 매우 우수했기 때문이었습니
다. 셋째, 빠르게 변화하는 기동전 상황에서 여러 부대가 서로 협조
하며 자유자재로 집중하고 분산하고 돌진하고 철수하면서 적을 유
인하고 격멸할 수 있었던 것은 통신기기가 발달하지 않았던 당시의
상황으로 볼 때 실로 놀라운 능력이었습니다. 저자는 그것을 통합된

작전 계획, 분권화된 임무형 명령 체계 그리고 반복된 훈련으로 설명하고 있습니다. 넷째, 그의 군대가 가혹하게 파괴하고 잔인하게 학살을 자행했지만, 그런 방법들이 결국 몽골 특유의 '의도 중심 전략'에 귀결된 것이었다고 분석합니다. 이것은 '전투력 중심 전략'과 구별되는 개념으로 적의 저항 의지를 분쇄하는 데 주안점을 둔 전략이라고 볼 수 있습니다. 다섯째, 그의 군대가 상대방의 특징에 따라 늘 새로운 전법을 구사하고 또 상대방의 장점을 배우면서 자신의 전투력을 개선해나갔던 것은 합리적인 융통성으로 볼 수 있습니다.

　칭기즈칸은 전장을 깊게 보고 넓게 쓰면서, 적이 약점을 노출하도록 유도하고 자신의 강점에 집중했던 기동전의 명수였습니다. 저자는 그의 기동전 개념이 현대 전략 전술의 뿌리가 되었다는 점을 강조하고 있습니다. 〈칭기즈칸의 세계화 전략: 몽골 병법〉을 통해 기동전의 뿌리와 세계를 지배한 리더십을 이해하는 것은 오늘날 위기를 뛰어넘는 정신력을 배우는 데 매우 뜻 깊은 일이 될 것입니다.

(예)육군대장·(현)한미안보연구회 회장 **김재창**

Contents

칭기즈칸의
세계화 전략
몽골 병법

THE MONGOL
ART OF WAR

PROLOGUE
프롤로그

어느 금요일, 호라즘제국(Khwarazmian Empire)의 대도시 부하라의 이슬람 사원은 꾸역꾸역 모여든 사람들로 발 디딜 틈도 없었다. 때는 1220년이었다. 사원이 군중으로 가득 찬 까닭은 설교를 듣기 위해서가 아니라, 자신들이 살고 있는 도시 부하라를 방금 점령한 전사(戰士)의 말을 듣기 위해서였다. 작은 말에서 내린 다음 연단에 오른 전사는 영락없는 이방인이었다. 입고 있는 갑옷은 그가 머나먼 이국 출신임을 말해주었다. 종교 지도자, 의사, 학자, 지역 유지 등이 뒤섞인 군중은 이방인이 말하기를 기다렸다. 이윽고 그가 입을 열었다. 그의 연설은 통역을 통해 군중에게 전해졌다.

"잘 들으시오! 당신들은 대역죄를 저지른 죄인임을 깨달아야 하오.

내가 그렇게 확신하는 이유는 내가 바로 신이 보낸 심판자이기 때문이오. 당신들이 대역죄를 짓지 않았다면 신은 당신들에게 나 같은 처벌자를 내려 보내지 않았을 것이오."

자칭 신의 처벌자는 부하라 시민들에게 설교나 하러 온 것은 아니었다. 그의 군사들은 부하라를 약탈했다. 그것도 아주 조직적으로 말이다. 결국 시민들은 짐승들처럼 떼를 지어서 끌려갔고, 목숨을 부지한 이들은 정복자들과 함께 행군해야 했다. 그 이방인이 누구이며, 그의 군대가 부하라의 성벽 앞에 나타난 이유를 모르는 시민들은 이와 같은 갑작스러운 사건에 어리둥절할 뿐이었다. 그러나 칭기즈칸이라고 불리는 낯선 정복자는 이내 몽골군을 진두지휘하며 도시의 나머지 지역도 정복해나갔다. 붙잡힌 포로들은 이처럼 끔찍한 재앙이 어떻게 생겨나게 되었는지를 의아해하면서 승리한 군대와 함께 행진했을 것이다.

전쟁은 이미 1년 전에 시작되었다. 오트라르(Otrar)라는 국경 도시의 태수(太守)가 호라즘의 통치자 술탄 무함마드 호라즘샤 2세의 동의를 얻어 신흥 몽골제국의 대상(隊商)을 살해한 것이 그 발단이었다. 이에 대한 보복을 하기 위해 몽골의 통치자 칭기즈칸은 최소한의 병력만을 남겨둔 채 중국 북부에서 벌어진 금(金)나라와의 전쟁을 뒤로 하고, 15만 병력을 서쪽으로 이동시켰다.

오트라르로 진격한 칭기즈칸의 군대는 1220년 가을에 이곳을 포위했다. 쉴 새 없이 밤낮으로 공격을 퍼부은 몽골군은 결국 오트라르를 함락하고, 태수 이날칸(Inal Khan)을 생포했다. 무함마드 2세가 대상의 살해에 어떤 역할을 했는지는 불분명했지만, 칸이 그 사건의 당사자임은 분명한 사실이었다. 이날 칭기즈칸은 칸의 귀와 눈에 녹은 은을 채워 넣어서 그를 처형했다.

오트라르를 함락한 칭기즈칸은 군대를 셋으로 나누었다. 일부는 아랄해(Aral Sea) 남부의 도시 우르겐치(Urgench)로 진격했고, 나머지는 아무다리야강(Amu Darya River)을 건너서 교외 지역을 하나둘 파괴해 나갔다. 그리고 칭기즈칸은 직속 부대를 거느리고 키질쿰사막(Kizilkum Desert)을 횡단하여 부하라로 진군했다.

몽골군은 광활한 호라즘제국 전역에 흩어져서 공격을 펼쳤지만, 전령은 각 부대의 공격 상황을 칭기즈칸에게 쉬지 않고 보고했다. 칭기즈칸의 군대는 부하라로 부채꼴 모양으로 넓게 펴져서 진격하면서 부하라와 무함마드 2세 간의 의사소통을 단절시키는 대(大) 포위 작전을 개시했다. 그와 동시에 나머지 몽골 병력은 공격을 감행하여 무함마드 2세는 병력을 규합할 수 없었다.

하지만 부하라의 방어도 만만치 않았다. 1만 2천 명의 기마병이 증원되어 방어군은 2만 명으로 늘어났고, 난공불락의 요새는 부하라 공략의 최대 난관이었다. 그러나 부하라 방어군이 접한 소식은 비관적이었다. 몽골군이 부하라 주변으로 점점 포위망을 좁혀가자, 부하라로 도망쳐온 인근 시민들은 몽골군이 학살과 기습 공격을 일삼으며 갑작스럽게 퇴각한다는 소식을 전했기 때문이었다. 부하라는 점점 늘어나는 피난민으로 식량과 식수가 부족해지기 시작했다. 부하라 시민들은 이내 허술한 방위력을 실감해야 했다.

인근 도시들을 정복해 나가던 칭기즈칸 군대은 마침내 1220년 2월과 3월경에 부하라를 포위했다. 몽골을 배신한 몽골인으로 소문이 났던 부하라군의 사령관 콕-칸(Kok-Khan)은 공성기(성을 공격하는 무기)를 세우지 못하도록 몽골군을 동틀 무렵에 공격했다. 콕-칸은 또한 몽골군의 포위망을 뚫고 지원군을 요청하기 위한 공격을 시도하기도 했다. 호라즘의 기병대는 몽골 포위망의 허술한 지점을 밀어붙여 탈출에 성공했지만, 이것은 몽골군의 계획된 작전이었다. 포위망을 뚫고 나아가는 호라즘군을 지켜보던 몽골군은 호라즘군의 후방과 측면을 공격하며 추격했다. 다행히 목숨을 건진 콕-칸은 부하라 요새로 되돌아가려고 했지만, 호라즘 기병대의 대부분이 아무 다리야강에 도착하기도 전에 목숨을 잃고 말았다.

다음 날, 부하라인들은 강화를 협의하려고 일련의 성직자와 공직자를 칭기즈칸에게 보냈다. 강화 회담은 요새의 콕-칸과 방어군이 배제된 채 진행되었다. 아마도 콕-칸은 강화 회담이 열리는 것도 몰랐을 것이다. 어쨌든, 부하라인들의 항복을 받은 칭기즈칸은 이슬람 사원의 연단에 올라 군중들 앞에서 일장 연설을 했다. 이어 몽골군은 부하라를 차근차근 약탈하기 시작했다.

그러나 몽골의 승리는 그것이 전부가 아니었다. 요새는 아직 함락되지 않았다. 칭기즈칸은 자신의 군사들에게 호라즘군을 완전히 몰아내고 요새를 함락하도록 명령했다. 평원에서의 전투는 누구도 몽골군의 적수가 될 수 없었지만, 시가전은 양상이 달랐다. 시민들의 도움을 받아 야간 공격을 벌이는 콕-칸과 방어군의 결사 항전에 몽골군은 속수무책이었다.

하지만 방어군의 공격에 가만히 당하고만 있을 몽골군이 아니었다. 몽골군은 부하라 시민들의 노동력을 조직적으로 활용하여 투석기, 노포(弩砲 여러 개의 화살을 연달아 쏠 수 있는 활), 사닥다리, 충각(衝角 뾰족한 쇠붙이) 등의 공성기를 만들어 요새를 공격했다. 공격이 시작되자, 부하라 시민들은 쏟아지는 화살 속에서 해자(垓字 성 밖으로 둘러서 판 못)를 메우기 위해 선봉에 나서야했다. 방어군은 이제 동료 시민들에게 활과 돌을 퍼부었고, 불붙은 기름 단지를 쏟아 부었다. 몽골군의 명령 불복종은 곧 죽음을 의미했기 때문에 징집된 부하라 시민들은 계속 진격하지 않을 수 없었다.

계속되는 포위 공격 속에서도 콕-칸과 방어군은 결사적으로 저항했다. 몽골군의 포위망을 뚫으려는 시도는 여러 차례 있었지만, 매번 실패로 돌아갔다. 반면에 바위, 장작더미, 잡석, 부하라 시민들의 시체 등으로 무자비하게 해자를 채운 몽골군은 불붙은 기름 단지와 포탄을 던지면서 요새에 침입하려고 시도했다. 맹렬한 공격으로 방어군이 주춤하는 사이에 요새 안으로 침입하는 데 성공한 몽골군은 눈에 띄는 적군은 한 명도 남기지 않고 목을 베었다. 몽골군이 더없이 가혹하게 대한 것은 투르크족이었다. 몽골군은 모든 유목 부족의 지배자인 칭기즈칸에 항복하기를 거부한 투르크족을 괘씸하게 여겼기 때문이었다.

역사 기록에 의하면, 이 요새의 함락으로 호라즘인 3만 명이 사망했다고 한다. 하지만 그것으로 칭기즈칸의 분노가 사그라진 것은 아니었다. 부하라에서 다시는 자신의 권위에 대항하지 못하도록 부하라에 있던 성벽과 방어 시설을 하나도 남김없이 파괴했다.

이제 위대한 정복자 칭기즈칸이 다음 정복지로 정한 곳은 호라즘의 수도 사마르칸트(Samarqand)였다. 사마르칸트를 공격하기에 앞서 칭기즈칸은 노동력과 화살받이로 활용하기 위해 생존한 부하라 시민들 중에서 힘이 센 장정들을 선발했다. 타우샤(Tausha) 장군을 다루가치(Daruqaci), 즉 폐허가 된 부하라의 통치자로 임명한 칭기즈칸은 몽골군을 거느리고 다음 정복지로 행군했다.

부하라가 함락되었다는 소식을 들은 무함마드 2세는 공포에 떨었다. 대도시 부하라가 비교적 손쉽게 함락되었을 뿐만 아니라, 또 다른 몽골군이 마와란나르(Mawarannahr 시르다리야강[Syr Darya River]과 아무다리야강[Amu Darya River] 사이에 있는 지역)를 지나 맹렬하게 돌진해오고 있다는 보고에 전전긍긍하던 무함마드 2세는 자신이 다스리던 제국의 나머지 지역은 잃지 않으리라는 기대 속에서 사마르칸트와 마와란나르를 버리기로 마음먹었다. 그러나 이와 같은 무함마드 2세의 결정은 칭기즈칸의 화만 돋울 뿐이었다. 칭기즈칸은 장수 두 명에게 무함마드 2세를 지구 끝까지 추격하라고 명령했다. 설상가상으로, 권위를 상실한 무함마드 2세는 휘하 군사 중 7천 명이 자신에 대한 충성심을 버리고 몽골군에 가담하는 것을 지켜볼 수밖에 없었다.

반면에 부하라의 대학살에서 용케 살아남아 호라산(Khurasan)으로 도망친 사람이 있었다. 몽골군의 침입에 대한 소식이 빠른 속도로 퍼지던 와중에 그처럼 귀중한 소식원은 없었다. 먼 길을 달려와 녹초가 된 그는 궁금증을 풀려는 호라산 시민들의 재촉에 이처럼 간단히 대답해주었다. "진격해온 몽골군은 적군을 물리치고 건물을 불태우고, 시민을 살해하고, 재물을 약탈하고는 홀연히 떠났다."

그로부터 20년 후, 유럽의 어느 사가(史家)는 몽골군이 또 다른 지역을 침략했다는 소식을 접했다. 〈주요 연대기(Chronica Majora)〉라는 문서를 편찬하면서 유럽에서 떠도는 소문과 소식을 수집하던 영국의 수사(修士) 매튜 패리스(Matthew Paris)가 바로 그 사가였다. 패리스는 〈주요 연대기〉에 중동에서 벌어진 사건들은 물론, 몽골군이 폴란드와 헝가리를 침략했다는 소식도 담았다. 그는 부하라에서 도망친 사람의 말을 이렇게 부연하여 설명하고 있다.

"그들은 도시를 완전히 파괴했다. 숲을 불태우고 성을 무너뜨리고 수목을 뿌리째 뽑고 논밭을 짓밟은 데다 무고한 시민을 학살했다. 간혹 목숨을 구걸하는 이들을 살려두는 경우도 있었는데 이렇게 생존한 사람들은 최저 수준의 노예, 즉 전장의 최전방에 나서서 동족을 향해 창칼을 휘두르는 노예가 되어야 했다."

CHAPTER 1
몽골제국의 탄생과 성장,
1185년~1265년

칭기즈칸(Chinggis Khan 서양에서는 '젱기스칸[Genghis Khan]'
이라고도 불림)이 세운 몽골제국은 동해(East Sea)에서 지중
해(Mediterranean Sea)와 카르파티아산맥(Carpathian Mountains)에
걸쳐 역사상 가장 넓은 지역을 다스린 제국이었다. 전성기에는 백만
명이 넘는 병사를 칸(Khan 몽골제국의 황제를 뜻함)의 휘하에 두고
있을 정도였다. 이처럼 엄청난 규모의 군대를 거느린 몽골 황제가
세계를 지배하겠다는 결심을 행동으로 옮기지 못할 이유는 없었다.
그러나 대제국은 주체할 수 없는 규모 때문에 결국 붕괴되고 말았다.
그럼 이제부터 역사적 사실을 통해서 몽골제국이 어떻게 탄생했으
며, 아시아와 유럽으로 세력을 넓혀가다가 어떻게 네 왕국으로 분열

되었는지에 관해 간략히 살펴보자.

☸ 칭기즈칸의 출현

몽골제국 역사에서 가장 힘든 시기를 꼽으라면 언제일까? 칭기즈칸이 흩어져 있던 몽골 세력을 규합해서 하나의 제국으로 흡수시킨 통일기일 것이다. 테무친(Temüjin 칭기즈칸의 아명 -역주)이 어떻게 몽골의 절대 권력자가 될 수 있었는지는 아무도 모른다. 1160년대만 해도 몽골고원에는 테무친보다 더 강력한 힘을 자랑하는 부족장이 한둘이 아니었다. 게다가 몽골의 동쪽과 중국 북부에는 조상 대대로 내려오는 몽골의 적대국 타타르(Tatars)와 금나라(Jin Dynasty)가 각각 확고부동한 세력을 형성하고 있었다. 이들 두 나라와의 전쟁에서 잇따라 패배한 후, 몽골고원에 여러 군소 부족으로 뿔뿔이 흩어진 몽골은 타타르의 계속되는 침략을 막기 위해 그나마 세력이 좀 더 강한 부족과 힘을 모으는 상황에 놓여 있었다. 그렇지만 이처럼 진정한 칸이 없는 어려운 상황에서도 멈추지 않고 침략국에 맞서 싸운 예수게이 바하두르(Yisügei Bahadur 바하두르[Bahadur]는 '영웅', '용감한 사람'이라는 의미)와 같은 부족장도 있었다. 예수게이는 선봉에 서서 타타르의 침략을 막은 것은 물론, 12세기에 몽골에 불어 닥친 대변혁의 촉매제 역할을 한 인물이었다.

예수게이는 테무친의 아버지로 당시 전통적 악습인 납치를 통해 호엘룬(Hö'elün)이라는 아내를 얻었다. 옹기라트족(Onggirat Tribe) 출신인 호엘룬은 원래 메르키트족(Merkit) 출신인 칠레두(Chiledu)

의 아내였는데, 남편을 따라 초원으로 이동하던 도중 예수게이와 그의 형제들에게 공격을 받았다. 칠레두는 도망쳤지만, 호엘룬은 납치되어 예수게이의 정실부인이 되었다. 1165년경에 테무친을 낳은 호엘룬은 조치-카사르(Jochi-Kasar), 카춘(Kachun), 테무게(Temüge) 등의 아들과 막내딸 테물룬(Temülün)을 잇따라 출산했다. 그리고 예수게이는 두 번째 아내 코아그친(Ko'agchin)과 결혼하여 두 아들 베크테르(Bekhter)와 벨구테이(Belgütei)를 낳았는데, 이 둘은 나이가 테무친보다 약간 많았던 것 같다.

예수게이는 자식들과 오랜 시간을 보내지 못했다. 테무친이 여덟아홉 살 때, 예수게이는 테무친을 데리고 장래의 신붓감을 찾아 나섰다. 가는 도중에 두 부자는 옹기라트족(Onggirat)의 부족장 다이-세첸(Dai-Sechen)을 만났는데, 그는 테무친보다 몇 살 연상인 자신의 딸 보르테(Börte)가 테무친의 좋은 아내가 될 것이라고 예수게이를 설득했다. 예견 능력이 있던 다이-세첸은 한눈에 어린 몽골 소년의 비범함을 알아보고 다음과 같은 글을 남겼다.

당신의 어린 아들은
눈에서 불꽃이 일고,
얼굴에서 광채가 나는 듯하군요.

다이-세첸은 또한 예수게이에게 지난밤 꿈을 이야기해주었다. 하얀 매 한 마리가 해와 달을 움켜쥐고 자신에게 다가오는 꿈이었다. 그는 테무친이 바로 그 흰 매이며, 흰 매가 해와 달을 움켜쥔 것은 테무친이 세상을 지배한다는 뜻이라고 풀이했다.

　이를 길조라고 생각한 예수게이는 테무친을 다이-세첸에게 맡긴 채 자신의 부족으로 발길을 돌렸다. 지금도 마찬가지지만, 당시에 고원의 유목민들에게는 나그네를 만나면 음식과 거처를 제공하는 관습이 있었다. 도중에 초원에서 야영을 하던 부족을 만난 예수게이는 잠시 쉬어가기 위해 걸음을 멈췄다. 불행하게도 예수게이가 찾아간 부족은 타타르족이었다. 몽골 부족에 적대감을 가졌음에도 야영을 하던 타타르족은 자신들을 찾아온 몽골인 나그네를 환대하고 음식과 잠자리를 제공했다. 그러나 예수게이가 몽골의 부족장임을 알아채자 음식에 독을 탔고, 예수게이는 아무런 의심도 없이 음식을 삼키고 말았다. 우여곡절 끝에 초주검이 되어 집에 돌아온 예수게이는 죽기 전에 테무친을 한 번 더 보고 싶다는 마지막 소원도 이루지 못한 채, 결국 1175년에 숨을 거두었다.

　예수게이의 죽음으로 몽골은 분열되기 시작했다. 예수게이가 몽골의 유력한 보르지기드족(Borjigid)의 부족장이긴 했지만, 어느 부족도 예수게이가 누렸던 부족장의 권한이 그의 열 살짜리 아들에게 승계되는 것을 인정하지 않았다. 결국 예수게이를 따르던 여러 군소 부족들은 몽골의 또 다른 유력한 무리인 타이치우트족(Tayichiut)을 중심으로 떼 지어 모이거나 다른 강한 부족을 찾아 나섰다. 그 결과, 테무친 일가는 몰락의 길을 걷게 되었다.

　테무친이 이복형 베크테르와 후계자 자리를 놓고 반목하게 된 것도 이 시기였다. 테무친은 친동생 조치-카사르와 함께 베크테르를 죽였다. 이 사건은 음식을 놓고 벌인 다툼인 것 같았지만, 궁극적으로 권력을 차지하기 위한 싸움이었다. 열다섯 살 성년이 된 테무친은 예수게이의 정실부인 호엘룬의 맏아들로 가장(家長)이 될 자격을 갖추었지만, 테무친보다 나이가 두세 살 많은 이복형 베크테르라는 걸림돌이 있었다. 테무친보다 먼저 성년이 된 베크테르가 나이 어린 이복동생 테무친에게 가장의 위치를 넘겨줄 리가 만무했다. 베크테르는 또한 남편이 사망하면 남편의 형제나 아들(당연히 친아들은 제외된다)과 재혼하는 유목민족의 역연혼(逆緣婚) 풍습에 따라서 가장의 자리를 차지할 수도 있었다. 베크테르가 호엘룬과 결혼을 하는 날이면 결국 그가 테무친의 아버지가 될 터였다. 이와 같은 정황을 놓고 볼 때, 테무친이 이복형을 죽인 것은 음식 때문이 아니라 안전하게 가장이 되고 싶기 때문이었을 것이다.

베크테르를 살해한 일은 테무친에게 죽은 아버지의 후계자 자리를 계승하는 데 걸림돌을 제거하는 것에 불과했지만, 여타 몽골 부족들의 반향을 불러일으켰다. 테무친 일가가 몽골고원의 여러 부족들 사이에서 이미 커다란 영향력을 행사하지 못할 정도로 몰락하긴 했지만, 유목민들의 풍습에 반하는 이복형의 살해는 여러 부족들의 관심을 끌기에 충분한 사건이었다. 결과적으로, 타이치우트족은 테무친의 진영을 급습했다. 형제들의 도움을 받은 테무친은 붙잡히지 않기 위해 혼신의 힘을 다했지만, 결국 포로가 되었고 타이치우트족 진영으로 압송되어 수년 동안 감금되었다.

이제나저제나 탈출의 기회를 엿보던 테무친은 감시가 소홀한 틈을 타서 결국 탈출에 성공했다. 그 후 테무친은 타 부족 출신의 충직

한 추종자들을 거느리고 주군(主君)으로서의 입지를 차근차근 다져 나갔다. 그가 다이-세첸의 딸 보르테를 신부로 맞이한 것도 이즈음 (1182년~1183년)이었다. 테무친은 신부가 가져온 지참금으로 케레이트족의 강력한 부족장 토그릴 옹-칸(Toghril Ong-Qan)에게 손을 내밀었다. 토그릴은 셀렝제강(Selenge River)과 오르콘강(Orkhon River)과 툴라강(Tula River) 유역의 몽골고원 중앙을 다스리던 케레이트족의 부족장이었다. 이때 테무친은 정치에 대한 천부적인 자질을 보였다. 토그릴이 부족장의 자리를 유지하거나 되찾는 데 수차례 도움을 주었고, 토그릴과 돈독한 관계를 유지했던 예수게이의 아들로서 토그릴의 보호를 받은 것이다. 더욱이 예수게이와 토그릴은 안다(Anda), 즉 의형제 관계에 있었기 때문에 테무친이 토그릴을 찾아가 보호를 청한 것은 어떻게 보면 자연스러운 일이기도 했다.

테무친이 신부를 맞이하고, 케레이트족의 강력한 칸(Khan) 토그릴의 보호를 받은 지 1년이 채 되기도 전에 메르키트족은 호엘룬의 납치에 대한 때늦은 보복을 감행해 왔다. 테무친과 그의 형제들은 주둔지를 급습한 메르키트족을 피해 영문도 모른 채 달아나기에 바빴고, 그들을 미처 따르지 못한 보르테는 메르키트족에게 납치를 당했다. 이에 테무친은 토그릴에게 도움을 청했다. 토그릴이 거느린 케레이트족의 위계질서에서 테무친이 차지하는 위치는 미미했지만, 토그릴은 흔쾌히 그의 청을 받아들였다. 토그릴은 분명히 메르키트족과의 전쟁의 명분을 세우고 전리품을 챙길 수 있는 호기(好期)라고 생각했을 것이다. 토그릴은 자신의 휘하에 있던 장군 자무카(Jamuqa)를 이번 전투에 투입했다. 토그릴과 의형제 사이였던 자무카 또한 메르키트족의 약탈로 가족을 잃은 처지였기 때문이다. 메르키트족을 향한 테무친과 자무카의 쉴 새 없는 공격은 매번 성공적이어서 보르테를 되찾은 것은 말할 것도 없고, 원상 복구하는 데 수년이 걸릴 정도로 메르키트족의 입지에 굉장한 타격을 주었다.

하지만 예기치 못한 결과가 생기고 말았다. 수개월 동안 메르키트족에 머물던 보르테가 구출된 후에 조치(Jochi)라는 아들을 낳은 것이다. 아이의 이름을 손님이란 의미의 조치로 지은 것을 보면 아이의 아버지가 테무친이 아니라, 보르테를 차지했던 메르키트족의 장정이었을 것이다. 이후 조치는 테무친이 적자로 받아들여 그의 맏아들로 인정받긴 했지만, 자식들 간의 불화를 가져온 씨앗이 되었다.

메르키트족에 대한 공격 이후, 테무친은 자무카가 지휘하는 부대에 1년 동안 복무했다. 자무카의 부관이 된 테무친은 초원 전쟁에 관련된 다양한 전술을 익혔다. 그러나 서로 경쟁 관계에 있던 테무친과 자무카는 결국 결별하고 말았다. 테무친과 그의 추종자들이 자무카의 부대에서 떠나갈 때 자무카의 병사들이 테무친을 따라나선 것에서 드러나듯이 테무친의 대중에 대한 영향력과 흡입력은 그 당시에 이미 대단했던 것 같다. 테무친 편에 합류한 이들은 보르지기드족의 소수의 귀족과 다수의 서민(노예로 취급받아도 될 정도로 신분이 낮은 사람이 많았다)으로 구성되었다. 서민들은 테무친이 귀족계급의 이익만을 위해 귀족과 영합할 사람이 아님을 알았던 것이다.

자무카와의 결별로 테무친의 권력은 상승 가도를 달렸다. 1185년에 그의 친족들은 테무친을 보르지기드족의 칸으로 선출했다. 테무

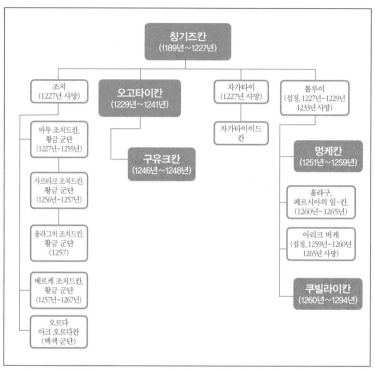

칭기즈칸
(1189년~1227년)

조치
(1227년 사망)

오고타이칸
(1229년~1241년)

차가타이
(1227년 사망)

툴루이
(섭정, 1227년~1229년
1233년 사망)

바투 조치드칸,
황금 군단
(1227년~1255년)

차가타이이드
칸

멍케칸
(1251년~1259년)

사르타크 조치드칸,
황금 군단
(1256년~1257년)

구유크칸
(1246년~1248년)

홀라구,
페르시아의 일-칸,
(1260년~1265년)

울라그치 조치드칸,
황금 군단
(1257)

아리크 버케
(섭정, 1259년~1260년
1265년 사망)

베르케 조치드칸,
황금 군단
(1257년~1267년)

쿠빌라이칸
(1260년~1294년)

오르다
아크 오르다칸
(백색 군단)

몽골제국의 통치자들

친의 보호자 토그릴과 자무카도 칸에 등극한 테무친에게 축하의 말
을 건네긴 했지만, 선출 과정이 정도를 밟은 것은 아니었다. 원래, 유
목민족의 지도자는 부족을 보호하고 부족을 대표할 만한 경험과 능
력을 겸비한 귀족 계급의 유력한 인물 중에서 선출되었다. 1185년
에 약관 20세의 테무친은 삼촌들이나 여느 친척에 비해 턱없이 경험
이 부족하긴 했지만, 타인에 대한 그의 영향력과 흡입력은 이루 말
할 수 없을 정도로 대단했다. 사실 그를 칸으로 선출한 친족들은 테
무친을 그들이 원하는 대로 움직여서 욕심을 채울 수 있으리라고 기

대했다. 하지만 애석하게도 테무친은 그들의 꼭두각시 노릇을 거부했다.

그러나 친족들만 테무친을 골머리 앓게 한 것은 아니었다. 점점 증폭되던 테무친과 그의 의형제 자무카 사이의 불화가 마침내 폭발하고 말았다. 두 사람의 보호자인 토그릴은 관여하지 않았다. 1187년에 테무친과 자무카가 거느린 군사들 사이에서 벌어진 달란발주트 전투(Battle of Dalan Balzhut)의 승리는 자무카의 몫이었다. 패배후 중국으로 달아나긴 했지만, 그 전투 이후 테무친의 세력은 오히려 더욱 커졌다. 이전보다 더 많은 자무카의 수하 병사들이 테무친 진영에 합류했기 때문이다. 몇 년 전에 테무친을 따라나섰던 자신의 병사들에게 호된 보복을 가한 자무카를 본 병사들이 그에게 등을 돌렸던 것이다.

역량을 강화한 테무친이 몽골고원으로 되돌아온 것은 1190년대 초반이었다. 자무카가 여전히 위협적인 세력이긴 했지만, 테무친은 이제야말로 타타르와 맞서 싸울 적기라고 생각했다. 사실 그 당시에 타타르는 중국 북부의 금나라도 두려워하던 강국이었다. 1197년에 보르지기드족과 케레이트족은 금나라와 함께 타타르를 공격했다. 보르지기드족과 케레이트족이 한쪽 측면을, 금나라가 다른 쪽 측면을 공격하자 타타르는 패하고 말았다. 이 전쟁으로 모든 나라에 두려운 존재였던 타타르의 위세는 크게 꺾였다. 또한 금나라는 토그릴을 몽골족의 우두머리로, 테무친을 그의 오른팔로 여기게 되었다.

타타르와의 전쟁 이후, 1190년대 말까지 테무친의 세력과 영향력은 계속해서 커졌다. 테무친은 토그릴과 함께 몽골고원 서쪽에서 활약하던 나이만족(Naiman)은 물론, 메르키트족에 대한 전투를 쉬지 않고 벌여나가는 동안 점점 유능한 군사 지휘관으로 성장해나갔다. 테무친은 나이만과의 전투에서 토그릴의 목숨을 구해주었고, 반역으로 족장의 자리를 빼앗겼던 토그릴의 옥좌를 되찾아주기도 했다. 그러면서 테무친은 1200년에 몽골인들의 고향인 오논-케룰렌 강(Onan-Kerulen River) 유역에서 명실상부한 몽골족의 우두머리로 입지를 다졌다. 그 후 얼마 지나지 않아 보르지기드족과 타이치우트족 간에 다시 불붙은 갈등은 전쟁으로 이어졌고, 승리는 테무친의 차지가 되었다. 전쟁에서 패배한 부족이 승리한 부족에 흡수되는 유목민족의 전통에 따라서 타이치우트족 병사들이 테무친의 휘하에 들어오긴 했지만, 타이치우트족 대다수가 도망친 뒤였기 때문에 그 수는 그리 많지 않았다.

그러나 머지않아 테무친과 타이치우트족 간의 최후의 결전이 다가왔다. 테무친의 잇따른 전승(戰勝)으로 급성장한 토그릴의 세력을 두려워하던 군소 부족들은 테무친과 토그릴에 맞서 연맹을 결성했다. 자무카를 연맹군의 대장으로 삼은 군소 부족들은 1201년에 그를 구르-칸(Gur-Khan 전 세계의 통치자)으로 추대했다. 그런 다음, 그들은 케레이트족과 보르지기드족에 맞서 싸웠지만, 커이텐(Köyiten)에서 패하고 말았다. 토그릴이 다시 자신의 휘하에 두기 위해 자무카를 쫓는 사이에 테무친은 목에 화살을 맞아가면서까지 타이치우트족의 항복을 받아냈다. 이제야 타이치우트족의 대다수를 보르지기드족에 흡수한 테무친은 타이치우트족이 다시는 자신을 위협하지 않도록 그들의 여러 장군과 부족장을 처형했다. 이 전쟁에서 테무친이 얻은 예상 밖의 수확은 옹기라트족이 자신의 진영에 합류한 일이었다.

이제 테무친은 연전연승의 여세를 몰아서 케레이트족과 보르지기드족에 대항하는 연맹군에 가담했던 타타르를 완전히 섬멸하기로 결심했다. 물론, 옹기라트족과 타이치우트족의 흡수로 테무친의 세력은 한층 강화되었다. 타타르에 대한 공격에 앞서 테무친은 '자신의 명령이 없으면 누구도 약탈을 해서는 안 된다'는 기상천외한 명령을 내렸다. 당시 유목민족의 전통은 일단 전쟁이 시작되면 적의 진영을 공격하여 약탈한 전리품을 갖고 달아남으로써 적을 죽이는 것이 아니라, 전리품을 챙기는 것이 전쟁의 목적이었다. 그러나 테무친은 전리품을 차지하기에 앞서서 적에게 완전한 승리를 확보하는 지혜(현대인들이 보기에는 당연한 일인 것 같지만)가 있었다. 테무친은 전쟁을 적의 소유물을 빼앗는 기회가 아니라, 적의 위협으로부터 안전을 보장하기 위한 수단으로 새롭게 이해했던 것이다.

테무친은 1202년에 몽골고원 동쪽, 할하강(Khalkha River) 부근의 달란 네무르게스(Dalan Nemürges)에서 타타르와 벌인 전투에서 대승을 거두었다. 테무친은 타이치우트족에게 했던 것과 마찬가지로 타타르의 귀족들은 처형했던 반면, 평민들은 몽골족으로 흡수했다. 이들이 반역을 꿈꾸지 못하도록 여러 몽골 부족에 골고루 분포시켰다. 이제 테무친에게 남은 것은 자신의 친족들 문제였다. 테무친을 칸으로 선출한 보르지기드족의 친족들은 테무친을 꼭두각시로 여겼기 때문에 타타르와의 전쟁 중 노획을 하지 말라는 테무친의 명령을 무시했다. 그러나 테무친은 친족들의 노획물을 압수한 후에 친족 이외의 몽골인들에게 나누어주었다.

　토그릴의 휘하에 놓여있긴 했지만, 테무친은 이제 몽골고원 동부를 아우르는 지배자가 되었다. 테무친의 급작스러운 세력 강화로 토그릴의 태도가 변하기 시작했다. 그가 자신의 휘하에 있는 테무친에게 밀려날 것 같다고 걱정하는 것도 무리는 아니었다. 게다가 테무친에게 전리품을 압수당해 토그릴에게 달아났던 보르지기드족의 귀족들은 토그릴의 피해망상을 부추겼다. 또다시 토그릴에게 의지하던 자무카마저 테무친을 비방하고 나섰다. 그리고 토그릴의 아들 셍굼(Senggüm)은 테무친을 아버지의 후계자 자리에 대한 경쟁 상대로 여겼다. 사실 테무친은 토그릴과의 안정적인 관계를 유지하기 위해 자신의 아들 조치와 셍굼의 딸과의 결혼을 제안했지만, 이 제안을 가당치 않게 생각한 셍굼은 불같이 화를 냈다. 케레이트족은 결혼식을 이용해 테무친을 없앨 음모를 꾸몄지만, 사전에 그들의 의도를 간파한 테무친은 아무런 피해도 입지 않고 딸의 결혼식을 치렀다. 그러나 테무친은 케레이트족과의 싸움을 피할 수 없었다. 첫 교전에서 패배한 테무친은 병사들을 재편성한 후, 승리를 자축하고 있던 케레이트 진영을 급습해 대승을 거두었다.

　1203년에 벌어진 이 전투에서 케레이트족을 무찌른 테무친의 위세는 훨씬 강화되었다. 이제 테무친은 몽골고원의 중앙과 동부를 지배하게 된 것이다. 게다가 케레이트족의 흡수로 몽골군의 병력은 배가되었다. 그러나 테무친은 케레이트족의 귀족들을 처형하지 않았다. 테무친은 수년 동안 토그릴의 오른팔로 있으면서 알고 지낸 토그릴의 친족 대부분을 귀하게 대접하며 고위직에 임명했다. 타타르와는 달리 케레이트족에 대한 원한은 없었던 것이다. 그뿐 아니라, 테무친은 케레이트족과 몽골 귀족층의 유대를 위해서 토그릴의 딸과 손녀들을 자신의 아들이나 충복들과 결혼시켰다. 전투에서 대패한 토그릴과 셍굼의 말로는 비참했다. 나이 든 토그릴은 몽골군의 공격을 피해 도망치던 중 나이만 부족의 손에 목숨을 잃었고, 셍굼은 남쪽에 위치한 서하(西夏 현재 중국의 닝허[寧夏]와 감숙성[甘肅省] 지역)로 달아나고 말았다.

테무친이 몽골고원 전체를 지배하는 데 최후의 걸림돌은 나이만족의 동맹군이었는데, 이들이 먼저 싸움을 걸어왔다. 몽골군을 얕잡아본 나이만군은 선제공격을 취하면 몽골군으로부터 쉽게 승리를 거두리라고 생각했다. 그러나 나이만족이 몽골에 적대적인 부족들의 군대와 연대를 꾀하는 동안, 테무친은 나이만 부족의 기습 계획 정보를 쉽게 입수했다. 심사숙고를 거친 참모 회의 끝에 테무친은 서쪽으로 병력을 이동시켰다. 나이만 부족은 자신들의 병력을 소집하는 것은 물론, 테무친의 지배를 못마땅하게 생각하는 자무카가 이끄는 군대 및 메르키트족과도 동맹을 맺었다.

나이만-메르키트족 동맹군의 규모는 몽골군을 압도했다. 나이만족의 영토에 도착한 테무친은 밤이 되자, 상대적으로 적은 병력을 숨기기 위해서 모닥불을 붙여놓으라고 병사들에게 명령했다. 이런 위장술이 통했는지, 나-메 동맹군은 쉽사리 공격을 감행해오지 않았다. 나이만족의 사령관들 사이에서는 몽골군의 실제 병력에 대한 의견이 분분했다. 나이만족의 부족장 타양 칸(Tayang Khan)은 알타

이산맥을 넘어서 나이만의 본거지로 몽골군을 유인하기를 원했던
반면, 타양 칸의 아들 쿠츨루크(Güchülüg)와 여러 칸들은 정면 공격
을 주장했다. 타양 칸은 아들의 의견을 따랐지만 결과는 참담했다.
나-메 동맹군은 테무친의 탁월한 용병술과 초원을 정복하면서 더욱
용맹해진 그의 병사들의 사기에 맥을 못 추었다.

테무친 군이 나-메 동맹군과의 기나긴 전투에 마침표를 찍은 것
은 사아리초원(Sa'ari Steppe)에서 벌어진 전투였다. 사아리초원 전
투와 몇 번의 작은 접전의 승리로 몽골군은 나이만족과 메르키트
족을 궤멸시켰다. 쿠츨루크와 메르키트족의 부족장 토크토아 베키
(Toqtoa Beki)는 서쪽 지역(현재 카자흐스탄)으로 달아났고, 자무카
는 포로가 되었다. 휘하 부하의 배신으로 붙잡힌 자무카는 테무친에
게 불려왔다. 자무카를 배신한 부하들의 목을 벤 테무친은 자무카를
용서해주려고 했지만, 테무친에게 목숨을 구걸하기 싫었던 자무카
는 영예로운 죽음을 요구했다. 귀족이 피를 흘리는 것은 터부로 금
기시되었기 때문에 자무카는 양탄자에 몸을 말아서 말(馬)에 밟혀
죽는 방법을 택했다.

나-메 동맹군의 패배로 테무친은 몽골고원 전체를 지배하게 되었
고, 대(大) 쿠릴타이(Quriltai 부족장 회의)는 비교적 평화로운 분위
기 속에서 테무친을 칭기즈칸(Chinggis Khan '확고부동한 지배자',
'용감무쌍한 지배자'의 의미)으로 추대하였다(1206년).

대 쿠릴타이에서 칭기즈칸(앞으로는 테무친이 아니라, 칭기즈칸
으로 명명함)은 군대를 재편성하고, 새로운 제국의 건립에 착수했다.

몽골고원을 평정한 칭기즈칸은 몽골고원의 인접 지역에도 관심을

기울였다. 칭기즈칸이 세력을 키워나가는 와중에 몽골고원에서 달아났던 케레이트족의 셍굼, 메르키트족의 토크토아 그리고 나이만족의 쿠츨루크 등은 칭기즈칸에게 당장이라도 위협을 줄 수 있는 주변 세력이었다. 그 밖에도 초원의 여러 부족들을 지배하기 위해 초원의 정세에 지속적으로 관심을 기울이던 금나라가 있었다. 게다가 몽골고원 북쪽에는 오이라드족(Oyirad), 부리야드족(Buriyad), 키르기스족(Kirghiz)을 비롯하여 수많은 부족들이 집단으로 거주하는 호이-인 이르겐(Hoy-in Irgen 삼림 부족 집단)이 있었다. 호이-인 이르겐은 준(準) 유목 생활을 영위했는데, 간혹 초원을 유목하는 경우도 있었지만, 수렵이나 어로 그리고 한정된 농경으로 정착 생활을 하는 경우가 많았다. 호이-인 이르겐은 몽골고원의 유목 부족 간에 전쟁이 발생하면 대개 중립을 지켰지만, 어쩔 수 없이 자무카의 연맹군에 참여했던 몇몇 삼림 부족처럼 특정한 유목 부족의 편을 드는 예외의 경우도 있었다.

칭기즈칸은 1207년에 조치에게 군사를 내주어 삼림 부족 집단을 정벌하였다. 가장 먼저 항복한 오이라드 부족의 쿠두크-베키(Quduq-beki)는 조치의 안내자가 되어, 몽골군이 쉬크쉬트(Shiqshit)에서 투멘 오이라드족(Tümen Oyirad)의 항복을 얻어내는 데 결정적인 역할을 했다. 오이라드족을 정복한 조치는 호이-인 이르겐의 나머지 부족들의 항복 또한 쉽게 얻어낼 수 있었다.

키르기스족은 예네세이강(Yenesei River) 계곡의 상류를 다스렸고, 켐-켐지우츠족(Kem-Kemjiüts)은 예네세이강의 켐치크 지류(Kemchik Tributary) 인근 지역을 지배했다. 경제적인 관점에서 볼 때, 칭기즈칸은 이슬람교도와 위구르(Uighur) 상인들이 대대로 모피와 곡물을 수입하던 예네세이강 유역을 정벌할 필요가 있었다. 이자강(Ija River)과 앙가라강(Angara River) 유역을 지배하던 투메드족(Tümeds)처럼 키르기스족과 켐-켐지우츠족도 저항하지 않고 몽골군에 쉽게 항복했다.

몽골군이 최초로 침입한 농경 국가는 신생 몽골제국의 남동쪽에 위치한 서하(西夏)였다. 칭기즈칸이 서하의 침입을 계획한 것은 금나라 정벌을 위한 초석이나 경제적인 이유 때문인 것으로 알려져 있지만, 실제적인 이유는 몽골제국의 안전 때문이었다.

군사력은 동쪽의 금나라에 못 미쳤지만, 서하는 여전히 강대국이었다. 그 당시에 유목민족, 특히 케레이트족에 상당한 영향력을 행사하던 서하는 실각한 케레이트 부족장들을 위한 안식처였다. 실제로 서하로 도피했던 셍굼은 절도로 강제 추방을 당하기 전까지 서하에 은신해 있었다.

칭기즈칸은 1205년에 셍굼이 은신해 있다는 구실로 서하를 공격했다. 하지만 칭기즈칸의 실제 의도는 자신이 군대를 이끌고 몽골고원 이외의 지역을 정벌하는 동안에 적으로 돌변할지도 모르는 서하(셍굼을 보호한 나라이기도 했다)를 약화시키는 동시에 새롭게 탄생한 제국의 안정을 가져오기 위한 것이었다.

침입 초기에 몽골군이 서하에 타격을 주는 데 주력했던 만큼, 서하의 탕구트족은 기동력 있는 몽골군의 공습을 물리치기만 했을 뿐, 적극적인 공세를 취하지 않았다. 칭기즈칸이 본격적인 서하 정벌에 나선 것은 1209년이었다. 몽골군이 서하의 수도 종상(鐘祥)에 도착한 1209년 5월에는 이미 여러 도시가 함락된 상태였다. 종상을 포위(몽골군이 펼쳤던 공성전 중에서 초기의 공성전에 해당한다)한 후에도 별다른 성과 없이 시간만 흘러갔다. 10월이 되자, 칭기즈칸은 황하(黃河)의 물길을 종상으로 돌리기 위해 제방을 쌓았고, 이듬해 1월에는 물길을 바꾼 강물이 종상의 성벽을 붕괴시킬 지경에 이르렀다. 하지만 제방이 무너지면서 몽골군의 주둔지는 물바다가 되었다. 몽골군은 구릉지로 피신하지 않을 수 없었다. 그렇지만 탕구트족은 저항 대신 결국 항복을 택했다.

그 와중에 중국 북부의 금나라와 신생 몽골제국의 관계도 초긴장 상태에 있었다. 금나라 국경 부근의 여러 부족 중에는 금나라를 섬기다가 몽골로 돌아선 부족도 있었고, 금나라에 반기를 든 유연족(柔然族)과 같은 부족도 있었다. 1211년에 시작된 몽골의 금나라 침공은 몽골이 예전부터 금나라와 얽힌 해묵은 원한을 갚는 것은 물론, 서하가 몽골에 복속된 뒤로 서하는 이제 노략질의 대상이 아니었기 때문에 단순히 전리품을 얻고자 하는 목적도 있었다. 몽골은 금나라 영토의 여러 지역을 철저히 유린했지만, 화의를 청한 금나라에 상당히 많은 조공을 강요하고 몽골고원으로 이어지는 고갯길만을 확보한 후 퇴각했다(1212년).

그러나 몽골과 금나라 사이의 평화는 오래가지 않았다. 1212년 가을이 되자, 칭기즈칸은 군사를 두 갈래로 나누어 금나라를 침공했다. 한편에서는 칭기즈칸이, 또 다른 편에서는 그의 막내아들 톨루이(Tolui)가 군대를 진두지휘했다. 두 사람은 모두 공성전을 위해 공병대와 함께 출정했다. 수많은 전리품을 챙기고, 상당량의 조공을 받은 몽골군은 다시 퇴각했다(1214년). 그러나 여기서 중요한 사실은 금나라의 수도 연경(燕京 지금의 베이징 부근)을 서서히 봉쇄해나가면서 수많은 도시들을 점령한 몽골이 금나라군에게 평원 전투에서 자신들을 이길 수 없음을 각인시켰다는 점이다. 몽골군은 이전의 전쟁과 마찬가지로 금나라가 몽골을 공격하지 못하도록 전략적 요로(要路)를 확보한 후 퇴각을 감행했다.

몽골군의 계속되는 침입으로 만주(滿洲)를 잃은 금나라의 선종(宣宗)은 몽골의 위협을 피해 연경에서 카이펑(Kaifeng)으로 천도했다. 그러나 천도는 몽골과 맺은 화평 조약의 위반 사항이었고, 이에 퇴각했던 몽골군은 고향에 도착하자마자 또다시 금나라를 침공했다(1214년). 금나라군은 연경을 함락시키려는 몽골군에 맞서 필사적으로 저항했지만, 몽골군은 평원 전투에서 연전연승을 거두었다. 지원군 없이 오랫동안 버티던 연경이 이윽고 몽골군에게 함락되었다(1215년 6월). 이번 전쟁에서 금나라 왕과 그의 참모들에게 몽골군을 물리칠 대책이 없음을 깨달은 금나라 장수 몇몇은 몽골에 투항하기도 했다. 게다가, 연경이 함락된 이후로 반란을 일으키는 지역이 하나둘씩 생겨나기도 했다.

조상 대대로 내려오는 금나라의 본거지 만주를 침공한 몽골은 금나라의 북부와 북동부를 점령했다. 1216년에 호이-인 이르겐(Hoy-in Irgen)이 일으킨 반란을 진압하기 위해 칭기즈칸이 몸소 퇴각 명령을 내리긴 했지만, 1218년경에는 금나라 영토의 대부분이 몽골의 수중에 들어갔고, 몽골에 투항해오는 여진족(금나라를 세운 민족), 거란족 및 한족 출신의 금나라 장군들이 더욱 많아졌다. 그 당시 붕괴 직전에 있던 금나라의 멸망이 15년이나 늦추어진 것은 몽골의 관심이 몽골고원 서쪽에 집중되었기 때문이다.

금나라 정벌을 목전에 두었던 몽골군은 중앙아시아에서 발생한 몇 가지 사건을 해결하기 위해 금나라 정벌을 잠시 미루지 않을 수 없었다. 칭기즈칸은 서하와 금나라를 침공하면서도 서쪽으로 달아난 나이만족과 메르키트족의 부족장과 장수들을 잊지 않았다. 사실 칭기즈칸은 쿠츨루크가 공격해올 것에 대비해서 몽골제국의 서쪽 국경에 군대를 배치한 후 금나라를 침공했다. 뿐만 아니라 오랫동안 메르키트족과 나이만족의 침략을 받아온 투르판(Turfan)의 위구르족(Uighurs)과 기타 군소 부족들은 칭기즈칸의 세력이 커지던 1206년과 1209년 사이에 몽골에 항복한 후, 몽골제국의 서쪽에서 칭기즈칸의 새로운 충복 역할을 충실히 수행해오고 있었다.

몽골에서 중앙아시아로 달아난 쿠츨루크는 결국 서요(西遼 지금의 카자흐스탄 부근)의 왕권을 찬탈했다. 그러나 쿠츨루크와 나이만족은 더는 메르키트족의 지원을 받지 못했다. 나이만족과 메르키트족의 동맹군이 이르티쉬강(Irtysh River) 유역에서 벌어진 전투에서 몽골군에 대패(1209년)한 후, 서쪽으로 달아난 메르키트족은 아랄해 북쪽에 살고 있던 투르크계(系)의 캉글리족(Qangli 투르크계에 속하는 민족)에 은신처를 마련했다. 이르티쉬강 전투 이후에 나이만족이 수년 동안 몽골에 저항할 수 있었던 반면, 불행하게도 메르키트족은 몽골에 저항할 수 없었다. 칭기즈칸의 유능한 장수 제베와 수부타이가 이끄는 몽골군은 캉글리 영토를 침공해서 메르키트족을 격퇴시켰다. 하지만 이 전투에서 승리한 제베와 수부타이는 캉글리를 몽골제국에 편입시키지 않았다. 칭기즈칸이 메르키트족을 쳐부수라고 내린 명령만을 완수한 채 몽골로 발길을 돌렸다. 그러나 회군은 생각처럼 그리 쉽지 않았다. 금의환향만을 생각하던 두 장수 앞에 술탄 무함마드 2세가 이끄는 호라즘 군대가 나타난 것이다. 제베와 수부타이는 부하 병사들에게 호라즘 군대와 맞닥뜨리지 말라고 엄명을 내렸지만, 몽골군이 호라즘을 쳐들어올 것이라고 생각한 무함마드 2세가 싸움을 걸어왔다. 전투는 늦은 저녁까지 지속되었고, 밤이 되자 양측 군사 모두가 퇴각했다. 그리고 몽골군은 야반을 틈타서 도주했다. 도주한 것은 몽골군이었지만, 놀란 것은 무함마드 2세였다. 자신의 군대가 수적으로 월등했음에도 불구하고 몽골군을 이길 수 없다는 사실이 쉽게 믿기지 않았던 것이다. 이에 대한 어느 역사가의 기록을 살펴보면 다음과 같다. '몽골군은 평생 동안 치러온 전투에서 그처럼 용맹한 군사들은 본 적이 없는 무함마드 2세의 간담을 서늘케 했다.'

아프가니스탄과 페르시아로 영토를 확장해나가는 무함마드 2세에게 몽골군은 더 이상 두려운 존재가 아니었다. 아첨하기 좋아하는 그의 대신들은 그를 '제2의 알렉산더 대왕'으로 칭송했다. 몽골이 호라즘과 인접해 있었지만(1218년 초에 제베가 서요의 왕권을 찬탈한 쿠츨루크를 제거했고, 이때 서요는 몽골에 흡수되었다), 기고만장해진 무함마드 2세는 시르다리야강 전투에서 오트라르 시(市)의 태수가 몽골의 후원을 받은 데다 간첩 혐의가 있는 대상을 죽였다는 소식을 듣고도 걱정하지 않았다. 몽골은 대상을 정보원으로 활용했기 때문에 오트라르의 태수가 대상을 간첩으로 생각한 데에는 근거가 있었다. 대상이 살해되었다는 소식을 들은 칭기즈칸은 처음에 외교적 채널을 통한 보상을 요구했지만, 무함마드 2세는 자신과 동등한 입장에서 협상에 나선 칭기즈칸의 요구를 듣지도 않았다. 이에 그치지 않고 무함마드 2세는 몽골의 사신 중 한 명을 죽이고, 나머지 두 사람의 수염을 불태웠다. 그는 몽골이 동쪽에서 벌이는 금나라와의 전쟁에 몰두하느라 중앙아시아에서는 전쟁을 하지 않을 것으로 생각했거나, 대신들의 아첨으로 부풀려질 대로 부풀려진 상황을 인식하지도 못한 채, 자신의 40만 군사의 힘과 역량을 과신했던 것 같다. 이유야 어찌 됐든지 간에 무함마드 2세의 선택은 좋지 않았다.

무함마드 2세가 사신을 죽이고 모욕했다는 소식을 들은 칭기즈칸은 격노했다. 금나라를 치려던 계획을 보류한 칭기즈칸은 금나라가 공격해올 것에 대비해 부장(副長) 무칼리에게 거란, 탕구트, 한족 출신의 군사를 비롯한 3만 명의 군사를 주어 몽골고원을 지키도록 했다. 그러면서 칭기즈칸은 기마병 15만 명을 이끌고 친히 호라즘으로 행군했다.

몽골군의 침공은 1219년 늦여름 내지 초가을, 오트라르에 대한 급습으로 시작되었다. 닥치는 대로 학살을 자행한 몽골군은 이내 오트라르를 함락했고, 시의 태수는 탐욕의 말로에 대한 본보기가 되도록 녹인 은을 눈과 귀에 부어서 처형했다. 오트라르를 함락시킨 몽골군은 수많은 도시를 방어하는 호라즘군이 수적인 우세를 이용하지 못하도록 병력을 다섯으로 나누어 각 병력마다 서로 다른 공격 목표를 설정했다. 그리고 몽골군은 호라즘의 여러 도시를 하나씩 함락시켜 나갔다. 두려워진 무함마드 2세는 아무다리야강을 건너 달아났고,

칭기즈칸은 신임하는 두 장군 제베와 수부타이를 보내 그를 추격하도록 명령한 채 전투를 계속해 나갔다. 무함마드 2세는 결국 카스피해의 어느 섬으로 피신했고, 왕의 행색이라고는 볼 수 없는 남루한 차림으로 이질 혹은 늑막염으로 고생하다가 비참한 생을 마감했다(1221년). 그 와중에 무함마드 2세의 아들 자랄 알딘(Jalal al-Din)은 몽골군을 저지하는 데 성공했다. 칭기즈칸은 이런 자랄 알딘을 좌시하고 있을 수가 없었다. 결국 인더스강 부근에서 벌어진 전투에서 자랄 알딘을 대파했다. 그러나 생포된 자랄 알딘은 감시가 소홀한 틈을 타서 인도로 도망쳤다.

호라즘을 완전히 격퇴하긴 했지만, 몽골군은 페르시아와 아프가니스탄에서 군대를 철수하기 시작했다. 아무다리야강을 새로운 국경선으로 정한 몽골은 마와란나르를 합병했을 뿐, 호라즘 전체를 합병하지는 않았다. 군대를 지나치게 확장하지 않기 위해 정복한 영토의 일부만을 보유하는 것이 몽골제국 팽창 과정에서 일반적인 관행이었다.

계속 서쪽으로 진격해 나간 제베와 수부타이는 코카서스산맥(Caucasus Mountains)을 넘어 그루지야군(Georgian Army)을 격파했다. 사실 그루지야는 1221년이나 1222년경에 제5차 십자군 원정에 참여할 계획이었지만, 몽골군의 침입으로 그 계획을 수행하지 못했다. 제베는 산맥을 넘는 도중에 사망했다. 수부타이는 지금의 카자흐스탄에 위치한 초원에서 몽골군과 다시 조우할 때까지 원정을 계속했다. 그 결과 킵차크 투르크족을 격파했고, 1223년에는 할하강 전투에서 투르크족과 러시아 왕자들의 연합군을 격파했다. 수부타이는 지원 병력이나 현대적인 길 안내 장비 없이 여러 부족의 군대를 격파하며 5천 마일을 진군한 것을 보면 굉장히 훌륭한 장군으로 짐작된다. 사실 그가 정복한 여러 민족들은 몽골군이 어디에서 온 누구인지도 모른 채 침략을 받았다. 할하강 전투에서 불가사의한 적군을 지켜본 어느 러시아 역사가는 다음과 같은 기록을 남겼다. '올해 알 수 없는 부족이 쳐들어왔다. 사람들은 그 부족을 타르타르족이라고 불렀다. 그들이 어떤 부족이며 어디에서 왔는지는 아무도 모른다.'

실제로 몽골군은 눈에 보이기 무섭게 바람처럼 사라져버렸다. 호라즘에서 몽골군이 퇴각한 이유는 서하의 탕구트족이 반란을 일으켰다는 소식 때문이었다. 흔히 알려진 것처럼 탕구트족의 왕이 칭기즈칸의 서정(西征)에 군사 지원을 거절했기 때문에 칭기즈칸이 서하를 완전히 괴멸시켰다는 주장은 정확하지 않다. 실제로 탕구트족은 1223년까지 금나라에 맞서 몽골을 섬겼지만, 이제 반란을 일으켜 몽골에 대항하는 금나라 편에 가담했던 것이다. 무칼리가 죽자(1223년), 칭기즈칸은 반란을 진압하기 위해 몸소 회군해야 했다. 그렇지만 1225년이 되어서야 서하를 침공한 칭기즈칸은 1226년 말에 서하 영토의 대부분을 수중에 넣었고, 1227년에는 수도를 제외한 모든 지역을 점령했다. 서하의 멸망이 약간이나마 지연된 것은 그 당시 나이가 60대였던 칭기즈칸이 사냥 도중 낙마했기 때문이다. 부상을 입은 칭기즈칸을 걱정하는 여러 아들과 장군들은 몽골고원으로 회군할 것을 주장했다. 그러나 칭기즈칸은 서하에 대한 공세를 늦추는 것에 반대했다. 부상으로 괴로워하던 칭기즈칸은 서하의 수도를 점령할 때까지 자신의 죽음을 알리지 말라고 명령하고, 1227년 8월 18일에 숨을 거두었다. 서하의 수도가 점령되었을 때 주민들에 대한 학살은 무자비하기 이를 데 없었다.

❀ 세계 정복의 꿈: 오고타이 통치 하의 몽골제국

칭기즈칸이 사망하고 서하가 멸망한 이때, 몽골의 당면 과제는 새로운 통치자의 선출이었다. 군사적 능력이나 통솔력에 있어서 톨루이가 최상의 후보자였지만, 후계자로 지목되어 황제 자리에 오른 것은 오고타이였다(1229년 혹은 1230년). 오고타이가 황제가 된 가장 큰 이유는 그가 중용의 덕을 지녔기 때문이다. 그는 현명한데다, 사이가 좋지 않았던 조치와 차가타이를 타협시킬 줄 아는 능력이 있었다.

오고타이는 황제 자리에 안주하지 않았다. 그는 금나라 침공을 단행했다(1230년). 무칼리의 죽음으로 몽골 편에 섰던 나라들은 동요하기 시작하더니, 급기야 금나라 편으로 돌아서는 나라도 생겨났다. 게다가 무칼리의 통솔력을 따라갈 수 없었던 무칼리의 부장(副將)들은 몽골군이 차지했던 영토를 빼앗기기도 했다. 오고타이의 관심은 이와 같은 손실을 회복하기보다는 금나라를 멸망시키는 데 있었다. 오고타이와 톨루이는 군대를 여럿으로 나누어 다양한 공격 목표를 설정한 후에 금나라로 쳐들어갔다.

톨루이가 1231년에 사망하긴 했지만, 몽골군은 공격의 고삐를 늦추지 않았다. 1231년에 금나라가 차지한 영토는 하남성(河南省) 동부에 불과했고, 1233년에 몽골군은 금나라의 새로운 수도 카이펑을 점령했다. 카이펑을 탈출한 애종(哀宗)은 채주(蔡洲) 지역이 몽골군의 공격을 방어하기에 좋지 않다는 여러 장군의 충고를 무시한 채 그곳으로 달아났다. 몽골군이 채주에 들이닥치고 나서야 애종은 그 충고의 의미를 파악했다. 1233년 10월에 시작된 포위 공격은 1234년 2월까지 지속되었다. 물길을 돌려놓은 강물의 범람과 폐쇄로 인한 굶주림으로 채주가 함락된 것이다.

오고타이가 금나라를 침공하는 동안에도 몽골군은 여러 전선에서 전투를 멈추지 않았다. 오고타이는 몽골 장군 코르마칸에게 아무다리야강을 건너서 자랄 알딘과의 전쟁을 재개할 것을 명령했다(1230년). 몽골군이 쳐들어온다는 소식을 들은 자랄 알딘은 트랜스코카시아(Transcaucasia 코카서스산맥의 남부)로 달아났다. 일부 병력으로 자랄 알딘을 추격하는 한편, 코르마칸은 이스파한(Isfahan 1237년에 함락)을 제외하고 여러 페르시아 왕국의 복종을 받아냈다(1231년). 자랄 알딘은 쿠르드 농부들에게 살해되었지만(1231년), 몽골군은 침략을 거기에서 멈추지 않았다. 코르마칸은 페르시아에 대한 몽골의 지배를 확고히 다진 후, 트랜스코카시아로 쳐들어갔다(1236년). 자랄 알딘의 침공을 받았던 그루지야군과 아르메니아군은 몽골의 첫 번째 침입(1221년 혹은 1222년경) 때처럼 몽골군에 맞설 엄두조차 내지 못했다. 일련의 포위 공격 끝에 그루지야, 아르메니아, 그리고 지금의 아제르바이잔 지역 모두가 몽골군의 수중에 떨어졌다(1239년 무렵).

칭기즈칸의 손자들을 비롯한 15만 군사로 편성된 몽골군은 볼가강의 불가르족(Bulghars)과 킵차크투르크족의 영토를 침공했다 (1236년). 이번 침공의 사령관은 수부타이와 1225년에 사망한 조치의 아들 바투(Batu)였다. 필사적으로 항전하긴 했지만 킵차크 투르크족과 불가르족은 용맹한 몽골군의 적수가 되지 못했다. 몽골군을 두려워한 킵차크 투르크족 중에는 헝가리로 달아난 이들도 많았다. 미처 달아나지 못한 나머지 사람들은 몽골군에 흡수되었다.

몽골은 얼어붙은 강물을 진격로로 삼아 러시아 공국으로 진격했다(1238년 겨울). 분열된 러시아가 몽골이 공방전은 물론 포위 공격의 명수라는 사실을 파악하는 데에는 긴 시간이 들지 않았다. 몽골군은 이내 러시아 북부의 도시를 하나씩 함락해나갔다. 이어서 몽골초원의 남부를 제압했던 것처럼 러시아 남부의 도시마저 복속시켰다(1239년). 러시아 문명의 중심 도시 키에프는 오랫동안 지속적으로 포격한 후에 함락시킨 도시에 속했다. 몽골군이 함락시키지 못한 도시는 노브고로드(Novgorod)밖에 없었는데, 이는 결빙으로 몽골군의 기병대가 더 전진할 수 없었기 때문이었다. 그렇지만 도브고로드 사람들은 저항으로 몽골군의 분노를 사는 것보다 몽골군에 평화롭게 항복하는 지혜를 택했다.

수부타이는 몽골군을 이끌고 서쪽으로 진격했다(1241년). 그는 군대를 둘(대규모 병력과 소규모 병력)로 나누어서 병력이 적은 부대는 바이다르(Baidar)와 카단(Qadan)의 지휘 하에 폴란드를 침공했고, 병력이 많은 부대는 수부타이와 바투의 지휘 하에 카르파티아 산맥을 넘었다. 바이다르와 칸단의 부대는 기껏해야 병사가 2만 명이었기에 직접적인 교전은 피하고, 치고 빠지는 급습에 주력했다. 바이다르와 카단의 부대는 수적인 열세에도 불구하고 폴란드, 게르만 족, 튜턴족 기사단(십자군 원정 중에 조직된 군사적 성격을 띤 종교 결사)의 연맹군과 맞붙은 리그니츠(Liegnitz)에서 벌어진 전투에서 승리했다. 보헤미아(Bohemia)의 바클라브 왕(King Vaclav)이 연맹 군에 합류하기도 전에 일구어낸 승리였다. 바이다르와 칸단은 이제 수부타이와 바투의 부대와 조우하기 위해 남쪽으로 이동했다.

그동안 바투와 수부타이는 카르파티아산맥을 다섯 갈래로 넘어 진격했다. 몽골군의 침입 소식을 접한 헝가리 왕 벨라 4세는 호라즘 의 무함마드 2세처럼 수동적인 자세를 취하지 않았다. 오히려 그는 모히평원(Mohi Plain)의 사조강(Sajo River) 유역에 군대를 주둔시켰 다. 그 당시 헝가리군의 기마병은 유럽 최고로 정평이 나 있었다. 그 렇지만, 그러한 헝가리 기마병도 몽골군 앞에선 속수무책이었다. 몽 골군은 헝가리군을 괴멸시켰다(1241년). 몽골군은 먼저 화살과 쇠 뇌를 집중으로 퍼부으며, 방어가 철통같은 다리를 빼앗았다. 그런 다 음 또 다른 병력은 다른 지점에서 강을 건너 헝가리군의 배후를 공 격했다. 이제 헝가리군은 앞뒤로 공격을 받는 함정에 빠지게 되었다. 하지만 몽골군은 최종 공격을 개시하지 않았다. 그 대신에 군대의 대열에 일부러 빈틈을 만들어놓았다. 그것을 몽골군의 허점이라고 생각한 헝가리군은 그 틈으로 달아나기 시작했다. 몽골군의 책략에 빠져 무질서하게 달아나던 헝가리군은 몽골군의 기마병 추격에 격 퇴되었다. 헝가리 전역을 휩쓴 몽골군은 왈라치아(Wallachia)와 세 르비아(Serbia)까지 진격했다. 벨라 4세는 몽골군의 추격을 간신히 피해 아드리안해로 도망쳤다.

현대 사가들은 유럽의 나머지 지역도 침입하려던 몽골군이 헝가리에서 갑자기 철군했다고 말한다. 그 이유에 대한 학자들 간의 의견이 분분하지만, 분명한 사실은 1240년 내지 1241년에 사망한 오고타이가 큰 몫을 했다는 점이다.

오고타이의 죽음으로 몽골제국은 갑작스럽게 변하기 시작했다. 오고타이는 세계 정복에 대한 야망을 품었던 인물이다. 하지만 사실 그런 야망은 칭기즈칸에게서 비롯된 것일 뿐, 실제적으로 오고타이의 행돌은 야망과는 상반되었다. 오고타이의 목표는 농경민족의 문화를 지배하기보다는 외부의 위협으로부터 몽골고원의 안전을 확보하는 것이었기 때문이다. 오고타이는 농경민족을 정복해서 조공을 받는, 합리적으로 경제적 이득을 취하는 방법을 선택했다. 그와 동시에 세계 정복의 야욕을 드러내며, 이를 조장하기도 했다. 게다가 그는 대제국을 다스릴 효과적인 통치 기구를 창설했다.

그러나 오고타이가 후계자를 지목하지 않고 죽자, 몽골은 위기를 맞았다. 그의 사인은 알코올 중독 혹은 독극물이었고, 사실 그의 죽음으로 칭기즈칸의 손자 간의 불화가 드러나기 시작했다.

◉ 긴장의 증후: 구유크칸과 섭정

오고타이의 사망 이후 그의 여섯 번째 부인이자 미망인 터레제네(Töregene)가 섭정을 맡았다. 새로운 칸을 선출하기 위해 쿠릴타이(부족장 회의)를 소집하는 것이 그녀의 최우선 과제였다. 그녀는 당연히 자신의 아들 구유크(Güyük)를 선택했다. 하지만 터레제네는 권력욕이 있었는지 쿠릴타이의 소집을 차일피일 늦추었다. 그 당시에 몽골의 실질적인 지배자는 섭정 황후인 자신이었다. 고위직 대신들을 비롯해 누구든 그녀의 야심에 반대하면 목숨을 부지하기 어려웠다. 그러나 결국 구유크가 칸으로 선출되었다(1246년). 구유크는 어머니의 섭정 시기에 도입된 여러 부패한 관행을 척결했지만, 몽골제국의 통치가 그리 순조로운 것은 아니었다.

구유크와 조치의 아들 부타는 여러 문제를 놓고 의견 일치를 보지 못하는 경우가 허다했다. 이런 불화의 원인은 조치의 혈통에 대한 의심, 즉 그가 칭기즈칸의 친아들이 아니라는 의심에서 비롯되었다. 게다가 수부타이의 중재로 물리적 충돌에 이르지는 않았지만, 서정(西征) 중에 두 차례에 걸친 다툼도 한몫했다. 그 당시에 두 사람이 싸웠다는 소식을 듣고 격노한 오고타이는 구유크를 몽골고원으로 불러들였다. 이전까지 구유크는 재론의 여지가 없는 오고타이의 후계자였지만, 불화로 부타의 지지를 잃고 말았다. 그렇지 않아도 부타에 앙심을 품고 있던 구유크는 부타가 자신의 칸 즉위를 위해 소집한 쿠릴타이에 참석하지 않자 도저히 참을 수 없었다. 구유크는 이내 스스로 군대를 소집했다. 명목상으로는 유럽을 정복하기 위한 것이었지만, 사실은 부타를 제거하기 위해 전쟁을 일으켰다고 의심하는 사람들이 많았다. 그러나 그 이유는 중요하지 않게 되었다. 구유크가 1248년에 사망했기 때문이다.

구유크의 사망으로 1250년까지 지속된 그의 아내 오굴-카이미쉬(Oghul-Qaimish)의 섭정이 시작되었다. 이 시기에 몽골제국에 특별한 사건은 없었다. 쿠릴타이를 소집할 마음이 없었던 그녀는 톨루이

집안에서 일으킨 쿠데타로 몽골 통치자의 자리를 멍케칸(Möngke Khan)에게 내주고 말았다.

구유크의 짧은 통치 기간은 섭정으로 통치가 불안했던 시기였음에도 몽골제국은 지속적으로 영토를 확장했다. 오고타이 통치기에 시작된 중국 남부의 송나라에 대한 전쟁이 1240년대에도 산발적으로 지속되었다. 중동에서는 1243년에 코르마칸(1240년에 사망)의 부장 바이주(Baiju)가 룸(현재의 터키)의 셀주크 왕국을 정복했다. 중동에 배치된 몽골군은 시리아와 십자군 원정에 참여한 여러 나라를 공격하며 안티오크를 위협했고, 바그다드를 습격하기도 했다. 그러나 정치적으로 불안정했던 몽골은 멍케칸이 등극한 후에야 대규모 원정군을 조직할 수 있었다.

❂ 전성기와 붕괴: 멍케칸의 통치

몽골제국이 전성기를 맞이한 것은 멍케칸(Möngke Khan)의 통치기였다. 어머니 소르코크타니의 정치적 책략과 사촌 바투의 군사적 원조로 칸의 자리에 오른 멍케칸은 터레제네(Töregene)와 오굴-카이미쉬의 섭정기에 통치 관행으로 자리 잡은 여러 부정부패를 척결했다. 뿐만 아니라, 쿠데타를 일으킨 오고타이와 차가타이의 아들과 손자들을 숙청했다. 톨루이 후손의 패권에 도전하는 세력은 누구를 막론하고 엄한 처벌을 받았다.

몽골제국을 내적으로 안정시킨 멍케칸은 영토 확장에 총력을 기울였다. 몽골군의 핵심인 궁수 기마병을 비롯한 공병, 공성 포병, 도시와 요새 방어를 위한 보병으로 이루어진 몽골군의 병력은 그 당시 1백만의 대군에 이르렀다.

멍케칸은 복속을 거부하는 세력을 소탕하기 위한 두 차례의 원정을 단행한다. 동생 쿠빌라이의 도움을 받은 첫 번째 원정에서 멍케칸은 몽골군을 몸소 이끌고 중국 남부의 송나라를 침공했다. 오고타이가 권력을 잡고 있을 때부터 시작된 송나라와의 전쟁은 거의 진전이 없었다. 중국 남부는 가파른 산맥과 쌀농사를 위해 물기가 가득한 평원 등 지리적으로 기병대에 적합하지 않았던 것은 물론, 송나라에는 외적의 침입에 대비해서 견고하게 요새화된 도시가 많았다. 공성 전투에 일가견이 있는 몽골군이었지만, 화약 등의 최신형 무기를 가지고 철옹성 같은 요새를 방어한 송나라에 대한 공격은 쉽지 않았다.

두 번째 원정은 아직 복속하지 않았거나 통치자가 몸소 복종의 예를 갖추지 않은 중동 지역(Middle East)이었다. 몽골은 특별히 두 민족에 관심을 가졌다. 그 중 하나는 이란(Iran)의 엘브루즈 산맥(Elbruz Mountains)과 카스피해(Caspian Sea) 남쪽, 그리고 쿠히스탄(Quhistan)에 위치한 알라무트(Alamut) 요새의 이스마일족(Ismailis)이었다. 십자군 지도자 등을 제거하는 암살 비밀 결사단으로 서방에 이름난 이스마일족의 시아파(Shi′a Muslims)는 호라즘의 침공과 초르마칸(Chormaqan)이 중동을 지배하던 시기에는 몽골의 우방이었다. 하지만 몽골이 세계를 정복할 것임을 신이 정해놓았다고 주장하자 1240년 이후에는 몽골을 적대적인 세력으로 인식했다. 게다가 이스마일족은 멍케칸의 암살을 기도하기도 했다. 멍케칸의 동생 훌라구(Hülegü)가 이끄는 몽골군의 두 번째 공격 목표는 바그다드(Baghdad)의 아바스 왕조(Abbasid Caliphate)였다. 이론상으로 무스타심 이븐 무스탄시르 칼리프(Caliph Musta'sim Ibn Mustansir)가 예언자 무함마드(Prophet Muhammad)의 후계자로서 이슬람 세계의 지배자였지만, 실제로 아바스 왕조는 8세기에 변방에서 우후죽순으로 생겨난 여러 비종교적 통치자들로 영토가 굉장히 축소된 상태였다. 바그다드를 중심으로 한 아바스 왕조는 1250년대에 이르러 주변국에 거의 영향력을 미치지 못하는 아주 작은 왕조에 불과했다.

훌라구가 지휘하는 몽골군은 느긋한 속도로 몽골고원을 벗어나 중동 지역으로 진격했다(1255년). 진격 도중에 척후병과 장교들은 적당한 야영지를 확보하기 위해 전방에 나섰다. 중동 원정은 또한 타마친(Tammacin 몽골제국 국경에 배치된 군대)의 재배치를 가져왔다. 국경에 위치한 기존의 주둔지를 훌라구의 군대에게 물려주고 타마친은 새로운 주둔지로 옮겨갔다. 게다가 이미 중동에 주둔하던 군대는 이스마일족에 대한 공격을 시작했다. 훌라구의 부하 장군 케트-부카(Ket-Buqa)가 시작한 쿠히스탄에 대한 공격(1252년)은 훌라구가 도착한 1256년까지 끊임없이 이어졌다.

이스마일족의 통치자 쿠르샤(Khwurshah)는 몽골에 항복의 메시지를 전달했지만, 훌라구 앞에서 무릎을 꿇는 항복 의식을 차일피일 미루었다. 쿠르샤의 미지근한 태도를 본 케트-부카는 항복에 대한 협상이 지속되는 와중에도 쿠히스탄에 대한 공격을 멈추지 않았다. 몽골군의 공격에도 쿠르샤는 몸소 훌라구 앞에 나타나지 않았고, 이는 훌라구의 분노만 돋아놓았다. 그 결과, 이스마일족에 대한 공습의 강화로 알라무트를 비롯한 주요 요새 여러 곳이 함락되었다. 항전의 의지를 상실한 쿠르샤는 마침내 훌라구 앞에서 항복 의식을 치렀고, 훌라구는 이를 수백 개가 넘는 다른 요새의 항복을 받아내는 데 활용했다. 이제 쿠르샤가 소용없어진 훌라구는 이스마일족의 모든 명문가의 자제들과 함께 쿠르샤를 처형했다. 철통같은 경호에도 아랑곳없이 유력 인사를 암살할 수 있는 변장의 대가들로 오랫동안 시아파를 두려워하던 수니파(Sunni Muslims)는 이 소식을 듣고 무척 기뻐했다.

몽골군은 이제 아바스 왕조로 진격했다. 바그다드는 수년 동안 지속된 몽골의 공격을 굳건하게 버텨냈다. 그러나 앞으로 펼쳐질 공격의 결과는 너무나도 자명해 보였다. 지금껏 몽골의 공격은 습격 수준에 불과했고, 바그다드에 대한 집중 공격은 전무했다. 훌라구가 이끄는 몽골군의 대대적인 침입 소식을 들은 바그다드는 내분이 일기 시작됐다. 아바스 왕조 내부의 갈등으로 무스탄시르는 칼리프의 자리에서 쫓겨났고, 칼리프의 와지르(Wazir 의전관) 이븐 알카미는 몽골과 내통했던 것 같다.

거의 한 달 동안 지속된 휴식 후, 공격을 개시한 훌라구는 강물의 물길을 바꿔서 요새를 물바다로 만든 다음, 요새 밖의 평원으로 나온 아바스 왕조의 군대를 격파했다(1258년 1월). 적군을 쫓으면서 사방에서 바그다드로 진격한 몽골군은 본격적으로 공성을 시작했다. 한 달이 지나자, 항복 협상이 시작되었지만, 자비를 베풀 기분이 아닌 훌라구는 공격을 멈추지 않았다. 요새의 방어선을 돌파한 몽골군을 본 칼리프는 마침내 항복했지만, 훌라구는 그를 양탄자에 만 다음 짓밟아서 처형했다. 하지만 칼리프가 바그다드를 방어하는 데 쓰지 않은 금은보화에 둘러싸여 굶어 죽었다는 좀 더 그럴듯한 설도 있다. 어쨌든 그 후 몽골군은 한 달이 넘도록 바그다드를 약탈했다.

아바스 왕조를 손에 넣은 훌라구의 다음 공격 목표는 지금의 아제르바이잔(Azerbaijan) 지역의 수풀이 무성한 초원이었다. 그 지역의 모든 통치자가 항복해 왔지만, 알레포(Aleppo)와 다마스쿠스(Damascus)의 알-나시르 유수프(al-Nasir Yusuf)만은 예외였다. 이에 몽골군은 알레포의 침공을 단행했다(1260년 1월). 6일 동안 쉬지 않고 투석기 20대를 쏘아댄 몽골군은 완강하게 저항한 적군의 요새에 침입하는 데 성공했다. 요새 전체를 점령하는 데 한 달이 걸렸지만, 알레포는 5일 동안 몽골군에게 약탈을 제공하는 장소가 되었다.

알레포의 함락 이후 시리아의 나머지 도시들도 항복해 왔고, 몽골군의 연전연승 소식을 들은 알-나시르는 다마스쿠스로 달아났다. 훌라구는 알레포를 점령한 후에 아제르바이잔으로 되돌아갔지만, 그의 장군 케트-부카는 진격을 멈추지 않았다. 몽골군이 도착하자 다마스쿠스는 현명하게도 교전을 치루기 전에 항복했다(1260년 3월). 몽골군은 사소한 접전 끝에 나블루스(Nablus)에서 붙잡은 알-나시르를 나머지 요새의 항복을 받아내는 데 활용한 다음, 아제르바이잔에 있는 훌라구에 압송되어 무릎을 꿇고 항복의 예를 올렸다. 그리고 케트-부카는 적은 병력으로 시리아에 계속 주둔했다.

몽골의 시리아 지배는 오래가지 않았지만, 이집트(Egypt)의 맘루크 왕조(Mamluks of Egypt 1250년에 중세 이집트의 노예 군인 출신이 세운 왕조)의 군대는 몽골군의 침공을 격파할 가능성이 희박할 것으로 여기고, 전열을 가다듬기 전에 몽골군을 급습하려는 계획을 세웠다. 예전에 시돈(Sidon)과 갈릴리(Galilee)에 대한 몽골의 공격을 야기했던 십자군(Crusaders)의 중립을 확보한 맘루크군은 아인 잘루트(Ayn Jalut 골리앗의 우물[Well of Goliath])로 진격하여 격렬한 교전 끝에 케트-부카가 이끄는 몽골군을 격파했다. 시리아에 주둔한 일부 몽골군의 패배와 몽골군의 서정을 저지시킨 맘루크군과 벌인 아인 잘루트 전투를 역사의 전환점으로 보기도 하지만, 서정의 중단은 맘루크군의 승리 때문이 아니라 중국에서 발생한 일련의 사건 때문이었다.

송나라의 북부 저지선을 뚫지 못한 멍케칸은 남서쪽에서 공격을 감행하기 위해 군대를 재편성하고, 쿠빌라이에게 남서쪽 전선의 지휘를 맡긴다. 멍케칸은 10명의 병력마다 2명씩을 차출하여 각각 쿠빌라이(쿠빌라이군은 송나라 공격을 위해 파견된 4개 군단 중 하나였다)와 자신의 군에서 복무하도록 명령했다(1252년 내지 1253년). 군대의 재편성은 1255년에 시작되었지만, 본격적인 송나라 공격은 1257년에 이루어졌다.

시작은 순조로웠다. 4개 군단 모두가 각 전선에서 승전보를 울렸다. 그러나 몽골군은 지형 때문에 옴짝달싹할 수 없는 상황에 빠져버렸다. 멍케칸이 이끄는 군단은 산서(山西)에서 사천(四川)까지 세 갈래로 나누어 공격을 퍼부었다(1258년 내지 1259년). 멍케칸은 성도(成都)와 동천(銅川) 그리고 여러 산성을 점령했다(1258년). 이듬해에 몽골군이 하주(賀州)로 침입하자, 하주의 태수는 지금의 합천

(合川)으로 천도하여 몽골군의 공격에 대항했다. 합천을 점령하기 위한 공성공격 중에 멍케칸이 (화살에 맞았거나 이질로) 전사했고, 합천의 송나라군은 1279년까지 항전했다.

멍케칸이 하주를 침공하는 동안, 송나라의 여러 지역에서 교전하던 몽골 군단의 공격은 지지부진했다. 여주(驪州)를 포위 공격한 쿠빌라이는 많은 어려움을 겪었다. 송나라 원정에서 몽골군이 겪은 어려움은 대부분 지형에서 비롯되었다. 몽골군에도 보병은 많았지만, 주력 부대는 역시 기마병이었는데, 중국 남부의 구릉과 벼농사 지대에서는 기마전이 불리했다.

쿠빌라이의 모사 하오징(Haojing 1223년~1275년)은 몽골군이 사천에서 고전한 이유는 전략적 요충지를 송나라군이 차지한 것은 물론, 산맥과 협곡이 많기 때문이라고 생각했다. 이와 같은 지형 때문에 몽골군은 우회로를 택했지만, 송나라의 게릴라 공격으로 진군은 더딜 수밖에 없었다. 산성을 점령하기가 어려웠기 때문에 사천은 송나라 전역에서 몽골 수중에 떨어진 최후의 도시가 되었다. 몽골은 고려의 산맥과 섬을 공격하는 데에도 사천에서와 비슷한 어려움을 겪어야 했다.

멍케칸의 갑작스러운 사망 소식을 접한 쿠빌라이는 충격으로 더이상 송나라 원정에 전념할 수 없었다. 쿠빌라이는 애초에 그 소식을 오보라고 생각하고, 양자강(陽子江)을 건너 오주(梧州)로 진격했다. 오주로 진격한 쿠빌라이는 멍케칸의 사망이 확실하다는 소식을 아내인 차바이(Chabai)로부터 전해 들었다.

멍케칸이 원정에 나서는 동안 몽골고원에서 섭정을 하던 쿠빌라이의 형 아리크 버케(Ariq Böke)와 쿠빌라이 사이에 칸의 자리를 차지하기 위한 긴장 관계가 심화되었다. 두 형제는 별도의 쿠릴타이(Quriltai)에서 칸으로 선출되었다. 아리크 버케는 몽골고원에서, 쿠빌라이는 중국에서 열린 부족장 회의에서 각각 칸으로 선출된 것이다. 내전이 뒤이어 발생했고, 종결된 내전의 승리는 쿠빌라이칸의 차지가 되었다(1264년). 하지만 몽골제국의 통일은 그 후로 영원히 단절되었다.

아리크 버케와 쿠빌라이의 다툼으로 몽골제국은 분열되었다. 오고타이의 사후에 그의 동생 차가타이에게 인수된 중앙아시아는 쿠빌라이의 통치를 거부하는 별개의 몽골 영토로 분리되었다. 이 영토는 차가타이의 여러 아들(Chaghatayid Princes)이나, 오고타이의 손자이자 쿠빌라이의 가장 강력한 경쟁 상대인 카이두(Qaidu)가 지배했다. 그 와중에 조치의 아들 바투(Batu)가 사망하자(1255년), 바투의 아들 사르타크(Sartaq)가 짧은 기간 동안 통치한 후에 바투의 동생 베르케(Berke)가 킵차크 칸 왕국(Kipchak Khanate)을 계승했다. 하지만 베르케는 이내 훌라구와 충돌했다. 명목상의 이유는 이슬람으로 개종한 베르케가 훌라구의 아바스 왕조 정복에 분노했기 때문이라고 하지만, 실제적인 이유는 훌라구가 자신의 영토라고 주장한 페르시아의 일-칸 왕국(Il-Khanate)을 베르케 또한 자신의 영토라고 주장했기 때문이었다. 따라서 훌라구와 그의 계승자들은 황금 군단(Golden Horde)으로 알려진 조치드 칸 왕국은 물론, 차가타이드 칸 왕국과도 싸움을 해야 하는 난처한 입장에 놓여 있었다. 더욱이 황금 군단이 맘루크 왕조와 동맹을 맺는 바람에 일-칸 왕국은 쿠빌라이의 새 왕조 원나라가 지배하는 칸의 대제국(유일한 우군)에 이르는 길이 모두 막혀버린 채 적들에 둘러싸인 고립무원의 처지에 놓이게 되었다.

이처럼 몽골 왕족들 간의 내전은 몽골제국의 분열을 가져왔다. 왕족들은 칸 왕국(Khante 칸의 지배하에 놓인 영토)이 작은 왕국으로 쪼개지거나 끊임없는 대량 살상으로 사라질 때까지 싸움을 멈추지 않았다. 그 결과 일-칸 왕국은 붕괴했고(1335년), 원나라는 중국에 대한 지배권을 상실했다(1368년). 원나라는 몽골고원을 조금 더 지배할 수 있었지만 계속되는 내전으로 결국 멸망했다. 차가타이드 칸 왕국은 14세기 후반에 중앙아시아의 정복자 티무르(Timur 타메를란[Tamerlane]이란 별칭을 가짐)에 복속되었다. 그러나 황금 군단은 용케 18세기까지 살아남았다. 수세기 동안 황금 군단은 소국으로 분열되면서 러시아에 야금야금 흡수되었다. 카잔 칸 왕국(Kazan Khanate)과 아스트라칸(Astrakhan)은 폭군 이반(Ivan the Terrible)에게 멸망했고(각각 1552년과 1556년), 크리미안 칸 왕국(Crimean Khanate)은 예카테리나 대제(Catherine the Great)에게 항복했다(1789년).

몽골제국의 붕괴 이후, 몽골의 전술은 각 칸 왕국의 지역적 상황에 맞게 발전했다. 쿠빌라이의 군대는 궁수 기마병이 주축을 이루는 가운데, 대규모의 중국 보병을 포함시켰다. 일-칸 왕국의 군대는 칭기즈칸 시절의 경기병(輕騎兵)보다는 적군인 맘루크 군처럼 중기병(重騎兵)에 대한 의존도가 점차 높아졌다. 경기병이 군의 주력 부대를 지속적으로 유지한 옛 몽골제국의 유일한 후예는 목초가 우거진 초원에 위치했던 황금 군단과 차가타이드 왕국뿐이었다. 그러나 이들 군대가 선조들처럼 엄격한 규율과 훈련을 유지할 수 있었는가에 대해서는 알 수 없다.

CHAPTER 2
몽골군의 징집과 편성

몽골군의 편성을 연구해보면 근본적인 지휘 체계와 지휘 원리는 물론, 징집 과정을 이해할 수 있다. 특히, 몽골군의 전략과 전술을 파악하는 데 한결 도움이 된다. 현재 전 세계 어느 국가의 군대 편성보다 몽골군의 편성이 더욱 중요한 이유는 광범위한 원정을 펼친 몽골군이 한 사람의 장군이나 칸의 명령에 의존하지 않았기 때문이다. 게다가 몽골군의 편성은 몽골제국의 발전에 큰 몫을 했다. 칭기즈칸의 지휘 이래로 천 명이 한 단위를 이루는 몽골군의 편성은 새로운 사회 구조를 위한 기초로써 전통적인 부족의 구성을 대신했고, 초원 부족들의 동맹을 군대로 바꾸어 대제국을 건설했던 것이다.

●징집

몽골군의 징병이나 징발 과정은 현대인이 흔히 생각하는 것처럼 그렇게 간단하지 않았다. 일반적으로 알려진 것과는 달리, 모든 몽골 남성들이 전쟁에 참가한 것은 아니었다. 정복한 유목 부족의 모든 남성을 몽골군에 편입시키거나 병적에 올린 것도 아니었다. 몽골 고원을 지키는 방어군의 규모를 유지하면서 원정에 참여하는 충분한 병력을 제공할 수 있는 고도로 조직적인 체계가 필요했다.

몽골제국의 영토 확장 규모에 따라 몽골군의 규모도 달라졌다. 예를 들어, 대(大) 칸 왕국(Great Khan)의 멍케칸이 송나라를 침공한 1250년대 중반에 몽골군은 대략 90투멧(Tümet 이론상 1만 명으로 구성된 군단)이었다. 그러나 1투멧은 실제로 60퍼센트의 병력으로 이루어지는 것이 보통이므로 멍케칸이 중국 남부를 정복하기 위해 보유한 병력은 54만 명이었다. 이 당시에 중동에서 일-칸 왕국의 홀라구가 보유한 병력은 22투멧(아르메니아와 그루지야 출신의 외인부대를 제외)이었다. 그러니까 홀라구는 대략 13만 2천 명의 병사를 지휘했다. 게다가 조치드 칸 왕국은 최소한 43투멧(25만 8천 명의 병사)을 보유했다. 차가타이드 칸 왕국이 얼마나 많은 투멧을 보유했는지는 알 수 없다. 어쨌든 이러한 수치는 멍케칸이 동생 아리크 버케에게 지휘권을 맡긴, 몽골고원에 남겨진 병사들을 포함하지 않은 것이다. 그렇더라도 몽골제국의 전성기 때 멍케칸이 보유한 병력은 최소한 93만이었고, 차가타이드 칸 왕국의 병력과 몽골고원 및 기타 모든 지역에 배치된 몽골군을 모두 합하면 1백만 명은 족히 넘었을 것이다. 몽골제국의 크기를 생각하면 이런 수치는 그리 놀라울 것이 없다. 그리고 한 가지 기억해야 할 사실은 전체 병력이 한 곳에 있지 않았고, 있을 수도 없었다는 점이다. 몽골군은 동해(East Sea)로부터 흑해(Black Sea)에 이르기까지 몽골제국 전역에 배치되었다.

1209년에 몽골고원에서 원정을 떠나기 직전에 몽골군의 규모가 어느 정도였는지를 정확히 파악할 수는 없다. 13세기 초의 몽골 인구를 추정하기가 어렵기 때문이다. 대부분의 학자들은 그 당시에 몽골 인구를 70만에서 2백 50만으로 추정하고 있다. 이처럼 추정치에 편차가 큰 이유는 무엇일까? 인구 조사가 이루어질 때까지(몽골제국 전역의 인구 조사는 그로부터 수십 년 후에 실시했다) 인구 동향에 대한 기록이 없는 지역의 인구를 추정하기가 어려웠기 때문이다. 대부분의 학자들은 12세기 초에 몽골 인구가 대략 1백만 명이었다고 전제해 왔다. 인구가 백만이면 군대의 규모도 비교적 작을 수밖에 없었을 것이다. 다행스럽게도 〈몽골족의 비사(The Secret History of the Mongols)〉를 보면 칭기즈칸이 칸에 즉위한 1206년 몽골군의 규모가 9만 5천 명으로 되어 있다.

이 숫자는 15세에서 70세 사이의 모든 몽골 남자가 몽골군에 복무했다는 가정에 기초한 것으로 이로부터 몽골 인구 전체를 간단하게 유추할 수 있다. 1241년에 실시된 인구 조사를 보면 몽골 출신의 병사가 97,575명이고, 몽골의 총인구는 723,910명이었다. 그렇다면 한 가정의 식구는 대략 7.4명이었다는 계산이 나온다. 평균 7명당 한 사람이 군인이라고 가정하면 1206년 몽골의 총인구는 665,000명이었다. 그러나 몽골제국 전역에서 군사는 열 명당 한 사람(예를 들어, 이란 지역)이나 스무 명당 한 사람(중국)이 전형적인 비율이었기 때문에 십진법을 사용하는 군사 조직에서 그 외의 징병 방식을 사용했을 것 같지는 않다. 따라서 당시 몽골고원의 인구는 95만 명 내지 100만 명 남짓이었을 것이다.

물론, 몽골이 영토를 확장하면서 여러 투르크족과 기타 지역 출신의 보조 군사들이 몽골군에 편입되어 몽골군의 규모는 커졌다. 따라서 1206년에 열린 쿠릴타이 이후에 몽골은 중국 북부를 침략하고, 몽골고원 북부에서 발생한 반란을 진압함으로써 중앙아시아에 군사 15만 명을 보내기에 충분한 병력을 보유했다.

1267년에 남자가 둘이나 셋이 있는 가정은 한 사람을, 남자가 넷이나 다섯이 있는 가정은 두 사람을, 남자가 여섯이나 일곱이 있는 가정은 세 사람을 군에 보내야 했다. 나중에는 좀 더 높은 비율이 적용되었다. 그러나 인구가 많았던 중국 한족은 유목민족과는 달리, 20명의 성인 남자 당 한 사람의 비율이 적용되었다. 이런 비율은 1235년에 실시된 인구 조사를 바탕으로 이루어졌다. 공식적으로 징집은 인구 조사에 의거해 이루어졌지만, 일반적으로 필요할 때면 언제든지 징집을 할 수 있었다. 예를 들어, 인구조사가 실시된 1235년에서 1년이 지난 1236년 8월 4일부터 9월 1일 사이에 케리크(Cerik 유목에 기반을 두지 않은 군대)를 조직하기 위해 일반 가정 372,972 곳에서 20명의 성인 남자 당 한 사람 비율로 징집되었다.

몽골이 한 나라를 정복하면 그 나라의 성인 남자가 몽골군에 편입된다고 쉽게 가정할 수 있고, 대부분의 경우 이런 가정은 사실이었다. 그러나 정복된 나라의 모든 성인 남자를 군대에 편입하면 부정적인 결과가 생길 수도 있다. 군대의 규모가 비대해지면 병참술을 효과적으로 활용할 수 없고, 장정들이 없기 때문에 새롭게 정복된 지역의 경제와 보안에 문제가 생길 수 있다. 피정복민(몽골군도 마찬가지지만)을 차근차근 몽골군에 편입시켜야만 장정들이 징집된 지역에 안정적인 노동력을 유지할 수 있다. 정복하자마자 피정복지의 모든 성인 남성을 한꺼번에 징집하면 피정복지 출신의 병사 수가 정복자의 병사 수보다 많아지는 불균형을 초래할 수 있다. 모든 유목민족은 전사의 기질이 있어서 쉽게 몽골군에 적응할 수 있지만, 새롭게 정복된 농경민족이 몽골군의 명령을 따르기 위해서는 특히 규율과 전술을 익히려면 훈련이 필요했다.

몽골이 군대를 어떻게 소집했는지는 알 수 없다. 송나라의 사신 자오 훙(Zhao Hong)은 '몽골인이 개전(開戰)하면, 수백 수천 명이 일시에 몰려든다. 수십 수백 수천 명이 단위를 이루어 자신들에게 하달된 명령을 수행한다.'고 기록한 바 있다. 이런 관행은 칭기즈칸이 여러 몽골 부족을 십진법에 기초한 새로운 사회 단위로 재편성한 것에서 비롯되었다. 자오 훙의 설명은 몽골이 전쟁에 임하여 가장 기동성이 뛰어난 민족이라는 현대인들의 믿음을 뒷받침한다. 몽골은 군대를 순식간에 조직하여 순식간에 전쟁에 돌입할 수 있었지만, 군대가 오합지졸로 구성된 것은 아니었다. 그러나 이러한 설명이 몽골이 어떻게 병사를 징집하고, 효과적이고 유능한 군대로 편성할 수 있었는지를 말해주는 것은 아니다.

중동에서 몽골군은 성인 남자 10명당 한 사람을 군대로 징집했다. 마을과 도시 출신의 남성들은 주로 후방의 방어군이나 부역을 담당했지만, 정기적으로 실시된 사열(査閱)을 받기 위해 엄격한 군율 속에서 훈련을 게을리 하지 않았다. 유목민족 출신의 병사들은 방어에 익숙하지는 않지만, 몽골의 방어군도 간헐적으로 사열을 받아야 했기 때문에 이러한 관행은 징집된 투르크족에게도 적용되었다.

대부분의 유목민족은 말을 타고 활을 쏘는 데 능숙했기에 몽골군에 입대할 경우 쉽게 적응할 수 있었다. 징집된 병사는 기존의 부대나 노련한 병사가 주축을 이루는 새로이 창설된 부대에 합류하였기 때문에 군사 훈련을 받고 부대에 쉽게 동화되었다.

징병에서 가장 중요한 것은 인구 조사였는데, 몽골이 이러한 방법을 알아낸 것은 중국 북부를 침입한 직후였다. 가구(家口)는 세금 징수의 단위일 뿐만 아니라, 각 가구의 모든 성인 남자는 징병을 위해 빠짐없이 등록되었다. 사실 몽골이 새로운 영토를 정복했을 때 피정복 지역의 전체 인구를 기록하는 것은 필수적이었다. 아르메니아의 역사가 아크네르의 그리고르(Grigor of Akner)는 군복무에 지장이 없는 15세에서 60세 사이의 남자를 인구 조사지에 기록했다고 언급한 바 있다. 징집 상한선이 70세라고 밝힌 중국 사서(史書)도 있다. 군에 입대하는 나이는 보통 15세에서 20세 사이였는데, 군에서 필요로 하는 병사들의 수요에 따라 입대 연령에 차이가 났다. 입대 연령이 된 모든 남자가 군에 입대한 것은 아니었다. 집에 남아서 가축을 돌보거나 국경을 경비할 남자도 필요했기 때문이다. 연령을 기준으로 부대를 새로이 조직하는 경우도 있었다. 1229년에 20세에서 30세 사이의 병사들은 열 명을 한 단위로 소집되어 새로운 부대를 만들었다. 인구 조사에 기록을 누락한 남자나 탈영병을 숨겨준 사람은 사형에 처해졌다.

몽골은 군사만을 징집한 것이 아니었다. 군 이외의 분야에서 기술이 뛰어난 장인(匠人)과 기술자들을 징집하는 경우도 많았다. 기록을 보면, 중국의 현덕(顯德), 서창(西昌), 평양(平涼), 태원(太原) 그리고 산서성(山西省)등의 중국 도시에 장인들이 징집된 예가 있다 (1235년).

가구의 등록이나 몽골 및 비몽골 병사의 징집은 군대의 조직이나 세금 징수의 목적 이외에 피정복 지역 사회를 몽골제국에 낯익은 체계로 재편하는 수단으로도 활용되었다. 농경민족 중에는 가구의 등록으로 대물림하여 군대에 입대하는 가정이 생겨났다. 방어군에 필요한 병사 또한 가구의 등록에 의해 효과적으로 보충할 수 있었다. 방어군으로 복무하던 병사가 죽으면, 병사의 가정에서 군복무를 할 수 있는 남자가 100일 이후에 그 병사를 대신했다. 그러나 병사가 사고나 질병이 아닌 전투 중에 사망하면, 병사의 가정은 그 병사를 대신할 남자를 군에 보낼 의무가 1년 동안 면제되었다.

유목민족이 일단 몽골군에 입대하면 어떻게 해서든지 몽골 전사가 되었다. 지금의 병사들이 일반인과 구별되는 짧게 깎은 머리로 통과의례를 거치는 것처럼 몽골군도 몽골제국의 일반 시민들과 구별되는 통과의례가 있었다. 루브럭의 윌리엄(William of Rubruck)은 몽골군의 머리 모양을 다음과 같이 묘사했다.

정수리에 네모나게 머리를 밀고, 이렇게 민머리의 앞쪽 귀퉁이에서 관자놀이까지 머리의 양쪽 측면을 좁고 길게 밀어나간다. 그리고 관자놀이의 머리카락과 결후(結喉)까지 수염을 밀고, 전두골(前頭骨)의 위까지 이마 앞쪽을 민다. 그러나 전두골에서 눈썹까지 내려뜨리는 머리털은 남겨놓는다. 머리의 측면과 뒷면은 머리에서 귀까지 머리카락을 땋아 늘어뜨린 채 남겨둔다.

이렇게 독특한 머리 모양을 한 신병들은 군복을 입고 무장을 하고 전술 훈련을 거치면서 어엿한 몽골군의 일부가 되었다.

아르반(Arban), 자군(Jaghun), 밍칸(Minqan) 그리고 투멘(Tümen)

칭기즈칸은 십진법에 따라서 군대를 편성했다. 단위의 명칭은 각각 10명 단위가 아르반(Arban 복수형은 아르바트[Arbat]), 100명 단위는 자군(Jaghun 복수형은 자구트[Jaghut]), 1,000명 단위는 밍칸(Minqan 복수형은 밍카트[Minqat]), 10,000명 단위는 투멘(Tümen 복수형은 투멧[Tümet])이었다. 거란족(Khitan)이나 여진족(Jurched)과 같은 아시아 북부의 여러 제국이 이미 군 조직에 십진법을 채택하였기 때문에 칭기즈칸의 십진법 도입은 혁신적인 것은 아니었다. 사실 칭기즈칸이 십진법 군 조직을 처음으로 접한 것은 케레이트 족의 토그릴 옹-칸 수하에 있을 때였다. 이러한 십진법을 바탕으로 한 군 단위의 채택은 몽골군의 발전에 중요한 첫걸음이었다.

칭기즈칸이 여러 부족 출신의 병사를 아무렇게나 군대에 배치한 것은 아니었다. 그는 다양한 부족 출신의 병사들로 새로운 부대를 만들었고, 그런 병사들을 다양한 부대에 배치했다. 몽골고원에서 세력을 키워나가는 동안에 몽골은 정복된 부족의 규모가 큰 경우에는 부족의 성인 남자들을 여러 밍칸으로 분리했고, 그 규모가 1,000명 이하인 경우에는 부족의 성인 남자들을 기존의 밍칸에 편입시켰다. 게다가 칭기즈칸은 여러 장수들이 포로나 다양한 부족 출신의 성인 남자들을 한데 모아서 자신의 밍칸에 포함시키는 것을 허용했다. 그러기 위해 칭기즈칸은 기존의 부족 사회 구조를 대신하여 새로운 제국과 군대의 요구에 적합한 새로운 사회 지배 체계를 만들었는데, 이것은 사실상 독립된 부족에 대한 중앙 지배 체계를 강화하는 합리적인 군대 조직을 제공해주었다.

몽골군은 새로운 부대를 만들긴 했지만 병사들은 자유롭게 부대를 옮길 수 없었다. 페르시아의 관리 주바이니(Juvaini)가 언급한 대로 "어떤 몽골 병사도 자신이 속해 있던 아르반, 자군 또는 밍칸 이외의 부대로 옮기거나 탈영할 수 없었다."

칭기즈칸은 몽골, 타타르, 케레이트, 나이만족 간의 케케묵은 유대감이나 적대감을 일소해버렸다. 이제 모든 유목 부족은 초부족적인 카무크 몽골 울러스(Qamuq Mongol Ulus 전(全) 몽골제국)의 일원이 되었다. 게다가 칭기즈칸은 몽골고원 전체 인구를 아우루그(Aurug)라는 단위로 나누어 병력과 장비를 공급하도록 했다. 사실 칭기즈칸은 전쟁을 수행하는 데 적합한 국가 체계를 도입했던 것이다.

몽골군은 크게 세 부대, 바라군 가르(Baraghun Ghar 우익), 제운 가르(Je'ün Ghar 좌익) 그리고 텁(Töb) 또는 콜(Qol 중앙 또는 추축)로 나뉘었다. 칭기즈칸 시대에 보오르추(Bo'orchu)가 우익을, 무칼리(Muqali)가 좌익을, 그리고 나야(Naya)가 중앙 부대를 지휘했다. 야전군은 이와 같은 몽골군 명령 체계의 전반적인 구조를 그대로 반영했다.

명령을 손쉽게 수행할 수 있는, 유연성 있고 혁신적인 몽골군의 명령 체계는 외부인의 눈에 훌륭해보였던 것 같다. 마르코 폴로(Marco Polo)는 다음과 같은 말을 남겼다.

그러니까 칸은 병사 10명, 100명, 1,000명 당 각각 장교 한 사람을 인명하여 그가 10명의 장교에게 명령을 내리면 이들 장교는 자기 밑의 또 다른 장교 10명에게 전달되어(어떤 병사도 10명 이상에게 명령을 전달할 필요가 없었다) 결국 모든 병사들에게 칸의 명령이 일사천리로 전달된다. 그리고 모든 병사는 자신의 직속상관에게만 복종했다. 몽골은 자신의 상관에게 복종을 잘하는 민족이었기 때문에 이런 식으로 전달되는 규율과 명령은 굉장히 효과적이었다.

마르코 폴로는 13세기에 이런 말을 남겼지만, 그의 말은 칭기즈칸의 통치 철학의 연속성을 입증한다. 칭기즈칸은 자신의 철학대로 군대를 편성한 것은 물론, 여러 유목민족이 뒤섞인 몽골고원에 대한 중앙 지배권을 강화했다. 나중에 몽골제국이 영토를 확장함에 따라서 이런 철학은 피정복 농경민족에게까지 확대되었다. 칭기즈칸은 상명하복의 강력한 위계질서로 여러 부족과 동맹이 뒤죽박죽된 집단을 단 하나의 군대로 융합했다.

케시크(Keshik)

케시크(칭기즈칸의 호위군)는 창설 초기에는 미약했지만, 몽골제국의 조직 중 중요한 축에 속했다. 200~300백 명에서 시작된 케시크

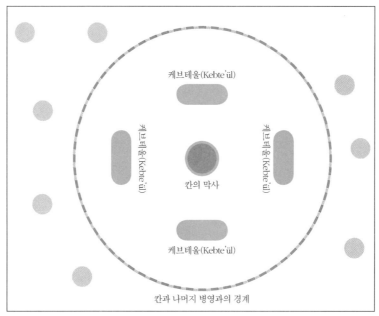

케브테울(Kebte'ül)

케브테울(Kebte'ül)

케브테울(Kebte'ül)

칸의 막사

케브테울(Kebte'ül)

칸과 나머지 병영과의 경계

케시크와 칸

의 수는 1만 명을 넘어서더니, 쿠빌라이칸의 통치기에는 1만 2천 명에 달하기도 했다. 케시크는 칸을 호위하는 것 외에도 다음과 같이 다양한 업무를 수행하는 이들이 있었다. 코르치(Qorci 궁수), 시바우치(Siba'uci 수할치), 자를리그치(Jarlighci 칸의 명령 담당자), 비체치(Biceci 황제의 연대기 기록), 바우르치(Ba'urci 음식과 음료 담당자), 울두치 또는 컬덜치(Üldüci 또는 Köldölci 칸의 검과 활 관리자), 발라그치(Balaghci 황궁 출입문과 출입로 담당자), 다라치(Daraci 술 담당자), 울라아치 또는 모린치(Ula'aci 또는 Morinci 마차와 말 관리자), 수구르치(Sügürci 황실의 의복 담당자), 테메치(Temeci 낙타 관리자), 코닌치(Qoninci 양치기), 쿨라간치(Qulaghanci 절도범을 붙잡는 헌병), 쿠르치(Qurci 음악 담당자), 바아두르(Ba'adur 모든 케시크가 닮고자했던 용사 또는 전사) 등.

◎ 케시크와 칸

케시크는 칭기즈칸 휘하 장수 중 네 명의 쿨루우드(Külü'üd 영웅)인 보로굴(Boroghul), 보오르추(Bo'orchu), 무칼리(Muqali), 칠라운(Chila'un) 등을 중심으로 조직되었다. 케시크는 원래 케브테울(Kebte'ül 야간 호위병) 80명과 투르카우트(Turqa'ut 주간 호위병) 70명에다가, 전시에 칭기즈칸을 호위하는 밍칸으로 구성되었다. 1206년에 열린 쿠릴타이에서 칭기즈칸은 투멘-우(Tümen-ü) 노이아드에서 아르반-우 노이아드(Arban-u)에 이르는 여러 노이아드(Noyad 장교)의 아들을 징집하여 케시크의 수를 1만 명으로 늘렸다. 게다가 칭기즈칸은 지위나 출신 성분에 관계없이 유능하거나 용모가 준수하거나 임무를 맡기기에 적당하다고 생각하는 장교들의 아들을 비롯한 인재를 수시로 케시크에 포함시켰다. 케시크에 들어오는 장교의 아들은 동반자를 수반하였는데, 수반하는 동반자의 수는 장교의 지위에 따라 달랐다. 밍칸-우 노이아드의 아들은 친구 10명과 남동생 1명을, 자군-우 노이아드의 아들은 친구 5명과 남동생 1명을, 아르반-우 노이아드나 일반인의 아들은 친구 3명과 남동생 1명을 수반했다. 징집된 병사들은 원래 소속된 부대에서 지원된 군 장비를 모두 갖추고 케시크에 들어왔지만, 칭기즈칸은 그들 부대에 군 장비를 보충해 주었다. 이런 정책으로 케시크의 수가 크게 증가하여, 친구와 호위병 사이 같았던 황제와 신하의 개인적인 유대를 유지할 수 있는 범위를 넘어섰다. 그리고 물론 호위병이 수반한 이들을 모두 합한다면 전체 케시크의 수는 1만 명을 훌쩍 넘었을 것이다.

분명히 모든 장교가 칸이 요구하는 아들을 케시크로 보낼 수 있었던 것은 아니었다. 사실 장교의 아들 중에는 이미 장교가 된 경우도 있었다. 그러나 케시크로 장교의 아들을 요구했던 칭기즈칸에게는 두 가지 주요 목적이 있었다. 첫 번째 목적은 강력한 영향력을 지닌 투멘-우 노이아드에서 일반인 양치기에 이르기까지 모든 계층 출신의 다양한 호위군을 양성하는 것이었다. 토마스 알센(Thomas Allsen)에 의하면, 두 번째 목적은 정치적 통제 수단으로 활용하는 것이었다. 한마디로, 아들을 2명이나 요구했던 칭기즈칸은 실은 인질 2명을 요구했던 것이다. 이런 관행은 몽골 유목민 출신의 장교는 물론, 피정복 민족에게도 적용되어 피정복 민족의 왕자나 친족들이 케시크에 포함되는 경우가 많았다. 칭기즈칸과 그의 후계자들은 인질을 확보하면 원거리에 있는 복속국의 통치자가 충성을 다하리라고 확신했다. 그들은 원하는 대로 인질을 교육시킬 수 있었다. 일단 인질을 케시크에서 교육시킴으로써 몽골의 요구와 기대에 더 이상 부응하지 못하는 복속국의 통치자나 장교를 대신할 사람까지 확보한 셈이었다.

케시크에서 복무를 하면서 몽골제국의 통치나 군대 지휘 등의 임무를 수행하지만, 케시크 본연의 임무는 칸을 호위하는 것이다. 호위병은 야간 호위병(케브테울), 주간 호위병(투르카우트) 그리고 궁수(코르치) 등 셋으로 나뉘었다.

1206년 쿠릴타이에서 케시크의 규모가 상당히 커졌는데, 이때 예케-네우린(Yeke-Ne'ürin)이 지휘하는 케브테울의 수는 80명에서 800명으로, 이후 1,000명으로 증가했다. 야간 호위병은 이순-테에(Yisün-te'e), 부게데이(Bügedei), 호르쿠다이(Horqudayi), 라블라카(Lablaqa) 등이 지휘하는 부대로 다시 세분되었다. 이들의 임무는 군기인 터크(Tuq)와 북, 막사를 끄는 짐수레를 관리하고 음식과 음료를 감독하는 것이었다. 케브테울의 병사들은 일반적으로 바우르치, 다라치, 울라아치 등으로 복무했다. 사실 칸에게 음식을 마련하고, 군사들에게 음식을 배분하는 임무를 맡은 것은 야간 호위병이었다. 코르치 등의 케시크 병사가 음식을 배분하면, 첫 번째로 음식을 제공받는 것은 케브테울이었다. 당연히 케브테울의 병사들도 발라그치의 임무(칸의 막사에 이르는 출입로 호위)를 맡았다. 사실 케브테울은 칸의 호위는 물론, 황궁의 시중을 드는 여자(테메친 Temecin)와 여성 노예(코니친 Qonincin)를 호위했다. 케브테울 본연의 임무는 황궁 전체의 안녕을 책임지는 것이었다. 케브테울은 또한 코르치에게서 활을 압수하여 효과적으로 무장을 해제하는 임무도 맡았다.

케브테울은 케시크 중에서 칸이 가장 신임하는 호위군인 것 같다. 칸이 사냥을 나갈 때면 언제나 케브테울의 절반에 이르는 병사가 칸을 호위했다. 그러나 전쟁 중에 케브테울은 칸을 호위하지 않았다. 그 대신에 그들은 후방에 남아서 황실과 칸의 막사의 안녕을 책임졌다. 게다가 케브테울 중에는 자를리그치로 복무하는 병사도 있었고, 칸의 무기와 병사들의 무기 배분을 책임지는 병사도 있었다. 여기에서 코르치가 임무 교대 시에 케브테울에게 활을 넘겨주었던 이유를 알 수 있다.

젤메(Jelme)의 아들 이순-테에(Yisün-te'e)가 명령하는 코르치(궁수)는 원래 4백 명이었으나, 1206년에는 1천 명으로 증가했다. 이순-테에의 부장은 투게(Tüge)의 아들 부게데이(Bügedei)였다. 코르치의 복무 시간은 주로 주간이었다. 코르치의 임무가 무엇이었는지는 불분명하지만, 코르치라는 이름을 감안하면 활로 무장한 채 칸의 곁에서 호위할 수 있었던 유일한 케시크(칸을 알현하는 다른 방문객은 무장을 해제해야 했다)였던 것 같다. 따라서 다른 호위병들은 칸의 신변을 보호했던 반면, 코르치는 칸에게 위협의 소지가 있는 사람을 멀리 내쫓는 임무를 맡았다.

처음에 70명이던 투르카우트(Turqa'ud)는 8천명으로 증가했다. 투르카우트의 지휘관은 어젤레-체르비(Ögele-Cherbi)였다. 8개로 구성된 투르카우트의 지휘는 각각 어젤레-체르비, 부카(Buqa 무칼리 가계의 일원), 일루제이의 알치다이(Alchidai of Ilügei), 더데이-체르비(Dödei-cherbi), 도콜쿠-체르비(Doqolqu-cherbi), 차나이(Chanai 주르체데이[Jürchedei] 가계의 일원), 아쿠타이(Aqutai, 알치[Alchi] 가계의 일원) 그리고 아르카이-카사르(Arqai-Qasar)가 맡았다. 주간 호위병 8천 명은 네 그룹으로 나뉘었는데, 각 그룹의 지휘관은 부카, 알치다이, 더데이-체르비 그리고 도콜쿠-체르비였다.

투르카우트는 3일 주기로 교대가 이루어졌다. 칭기즈칸 통치기에 보로굴의 부대가 제1교대, 보오르추의 부대가 제2교대, 무칼리의 부대가 제3교대 그리고 칠라운(Chila'un)의 부대가 제4교대로, 복무는 이 순서대로 순환하며 이루어졌다. 케시크 내의 지위는 세습되었지만 하위 계급의 병사도 시간이 지나면 상위 계급으로 승급할 수 있었다.

일반적으로 케시크는 칸을 호위하는 가장 중요한 기능을 수행하는 것에 관해 엄격한 명령을 주고받았다. 칸의 막사는 일반 병사들의 막사와 화살을 두 번 쏘아서 날아가는 거리(약 500미터)만큼 떨어져 있었다. 게다가 누구라도 케시크의 허락 없이 무장을 하거나 칸의 막사에 다가갈 수 없었다. 왕자나 장군 등의 고위급 장교가 아닌 방문객은 칸의 부름을 받고 왔다는 징표를 케시크에게 제시해야 했고, 그런 징표가 없는 방문객은 케시크의 다음번 교대가 이루어질 때까지 억류되었다. 케브테울은 칸의 막사 부근을 기웃거리는 사람이 있으면, 야간 호위병의 숫자를 묻거나 당일의 암호를 물어서 모르는 경우에 붙잡을 권한을 부여받았다. 또한 칸을 알현하는 사람이 타고 온 동물이나 의복을 보관할 권한도 있었다.

마지막으로, 케시크는 근무 교대 점호에 전원 출석해야 했다. 교대 점호에 처음 출석하지 못하면 곤장 3대를, 두 번째로 출석하지 못하면 곤장 7대를, 세 번째로 출석하지 못하면 곤장 37대를 맞았다. 세 번째로 점호에 출석하지 못하면 한직으로 보내져서 사실상 케시크에서 내쫓긴 것이나 다름없었다. 점호 불출석에 대한 벌이 엄하긴 했지만, 질병이 있거나 상관의 허락을 받은 경우에는 임무에서 면제되어 쉴 수 있었다. 장교가 호위병을 소집하는 임무를 수행하지 못하면 일반 병사와 마찬가지의 벌을 받았다.

타마(Tamma)

케시크가 가장 중요한 군사 조직이었던 반면, 몽골제국 통치에 필요한 행정관과 군대를 양성하는 타마(Tamma)는 몽골제국의 확장은 물론, 새로이 정복한 영토를 몽골의 영향력 밑에 유지하기 위한 핵심 조직이었다. 몽골군을 기계에 비유한다면, 타마는 몽골군을 원활하게 돌아가게 하는 톱니바퀴라고 생각하면 된다.

폴 부엘(Paul Buell)은 타마를 '전체 몽골 병사 가운데 선택한 소수 정예 부대로서, 정복한 영토를 유지하고 관리하기 위해 영향력을 행사하는 조직'이라고 묘사했다. 몽골은 언제나 유목민족과 농경민족의 국경 지역에 타마를 조직했다. 몽골군이 일정한 지역을 정복한 후에 몽골고원으로 되돌아가는 일반 부대와는 달리 타마는 그 지역에 오랜 기간 남아 있었다. 원래 타마치는 타마의 사령관을 지칭하는 말이었지만, 타마 소속 병사들은 보통 타마치(Tammaci 복수형은 타마친[Tammacin])로 불렸다.

타마는 주력 부대와 알진치(Alginci 복수형은 알진친[Algincin])라는 선발 부대로 구성되었다. 타마가 초원 지대에 주둔했던 반면, 선봉 부대와 척후 부대로 구성된 알진치는 도시 부근에 주둔했다. 타마는 다양한 부족과 지역 출신의 병사로 이루어졌고, 타마의 지휘관은 몽골 출신이 아닌 경우도 있었다. 타마가 몽골제국의 영토 확장에 중요한 역할을 담당하기는 했지만, 정규군은 아니었다. 유안 시(Yuan Shi)는 "몽골에는 두 개의 별도 군대, 즉 멩-쿠 춘(Meng-ku Chün 몽골군)과 탄-마-치 춘(Tan-ma-ch'ih Chün 타마치군)이 있었다"고 말한 바 있다. 몽골군은 몽골인으로만 구성된 반면, 타마키

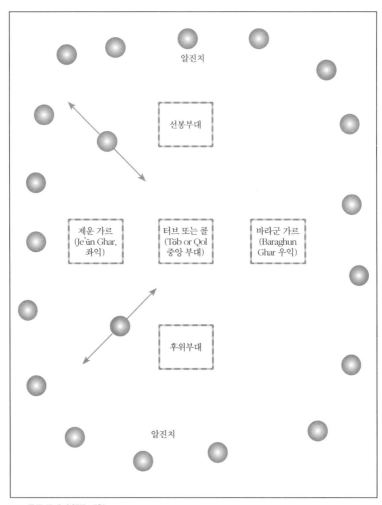

알진치

선봉부대

제운 가르
(Je'ün Ghar,
좌익)

터브 또는 콜
(Töb or Qol
중앙 부대)

바라군 가르
(Baraghun
Ghar 우익)

후위부대

알진치

━━━ 몽골 군대의 행군 대형

군은 다양한 유목민족으로 구성되었다.

　　몽골은 타마치의 병영을 활용하여 정복한 지역을 다스리고 적의
공격을 격퇴하는 기지로 삼았다. 말에게 목초를 먹이기 위해 넓게 진

을 친 타마치의 병영은 순찰병이 지켰으며, 군령의 전달은 사자(使者)가 담당했다. 또한 타마치는 위협을 미연에 방지하기 위해 인근 지역을 초토화하는 경우도 많았다. 타마는 원래 서유럽의 성곽, 중국의 다양한 장성이나 요새와 같은 목적을 수행했다. 방어 측면에서 보면 성곽은 경계를 방어하기 위한 것이었다. 성곽처럼 타마도 경계의 방어는 물론, 군사 작전의 기지이자 인근 지역을 위협하는 존재였다.

타마가 여타 지역의 요새와 같은 기능을 수행했지만, 몽골(대부분의 유목민족)은 스스로 요새나 성곽을 짓지 않았다. 요새나 성곽을 경멸한 몽골은 이를 파괴하는데 급급했다. 그렇기 때문에 영구적인 방어군이 아니었던 타마는 몽골제국이 팽창함에 따라서 새로운 국경 지역으로 전진을 거듭했다.

❂ 기타 부대

몽골제국이 팽창함에 따라서 몽골군에 입대하는 피정복민의 수가 넘쳐났다. 몽골군의 핵심은 여전히 몽골족-투르크족 출신의 기마군이었지만, 방어군과 공성 공격군의 주를 이룬 농경민족 출신의 보병대는 몽골군의 영토 정복에 커다란 힘을 실어주었다. 공병대 또한 몽골군에서 그 중요성을 빼놓을 수 없는 부대였다. 공성 공격을 위한 공병대는 원래 한족과 거란족 그리고 여진족 출신으로 구성되었지만, 몽골군이 중앙아시아와 중동 지방으로 세력을 넓혀가면서 아랍인과 페르시아인 그리고 아르메니아인도 공병대에 포함되었다.

몽골군에 최초로 어엿한 공병대가 생겨난 것은 1214년 무렵이었다. 서하에서 금나라와 전투를 벌인 몽골군은 요새를 효율적으로 공략할 수 없음을 깨달았다. 성곽으로 둘러싼 도시나 요새에 대한 기습 공격 말고는 정복하려는 지역에 식량이 떨어지거나 내부 반역자가 생겨날 때까지 봉쇄에 의존하는 수밖에 없었다. 그러나 바르구타이(Barghutai) 부족의 암부가이(Ambughai)가 병사 500명으로 구성된 포병대의 지휘관이 되었다(1214년). 중국 문헌에 이 부대는 바오준(Baojun 쇠뇌 부대)로 나와 있지만, 누준(Nujun 석궁 부대) 또한 존재했다.

몽골은 공병대의 임무를 공성 전투로 한정하지 않았다. 로마나 기타 여러 나라의 군대에서처럼 몽골도 공병대에 도로와 교량을 건설하는 임무를 맡겼다. 예를 들어, 차가타이의 공병대장 마스터 장(Master Zhang)은 배 100척을 이용하여 아무다리야강을 가로지르는 다리를 지었다. 공성 공격이 있는 경우에 일반적인 전술은 요새나 성곽의 높이에 맞게 장벽을 쌓았는데, 이 임무 역시 공병대가 도맡았다. 바그다드 전투에서 몽골의 공병대는 유프라테스강(Euphrates)의 물길을 바꾼 다음, 둑을 무너뜨려 아바시드군(Abbasid Army)의 진영을 물바다로 만들기도 했다. 따라서 몽골군의 공병대는 기타 유목민족 군대에 부족한 전략적 문제를 극복하는 데 큰 몫을 담당했다.

공병대 이외에 몽골은 기타 비(非) 유목민족 출신의 병사를 징집했다. 몽골은 방어군이 필요한 경우도 있었다. 앞에서 살펴본 타마의 임무는 방어에 한정된 것은 아니었기에, 케리크(Cerik)라는 방어를 담당할 부대를 편성했다. 케리크는 유목민족이 아니라 정복된 지역의 농경민족 출신의 병사들로 구성되었다. 구조적으로 타마를 모방했지만, 간혹 야전에 참여하는 경우를 제외하고 케리크의 가장 중요한 임무는 도시와 요새의 방어였다. 타마와 케리크라는 용어는 단순히 유목민족 부대(타마치)와 농경민족 부대(케리크)를 구분하기 위해 사용된 것이다. 몽골어로 케리크는 중앙 정부에 편입된 지역이나 부족 출신의 병사 혹은 '부대'로 번역될 수 있지만, 사실 일반적인 의미는 유목민족 출신의 타마치가 아니라 농경민족 출신의 부대를 뜻했다.

금나라 침략 중에 몽골군은 한족 출신의 중국인 병사를 바탕으로 한 새로운 군대를 편성했다. 이 케리크는 편성되자마자 금나라 침략에 혁혁한 공을 세웠다. 1214년에 몽골고원으로 회군한 칭기즈칸은 1215년에 다시 금나라를 침공할 때까지 금나라 출신의 장군 포-리우(Po-liu)에게 국경 지대의 방어를 맡겼다. 포-리우는 한족 출신 최초의 공식적인 케리크 지휘관이 되었다(1216년). 무칼리가 최초의 타마군의 지휘를 맡은 1217년이나 1218년경에 포-리우는 거란의 장군 우이아르(Uyar), 예-루 투-후아(Yeh-Lü T'u-hua) 그리고 차-라-에르(Cha-la-erh)가 지휘하는 케리크 부대 3곳을 휘하에 두었다. 거란족을 지휘한 우이아르는 주로 북경(北京)을 방어했고, 주이인 군대(Juyin Troops)를 지휘하는 차-라-에르는 중도(中都)를 방어했고, 예-루 투-후아는 한족 부대를 지휘했다. 한족 출신의 케리크는 규모가 점점 커졌기 때문에 분할하여 지휘해야 했다. 원래 케리크는 몽골군에 투항한 장교로 구성된 부대였지만, 계속되는 금나라의 공격에 투항하는 한족 군대가 늘어나면서 오고타이는 케리크를 몽골군에 편입시켰다. 오고타이는 케리크를 3개의 투멘과 36개의 밍칸으로 나누어 거란족 장군에게 지휘권을 맡겼다. 1234년경에는 3개 이상의 투멘-우 노이아드(장교)가 있었을 것이다. 1235년 이전에 '흑군(黑軍 Hei Chün)'이라 불린 한족 케리크 부대는 명성이 자자했다. 1236년과 1241년에 있었던 추가 징집으로 병사의 수가 9만 5천 명으로 크게 늘어난 한족 케리크는 '신군(新軍 Hsin Chün)'을 편성했다.

한족 부대에서 장교의 계급은 세습되었다. 그러나 1262년에 산동(山東) 동부에서 반란이 발생하자, 몽골은 한족 출신 장교에 대한 이와 같은 특혜를 제한했다. 부대 내에서 친족을 배제하고, 케시크 부대가 투멘-우 노이아드(다루가치)를 감독하게 되었다.

케리크 부대가 타마군처럼 유목민족과 농경민족 사이의 경계(몽골제국의 경계)를 지킨 반면에 국경 방어 이외의 임무를 맡은 비(非) 케리크 부대도 존재했는데, 이 부대의 편성은 케리크 부대와는 달랐다. 비 케리크 부대는 멩-쿠 춘(Meng-ku Chün 몽골군)의 편성을 모방했다. 따라서 비 케리크 부대는 예를 들어, 치-탄 춘(Ch'i-tan Chün 거란군)이나 누-치 춘(Nü-chih Chün 여진군)처럼 같은 민족 출신의 병사들을 중심으로 편성되었다.

몽골의 서정이 확대되자, 러시아나 볼가 불가르(Volga Bulghar)와 같은 서방의 농경민족들도 몽골군에 흡수되었다. 여진족이나 거란족처럼 볼가 불가르족도 중기마병대로 활용되었다. 기마병에 적합하지 않은 병사들도 있다는 것을 파악한 몽골군은 그런 병사들을 억지로 기마병으로 만드는 대신, 각자의 특성에 맞는 전사로 훈련시켰다. 육박전에 대한 필요성을 느끼지 않은 몽골군은 보조 부대에 육박전의 임무를 부여했다. 보조 부대는 돌격대처럼 중무장을 하고 기마병보다 더 좋은 무기로 육박전에 참여하는 경우가 많았다.

몽골제국이 확대되고 인구 조사가 이루어지면서 피정복 지역의 성인 남자들을 몽골군에 징집하기가 쉬워졌다. 특별한 기술이 있는 사람들은 공병대로, 나머지는 케리크(정규군)로 편입되었다. 농경민족 출신의 정규군은 원정에 참여하라는 요구가 없는 경우 방어를 담당하는 것이 일반적이었다. 그러나 몽골군은 정복 지역에 반란이나 불복종 세력의 저항이 일어날 때마다 회군해야 했기 때문에 이들 정규군이 정복한 지역의 방어를 맡지 않았더라면 몽골군은 새로운 지역을 정복해나가지 못했을 것이다.

◎ 결론

십진법에 기초한 군대의 편성은 몽골제국 이전에 아시아 내륙에 존재했지만, 이를 도입한 칭기즈칸은 밍칸을 부족 및 군사 조직의 주요 단위로 활용하여 몽골 사회를 재구성할 수 있었다. 이런 과정에서 기존에 독립된 여러 유목민족에 대한 중앙 정부의 지배권을 강화한 칭기즈칸은 몽골제국과 몽골군의 요구에 적합한 보다 새로운 조직을 만들어낸 것이다. 부족 중심의 부대가 합리적인 군사 체계로 바뀌면서 유목 사회가 십진법을 기초로 하는 새로운 사회 구성단위로 재편되었다. 이것은 칸의 호위군에서부터 피정복민족 출신의 군사에 이르기까지 몽골 군사 조직의 체계화로 이어졌다. 이와 같은 개혁은 또한 몽골제국의 피정복 농경민족의 생활양식도 변화시켰다. 유목민족과 마찬가지로 농경민족도 십진법에 의거해서 과세와 징병의 의무가 부과되었다. 유목민족 출신이 아닌 군대는 자신들에게 익숙한 전투 방식을 고수했지만, 이제는 몽골군의 명령 체계에 통합되었다.

CHAPTER 3
몽골 병사의 훈련과 군장비

초원의 유목 기마병의 군사적 우월성은 화약 무기가 널리 보급될 때까지 지속되었다. 몽골 병사와 기타 병사에 대한 일대일 비교가 도움이 되겠지만, 몽골군은 사회적 문화적 행정적 환경을 고려하여 평가되어야 한다. 그와 동시에 몽골 병사는 일개 병사로서뿐만 아니라, 고도로 조직화된 군대조직의 일부로 이해해야 한다. 몽골군의 발전을 살펴보려면 몽골군의 역할과 임무가 현재 또는 13세기 이전의 유목민족 군대의 역할과 임무와는 다르다는 사실을 염두에 두어야 한다. 몽골이 기존의 유목민족이 보유해 온 군사적 전통의 상당 부분을 물려받긴 했지만, 자체적으로 개발한 좀 더 세련된 체계를 바탕으로 군대를 조직하고 발전시킨 것도 사실이다.

◎ 군사 훈련

칭기즈칸의 마음속에는 군사 훈련에 관한 다음과 같은 빌리그 (Bilig 좌우명)가 있었다.

> 오르타크(Ortaq 이슬람계 상인)가 금실로 짠 직물을 팔며 이윤을 만들어내는 것처럼 군대의 장교도 부하 장병들에게 궁술(弓術), 궁마 (弓馬), 육탄전 등을 훈련시켜야 한다. 오르타크가 상술에 자신을 갖 듯이 장교도 군사 훈련을 통해 부하 장병들을 용감하고 대담한 전사 로 육성해야 한다.

칭기즈칸이 군사 훈련의 중요성을 강조하긴 했지만, 유목민족은 어려서부터 말타기와 활쏘기를 익혔기 때문에 환경적으로 이미 유 능한 전사가 될 수 있었다고 볼 수 있다. 이러한 일반화는 유목을 하 는 모든 민족에게 적용되는데, 가장 일반적으로 인용되고 있는 예는 사마천의 흉노족(匈奴族)에 대한 설명이다. 사마천은 유목민족의 어린 소년들은 양의 등에 오른 채 활로 작은 사냥감을 쏘는 법을 배 운다고 기록했다. '모든 젊은이들이 활을 쏠 줄 알기 때문에 전쟁이 나면 모두 무장한 기병대가 된다.'

몽골인에게도 사냥과 말타기는 어려서부터 반드시 배워야하는 기 술이었다. 프란체스코회(Franciscan)의 수사 존 드 플라노 카르피니 (John de Plano Carpini)는 다음과 같은 말을 남겼다.

> 몽골인은 활과 화살 이외에는 만들 줄 아는 것이 없었고, 방목하는

가축을 돌보기도 했지만 활을 들고 사냥에 나서는 경우가 많았다. 그들은 체구가 크든 작든 간에 활솜씨가 뛰어났고, 아이들은 두세 살 때부터 말을 타고 전속력으로 질주하는 법을 배우기도 했다. 자신의 키에 맞는 활로 활쏘기를 배우는 몽골인은 굉장히 순발력이 좋았고, 두려움을 모르는 전사들이었다.

중국 문헌에도 이와 같은 내용이 있다. 송나라의 사신이자 장군 자오 홍(Zhao Hong)은 '몽골인은 말안장에서 태어나 양육되며, 일년 내내 말 타기와 사냥을 하며 지낸다'라고 기록했다. 게다가 몽골인은 군사 훈련으로 기마전에 익숙해 있었다.

어려서부터 활쏘기를 익힌 몽골인은 활을 최대한도로 잡아당기는 데 필요한 힘을 기를 수 있었다. 아동기부터 시작된 지속적인 훈련으로 100파운드에서, 드물긴 하지만 160파운드의 힘으로 활시위를 잡아당길 수 있었다.

어려서 활쏘기를 시작한 점 외에도 몽골인이 어떻게 활쏘기를 익혔는가 하는 문제를 고려해볼 필요가 있다. 아르메니아인들이 몽골을 '궁사들의 나라'라고 부른 것에서 알 수 있듯 몽골인은 탁월한 궁수들이었다. 여러 유목 부족의 궁수 기마병들과 수많은 전쟁을 치른 아르메니아가 몽골인의 활솜씨가 다른 부족보다 훨씬 뛰어났다고 말한 것은 주목할 만하다.

몽골에 관련된 13세기 문헌에 몽골의 군사 훈련에 대한 내용이 드물기 때문에 몽골과 유사한 전술을 사용한 이집트와 시리아의 맘루크 왕조(Mamluks)와 요나라 거란족의 훈련을 통해 몽골의 군사 훈련이 어떻게 이루어졌는지를 유추할 수 있다. 요나라와 맘루크 왕조는 원래 초원에서 건국된 나라였다. 요나라는 인종적, 언어적으로 몽골과 친족 관계에 있는 거란족이 몽골고원의 일부에 세운 반면에 맘루크 왕조는 13세기에 이슬람 세계로 팔려온 러시아 초원 출신의 용병들이 세운 나라였다. 군사 제도에 대한 역사적 기록은 몽골보다 이 두 나라에 대한 내용이 많기 때문에 이러한 기록은 몽골을 연구하기 위한 초석으로 활용될 수 있다.

이집트의 맘루크 왕조는 신병에 대한 엄격한 훈련을 제도화했다. 많은 병사들이 모인 경우에만 군사 훈련이 시작되었는데, 군사 훈련은 마술(馬術), 창술, 궁술, 검술 등 네 분야로 나누어 실시되었다. 신병은 이 네 가지 훈련을 모두 성공적으로 마친 후에야 파리스(Faris 기마병)로 인정받을 수 있었다. 몽골군의 훈련을 이해하려면 맘루크 왕조의 궁술 훈련만 살펴보면 된다.

카바크(Qabaq)라는 훈련이 있는데, 이는 말을 타고 달려가면서 기둥에 묶인 호리병 바가지를 쏘아 맞추는 훈련이었다. 기둥의 높이는 조절이 가능했기 때문에 훈련병은 활의 각도를 달리하여 위쪽으로 쏘기나 뒤쪽으로 쏘기도 했다. 이보다 심화된 맘루크의 훈련은 키파즈(Qipaj)나 키그하즈(Qighaj)였다. 키파즈는 카바크와 유사한 훈련이었지만, 훈련병이 좀 더 유리한 위치에서 쏘기 위해 목표물을 지나는 순간에 등자(鐙子)에서 일어서서 활을 쏘는 훈련이었다.

말을 제어하는 기술은 중세의 궁수 기마병들에게 필수적이었다. 맘루크인들은 말고삐를 쥔 채 활을 쏘는 훈련을 실시했다. 고삐의 길이를 줄이기 위해 매듭을 묶어서 한 가닥으로 꼬았다. 그런 다음

고삐를 끈으로 연결하여 활을 당기는 손의 중지로 잡거나 안장 앞머리에 걸쳐두었다. 검지의 깍지와 약지로 활을 당기면서 나머지 손가락으로는 고삐를 연결한 끈을 쥐었던 것이다. 검지에 끼는 깍지는 활줄이 마찰 없이 검지에서 빠져나갈 수 있도록 잘 연마한 돌로 만들었다. 깍지는 또한 활시위가 궁수의 손가락에 패지 않도록 하여 궁수는 더 큰 힘으로 시위를 당길 수 있었다.

요사(遼史 요나라 역사서)에는 기타 유목 부족들의 군사 훈련에 대한 내용이 나온다. 몽골군처럼 거란족도 한 군대가 활을 쏘면서 전진하면 또 다른 군대가 그 뒤쪽에서 활을 쏘면서 전진하고 먼저 전진했던 부대는 퇴각하는 기마 전술(카라콜 Caracole)을 썼다. 이런 전술을 성공적으로 수행하려면 규칙적인 훈련이 필요했다. 일련의 부대가 명령에 따라 연이어서 공격하려면 부대 간의 조화와 엄격한 규율이 요구되었다. 충분한 훈련이 없으면 퇴각하는 부대와 전진하는 부대가 맞부딪히는 혼란이 야기되었기 때문이다.

거란족의 본거지가 초원과 산림이긴 했지만, 요나라의 행정과 군사는 높은 수준으로 발전했고, 군사 훈련에 있어서도 활쏘기 이외의 훈련을 실시했을 것이다. 거란족은 정기적인 관병식을 거행했다. 뿐만 아니라, 말에 탄 채 나무 막대기에 활을 쏘는 훈련도 실시했다. 몽골과 여진족도 이런 훈련을 실시했을 것으로 생각된다.

카바크와 카라콜 전술이 몽골제국이 도입하기 이전에 서(西)유라시아 초원에 이미 존재했었다는 증거가 있다. 비잔틴 전쟁의 교범 〈스트라테지콘(Strategikon)〉의 저자이자, 비잔틴제국의 황제(Byzantine Emperor)인 마우리코스(Maurikos)는 비잔틴제국도 이

란계 유목 부족 알란(Alans)이 수행한 카바크와 카라콜 전술 훈련을
실시해야 한다고 기록했다.

알란족의 군사 체계는 공격 부대와 방어 부대로 나뉘어서 하나의
전선으로 배치된다. 이렇게 배치된 부대는 다시 모이라스(Moiras)로
구분되어 병사들은 200~400미터 간격으로 정렬한다. 공격 부대는 전
속력으로 말을 타고 질주한 다음, 주력 부대의 빈 공간을 찾아 퇴각한
다. 이제는 방어 부대와 함께 적진을 향해 돌격한다. 또 다른 작전에서
공격 부대는 원래의 빈 공간을 유지하면서 우회하여 적군의 양 날개
를 공격한다.

카라콜 전술을 효과적으로 수행하려면 고도의 훈련과 기술이 필
요하다는 것에 대한 증거는 16세기의 서유럽 문헌에도 나온다. 카라
콜 전술을 사용한 라이터(Reiter 독일의 소총무장 중기병대)군이 비
(非) 라이터군과 함께 배치되었을 때 카라콜 전술을 익히지 않은 기
마 부대가 작전 수행에 방해가 되었다.

프랑스의 국왕 앙리 4세(King Henri IV)가 휘하의 250명 라이터군
에게 카라콜 전술을 사용하지 않고 나머지 기마병과 함께 퇴각하라
고 명령했다. 라이터군은 훈련 때처럼 총을 발사한 후에 항상 왼쪽으
로 선회했기 때문에 앙리 4세의 명령은 굉장히 중요했다. 그러나 여기
에는 퇴각하는 라이터군이 적진을 향해 돌진하는 우군 기마병과 충돌
할 위험이 도사리고 있었다. 사실 군대의 총사령관 메이엔 공작(Duc

de Mayenne)은 이브리(Ivry) 전투의 패배에 대한 책임을 남에게 전가하기 위하여 패전의 원인이 라이터군과 진격하는 기마병(비라이터군) 사이에 있었던 충돌 때문이라고 밝혔다. 그렇지만 메이엔 공작의 주장이 전혀 근거가 없는 것은 아니었다. 카라콜 전술을 수행한 후에 그의 라이터군은 진격하는 창기병과 실제로 충돌했고, 이로 인해 군의 사기가 저하되었으며 많은 무기를 잃고 말았다.

모든 사람들이 몽골군은 훈련이 잘된 병사로 조직되었다고 생각한 것은 아니다. 존 마슨 스미스 2세(John Masson Smith Jr)는 몽골군은 이집트의 맘루크군에 비해 훈련이 잘된 군사들이 아니었다고 주장했다. 맘루크군은 오로지 군인이 되기 위해 모병되어 훈련된 정예군이기 때문에 여러 면에서 이와 같은 비교는 성립될 수 없다. 몽골군이 전투에서 혁혁한 성과를 보여주긴 했지만, 몽골군은 정예군이 아니었다. 맘루크군과는 달리, 장성한 남자면 누구를 막론하고 징집한 몽골군은 군사 하나하나를 선별하여 징병한 것이 아니었다.

물론, 스미스의 말에 타당성이 전혀 없는 것은 아니다. 맘루크 왕조가 중세에 가장 뛰어난 군사를 보유했던 것은 사실이다. 그러나 군역이 없는 경우에 가축을 돌보며 대부분의 시간을 보내는 몽골군과 맘루크군을 비교한다는 것은 말이 안 된다. 특히, 몽골군의 전투 방식과 맘루크군의 전투 방식을 비교하는 것은 비현실적이다. 어려서부터 익힌 활쏘기 기술로 적을 공격하는 것을 선호한 몽골군은 될 수 있는 한 백병전은 피했다. 몽골군은 적군이 비교적 안정된 위치에서 활을 쏠 수 있는 경우에 적진을 향해 돌격을 하거나 몽골군에 유리한 상황이 아니면 접전했을 가능성이 없다. 적군에 다가갈수록 적군의 화살이 좀 더 치명적인 결과를 초래할 위험이 점점 높아졌기 때문이었다.

몽골에 관한 또 하나의 일반적인 견해는 몽골군의 군사 작전이 바투에(Battue)라 불리기도 하는 집단 사냥 네르제(Nerge)에 기초를 두고 있다는 것이다. 네르제는 수많은 사냥꾼들이 몇 킬로미터 밖에서 부채꼴로 퍼져서 펼치는 사냥이었다. 이 부채꼴은 사냥꾼과 말이 원형을 이룰 때까지 점점 줄어들어 사냥감은 그 원형 안에 꼼짝 못하고 갇히게 된다. 칸이 사냥감 몇 마리를 죽이고 나면 다른 사람들도 본격적인 사냥감 살육을 시작했다. 그러나 사냥감을 전부 살육한 것은 아니었다. 사냥감이 일부러 도망가도록 허용하기도 했다. 이처럼 대규모 사냥에서 사냥감이 도망가지 못하도록 원을 유지하려면 원활한 의사소통과 엄격한 규율이 필수적이었다.

아시아 내륙에서 사냥 기술을 군사 훈련으로 활용한 것은 몽골만이 아니었다. 거란족은 요나라가 건재하던 시절에 사냥을 군사들에게 식량을 제공하는 수단은 물론, 군사 작전을 위한 훈련 수단으로 활용했다. 사실 요나라의 한 황제는 "사냥은 즐거운 활동이기도 하지만, 전쟁을 준비하는 수단이기도 하다"라고 말한 바 있다.

네르제를 경험한 몽골 전사들은 전장에서 하나의 부대에 소속되어 주어진 역할을 수행할 수 있었다. 문헌을 보면 다음과 같은 기록이 있다.

몽골제국은 몽골인들이 함께 힘을 합하여 적군에 맞서 싸울 수 있는 기마 부대의 일원이 되도록 훈련시켰다. 개인적으로 전장에서 퇴각하거나 전장으로 되돌아갈 자유가 허용되지 않았다. 몽골은 다른 나라에서 감히 흉내조차 낼 수 없는 군사 훈련을 통해 막강한 전사를 키워냈다.

네르제를 통해 넓디넓은 전방에서 복잡한 군사 작전을 수행할 수 있으며 규율이 잘 잡힌 군대가 생겨날 수 있었다. 몽골인들은 태어날 때부터 날마다 기마술이나 궁술과는 떼려야 뗄 수 없는 삶을 살았기 때문에 유능한 궁수 기마병이 될 수밖에 없었다. 계절마다 이 지역에서 저 지역으로 이동하는 몽골 부족의 생활 방식은 몽골군에게 큰 도움이 되었다. 군사 작전을 할 때 엄격한 규율로 병사들을 다스릴 수 있었고 먼 거리에서도 일사불란하게 움직일 수 있었다.

몽골군이 전쟁에서 용감하게 싸울 수 있었던 가장 큰 요인은 아마도 몽골군의 규율과 군인 정신을 병사 개개인에게 주입시켰기 때문일 것이다. 몽골군의 규율에 관련된 일화는 수없이 많다. 몽골군에게 규율은 상관의 명령에 대한 복종은 물론, 군사 작전 중에 일탈하지 않고 맡은 바 임무에 충실하게 임하는 것을 의미했다. 적진을 급습하여 약탈을 하는 경우에도 공격 목표로 지정하지 않은 영역은 우회해야 했다. 규율에는 또한 장군, 칸의 아들, 일반 병사가 자신들의 임무에 대한 이해도 포함되었다. 규율이 있었기 때문에 전열을 흐트러뜨려서 전리품을 약탈하는 부대에 합류하지 않고 작전을 수행할 수 있었다.

카라콜 전술과 네르제를 성공적으로 수행하려면 엄격한 규율이 필수적이었다. 칭기즈칸 이전에 몽골고원에서 벌어진 전쟁은 각개 전투가 대부분이었고, 적군을 물리치면 전리품을 약탈하는 데 바빴기 때문에 그 틈을 타 도망쳤던 적군의 반격을 받고 승리를 날려버리는 경우가 허다했다. 따라서 명령이 있기 전에는 약탈하지 말라는 엄격한 규율을 몽골군에 도입한 것은 칭기즈칸의 위대한 업적이라고 볼 수 있다. 칭기즈칸은 몽골고원의 절대적인 지배자가 되기 전부터 모든 부하 병사들은 물론, 자신의 친족들도 자신의 명령을 따르기를 바랐다. 토그릴 옹-칸의 휘하에 있었던 칭기즈칸은 달란 네무르제스(Dalan Nemürges)에서 벌어진 전투에서 전통적인 전투 방식과는 달리, 휘하 병사들에게 적군을 섬멸하기 전에는 노략질을 하지 말 것을 명령했다(1202년). 그리고 만일의 경우 패배하면 초원으로 뿔뿔이 흩어지기보다는 미리 지정한 장소로 재집결하라는 명령도 덧붙였다. 명령 불복종은 다음과 같은 처벌을 각오해야 했다.

적군을 정복하면 약탈을 멈추지 않을 것이다. 승리가 확정되면 전리품을 서로 공평하게 나누어가질 것이다. 적에게 밀려서 후퇴하는 경우가 발생하면 애초에 공격을 시작했던 지점으로 재집결하라. 이에 대한 명령에 복종하지 않는 병사는 누구든 목이 떨어져 나갈 것이다.

이처럼 엄격한 규율로 부하 장병들은 자신의 상관에 대한 권위에 도전하지 않았고, 지휘관들은 칸 없이도 원정에 성공할 수 있었다.

칭기즈칸은 자신의 명령에 대한 절대복종을 원했다. 과거에 존재한 여느 초원의 지배자들처럼 칭기즈칸도 가족이나 씨족 등 부족 간의 유대 관계를 떠난 절대적인 존재로 추앙받기를 바랐다. 주즈자니 (Juzjani)에 의하면, 1206년에 칸의 지위에 오른 칭기즈칸은 "내가 너의 아비를 죽이라고 명령하는 경우에도 내 말을 따라야만 내 명령에 복종한다고 할 수 있다"고 말했다. 게다가 몽골군의 규율은 몽골 사회로 확산되어서 농경민족에 비해 평등한 사회적 분위기가 조성되었다.

칭기즈칸과 가까운 곳에 배치된 부대의 병사는 감히 규율을 어길 생각조차 하지 못했지만, 몽골군은 유라시아 대륙 곳곳에 배치되었기 때문에 칭기즈칸으로부터 멀리 떨어진 몽골 병사는 군율을 어기고 러시아의 도시 국가나 중국 변방의 오합지졸에 불과한 적군을 공격하여 노략질을 하고픈 유혹을 느꼈을 것이다. 학자들 대부분은 몽골군은 원정을 떠나는 경우에 병사를 엄격한 처벌로 통제했다고 추측한다. 원정 시에 처벌이 얼마나 가혹했는지를 알아보기 위해 칭기즈칸의 명령을 받은 수부타이가 메르키트족과 나이만족을 공략하기 위해 떠난 원정을 예로 들어보자. 칭기즈칸은 수부타이에게 말을 혹사시켜서 너무 마르지 않도록 새 말로 보충하라고 명령했다. 또한 군량을 확보하기 위해 적당히 사냥하는 경우가 아니면 병사들에게 사냥을 금지하도록 명령하기도 했다. 수부타이는 칭기즈칸이 매일같이 하달하는 명령을 엄격히 복종해야 했다. 칭기즈칸은 수부타이에게 다음과 같은 명령을 추가했다.

말에 안장을 얹거나 재갈을 물리지 말고, 말의 몸과 입을 자유롭게 하라. 이 명령을 지키지 않으면 침공 시에 말을 전속력으로 달리게 할 수 없을 것이다. 명령을 위반하는 자는 누구나 곤장을 맞아야 한다. 몽골군의 위엄을 알고 있는 자가 명령을 위반하였다면 내게 보내고, 그것을 모르는 자가 명령을 위반한 경우에는 현장에서 참수토록 하라.

이 예에서 시사하는 점 몇 가지를 짚고 넘어가 보자. 첫째, 칭기즈칸은 군대의 지휘관에게 군율 위반자를 처리할 수 있는 전권(全權)을 주었고, 명령 불복종은 중죄에 해당했다는 점이다. 둘째, 칸의 아들들과 친족 그리고 칭기즈칸이 총애하는 장군들이 자신들의 특별한 지위를 과시하며 원정군 사령관의 명령을 무시하는 경우가 발생할 수도 있다는 사실을 칭기즈칸이 파악하고 있었다는 점이다. 따라서 그들 중 사령관의 명령에 불복종하는 자는 자발적으로 칭기즈칸에게 되돌아가거나, 그에 대한 소식이 칭기즈칸에게 전달되었다. 칭기즈칸 사후에도 칸의 아들들은 군 사령관의 권한을 침범할 수 없었다.

제 3자가 볼 때 몽골군은 위계질서에 따른 상명하달 체계(특히 장교들 사이에서)가 분명했다. 카르피니(Carpini)는 다음과 같이 기록했다.

군 사령관이 점령한 지역에서 노략질을 하다가 발각되면 무자비하게 처형되었다. 특히, 전쟁을 앞둔 시점에서 침공 계획을 발설하는 자는 곤장 1백 대에 처해졌다.

카르피니는 또한 아르반(Arban)의 일부 병사가 전투 중에 도주한 경우, 도주병이 속한 아르반 전체가 참수되었다고 기록했다. 이와 마찬가지로, 하나의 아르반이 도주한 경우 아르반이 속한 자군(Jaghun)의 병사 1백 명 역시 모두 참수되었다. 또한, 한 부대의 일부 병사들이 적에게 생포당한 경우, 나머지 병사들은 동료 병사를 구해내야 했다. 그렇지 않은 경우에도 처벌이 있었는지는 불분명하지만, 부대가 하나의 유기적인 통일체로 군사 행동을 취하는 것이 일반적이었다.

그러나 발레리 알리셰프(Valery Aleexev)는 가혹한 처벌로 몽골군의 군율이 유지되었다는 생각에 이의를 제기했다.

가혹한 처벌이 군율 유지에 한몫을 했던 것이 사실이긴 하지만, 유목민족의 생활 방식을 고려하면 가혹한 처벌만으로는 부대의 분열을 가져올 수도 있다. 군율은 몽골 병사들 사이에 뿌리 깊게 박혀있는 일종의 군중 심리에 기초를 두었다고 말하는 것이 훨씬 현실적인 가정일 것이다.

그 밖에도 몽골군의 군율 유지에는 여러 요인이 필요했다. 맹목적인 충성심도 그중 하나이다. 칭기즈칸이 유목 사회의 모든 계층 출신의 사람들을 요직에 등용했을 때 그들은 칭기즈칸에게 헌신적으로 충성했다. 이처럼 칭기즈칸은 여러 장수와 개인적인 유대를 발전시켜 나가면서 권력을 잡을 수 있었던 반면에, 칭기즈칸의 권위를 물려받은 장수들은 자신의 부대의 군율을 유지해 나갈 수 있었다. 또 다른 요인은 오고타이가 집권하던 시절에 생겨난 믿음, 즉 신이 정해놓은 대로 몽골이 세상을 지배할 것이라는 공동체적 운명에 대한 신념이었다.

　결국 몽골군의 군사 훈련은 난관을 헤쳐 나가는 능력이 그 어떤 군대에도 뒤지지 않는 유능하고 기강이 잘 잡힌 병사들을 양산해 냈다. 카르피니와 자오 홍의 기록이 만들어진 수십 년 후에 마르코 폴로(Marco Polo)는 '이 세상 군대 중에서 노고와 고충을 가장 잘 참아내고, 군대 유지비용이 가장 적게 들며, 주변의 여러 민족과 나라를 정복하는 능력이 가장 뛰어난 군대는 몽골군이었다'라고 묘사했다.

❀ 군 장비

　몽골 병사가 보유했던 무기에 대한 의견은 분분하다. 어느 학파는 모든 몽골 병사의 기본 무기는 각궁(角弓)이었지만, 10~11세기 중국 북부의 요나라와 중앙아시아의 서요 병사들처럼 몽골군도 좋은 무기를 갖추었다고 주장한다. 요사(遼史)에 의하면 거란 병사들은 9조각의 갑옷, 안장 덮개, 가죽 및 철갑 마갑(馬甲), 기타 말 보호 장구, 활 4개과 화살 400개, 단창과 장창, 도끼, 곤봉, 미늘창 등을 지녀야 했다. 그 외에도 거란 병사들은 작은 군기, 망치, 송곳, 부싯돌과 칼, 말을 위한 양동이, 배급받은 건조된 음식, 갈고리가 달린 60미터 길이의 밧줄, 우산 등을 갖추었다. 병사들이 이러한 무기를 지급받았는지, 아니면 스스로 마련해야 했는지는 알 수 없다. 1240년대 중반에 몽골제국을 여행한 존 드 플라노 카르피니(John de Plano Carpini)는 몽골 병사도 거란 병사가 지녔던 것과 유사한 무기를 지녔다고 기록했다.

모든 몽골 병사는 적어도 다음과 같은 무기를 지녀야 했다. 활 두세 개, 화살로 가득한 화살통 3개, 도끼, 대형 전쟁 장비를 운반하기 위한 밧줄 등. 경제적으로 여유가 있는 병사는 날이 한쪽으로만 서고 약간 휘어진 칼을 차고 말에 갑옷을 입혔으며, 투구와 흉갑을 입었고 다리에도 보호 장비를 착용했다.

또 다른 학파는 무기가 형편없던 몽골 병사는 아무 무기나 닥치는 대로 사용했다고 주장한다. 이 학파는 각궁 이외에 몽골군이 보유했던 무기의 대부분은 전리품이었으며, 뒤늦게 군사들에게 체계적으로 무기를 지급하는 제도를 마련했다고 가정한다. 무기, 갑옷, 기타 군 장비의 실제적인 보급은 '몽골군의 전술, 군수품 보급'을 다루는 4장에서 자세히 설명할 것이다.

무기

몽골군의 주 무기는 각궁이었다. 뿔, 나무, 힘줄 등을 접착제로 여러 겹 붙여서 만든 각궁은 최대 사정거리가 300미터(간혹 500미터인 경우도 있었다)였다. 물론, 각궁의 정확도과 관통력은 근거리에서 높았다. 하지만 각궁은 서유럽 군대나 팔레스타인의 프랑크족(Franks)이 사용한 석궁보다 훨씬 좋은 무기였다. 석궁은 관통력이 크긴 했지만, 사정거리는 75미터에 불과했다. 화살을 좀 더 멀리 쏘려면 비거리의 각도를 조절하기 위해 궁수가 활을 위로 치켜들어야 했다. 그러면 궁수는 목표물을 조준하는 것이 아니라 하늘을 조준하는 셈이었다. 그러나 각궁은 활을 위로 치켜들긴 하지만, 목표물을 보면서 활을 당기기 때문에 먼 거리에서도 정확도가 높았다. 몽골군이 사용한 각궁이 얼마나 좋은 무기였는지를 이해하려면 14세기에 웨일즈와 잉글랜드에서 사용된 큰 활(Longbow 비거리 220미터)과 비교해 보면 될 것이다.

큰 활이나 기타 유럽식 활과는 달리 몽골과 기타 유목민족 그리고 중동의 군사들은 활시위를 당기기 위해 검지에 깍지를 끼었다. 깍지를 사용한 것은 활시위에 검지를 베이지 않기 위해서였다. 랄프 페인-갤웨이(Ralph Payne-Gallwey)는 투르크족의 검지용 깍지가 유럽식 손가락 그립(Grip)보다 활을 훨씬 쉽게 구부려서 활시위를 더 세게 잡아당길 수 있다고 기술했다. 랄프는 또한 검지용 깍지를 끼면 활시위를 놓을 때 마찰이 적어서 화살이 좀 더 빠르게 나갈 수 있다는 설명도 덧붙였다. 유럽인처럼 몽골인도 활을 왼손으로 쥐었지만, 검지용 깍지가 화살의 비행에 영향을 줄 수 있었기 때문에 화살은 활의 오른쪽에 메겼다. 화살을 활의 왼쪽에 메기면 정확도가 떨어지는 경향이 있기 때문이었다.

몽골의 각궁이 강력한 무기이긴 했지만, 비거리가 300미터를 넘어가면 정확도가 떨어졌다. 그처럼 먼 거리에서 활을 쏜 것은 대개 적군의 대열을 흐트러뜨리기 위해서였다. 그러나 실전에서는 적의 전열을 교란시키기보다는 살상을 목적으로 활을 쏘기 때문에 비거리는 150미터 미만인 경우가 많았다. 물론, 목표물이 가까우면 가까울수록 정확도와 살상률이 더욱 높았던 것이 사실이다.

래덤(Latham)과 패터슨(Paterson)도 각궁을 굉장한 무기라고 설명했다.

각궁은 상상을 초월할 정도로 크게 구부릴 수 있기 때문에 활의 길이를 원하는 만큼 짧게 만들 수 있었고, 이로써 각궁은 말을 탄 병사가 사용하기에 아주 좋은 무기가 되었다.

활이 제대로 만들어진 경우에 처음에는 적당한 힘만으로도 활시위가 쉽게 당겨지지만, 강한 힘이 필요해지는 시점부터는 활시위가 천천히 당겨졌다. 이것은 아랍어로 시야(Siyah 복수형 Siyat)라고 하는 견고한 조정 부품을 활의 양쪽 끝에 부착했기 때문이었다. 활을 반쯤 당기면 이때부터 시야는 활시위가 천천히 당겨지도록 변속 지렛대 역할을 하기 시작한다. 활을 최대한 당기면(궁수의 힘에 따라서 당겨지는 정도가 다르다) 굉장한 힘을 보유한 각궁은 활시위를 놓는 순간에 그 힘을 화살로 옮겨 놓는다.

만주식 활과 몽골식 활의 경우에 활시위를 완전히 당기기 전에 화살을 쏘게 되면 시야가 당겨졌던 활시위가 활의 만곡부로 느슨하게 풀려나는 것을 방지해준다.

먼 거리에서 쏜 화살로 갑옷을 뚫고 적군을 죽일 수 있었지만, 치명도는 화살촉의 유형에 달려있었다. 몽골인은 쇠, 강철, 뿔, 뼈 등으로 만든 여러 유형의 화살촉을 사용했다. 몽골군은 줄을 가지고 다니며 화살촉을 예리하게 다듬었다. 각 화살촉의 기능은 신호음을 내기 위한 신호용 화살(Whistling Arrows)과 갑옷 관통용 화살에서부터 혹이 달린 기절용 화살에 이르기까지 다양했다. 화살의 길이는 대부분 60센티미터 남짓이었다. 화살촉은 화살대의 슴베에 들어박혔다. 일반적으로 갑옷 관통용 화살은 한곳에 힘을 집중할 수 있는,

끝이 뾰족해지는 못이나 제련하여 다듬은 강철 화살촉이 가장 좋았다. 화살촉의 폭이 넓은 경우에는 힘이 분산되었기 때문에 갑옷을 입지 않은 적군을 쏘기에 적합한 화살이었다. 화살대는 강가의 갈대나 버드나무로 만들었고, 길이는 유럽인들이 사용한 화살대보다 길었다. 몽골군은 보통 화살 60개를 지니고 다녔다. 12세기 초에 몽골인이 만들었던 활을 보면 화살 깃이 약간 비대칭인 것을 알 수 있는데, 이것은 총에서 발사된 총알처럼 화살을 회전시켜 목표물에 더욱 깊숙이 박히도록 하기 위한 것이었다.

몽골 병사는 개인용 화살통 이외에도 화살을 보충하기 위해 여분의 화살통을 말의 안장에 매달아 놓았다. 주로 박달나무 껍질과 버드나무로 만들어진 화살통은 갈고리나 고리로 궁수의 허리띠에 묶어 놓았다. 몽골군이 화살촉에 독을 묻혔는지에 대해서는 의견이 분분하지만, 몽골군의 활과 화살은 독이 없어도 충분히 적을 죽일 수 있을 정도의 강력함과 정확도를 겸비하고 있었기 때문에 독을 사용했을 가능성은 적었다.

각궁이 훌륭한 무기이기는 하나 결점이 없는 것은 아니었다. 가장 큰 결점으로는 습한 날씨에 불리하다는 점이다. 비가 오는 날에 활을 사용하면 활을 못 쓰게 될 수도 있었다. 따라서 유목민족은 비가 오면 전투를 난전으로 몰고 가거나 줄행랑을 놓아야 했다. 그러나 유목민족은 농경민족에 비해 백병전에 약했기 때문에 퇴각하기 일쑤였다. 그렇지만 몽골군이 백병전에 사용할 무기가 없었던 것은 아니었다. 적의 기마병을 말에서 끌어내리기 위해 끝에 갈고리가 달린 창이나 투창을 비롯해서 기병도(騎兵刀)와 여분의 칼을 지녔지만,

몽골군이 실제로 이런 무기들을 사용했는지에 관해 일치된 의견은 없다. 기병도는 가벼웠고 만곡이 있는 칼이었다. 일반적으로 무게가 가벼울수록 고급 무기였지만, 무게가 항상 무기의 고급과 저급을 구분하는 척도는 아니었다. 몽골군이 중동에 기병도를 널리 보급했다는 설이 있지만, 이를 입증할 만한 완벽한 증거는 없다.

몽골군이 우구르그-아(Ughurgh-a 올가미)를 사용했다는 직접적인 기록은 없지만, 그 가능성을 배제할 수도 없다. 몽골인이 가축을 몰면서 사용한 이것은 미국 서부의 목장이나 로데오에서 사용한 올가미와는 성격이 다르다. 정확히 말하자면, 우구르그-아는 장대에 줄을 매달아 빙글빙글 돌리면서 줄 끝의 올가미로 목표물을 옭아내는 도구였다. 줄 끝의 올가미는 반항하는 가축의 머리에 느슨하게 걸려 있다가 점점 팽팽하게 조여졌고, 장대는 밧줄 올가미보다 가축을 제어하는 데 훨씬 더 효과적이었다. 우구르그-아는 적군을 생포하거나 말에서 끌어내는 데 적합한 무기였을 것이다. 올가미가 장대에 매어져 있기 때문에 적군으로부터 일정한 거리를 유지할 수 있었고, 장대는 적의 공격을 방어하는 무기로도 사용할 수 있었을 것이다. 카르피니는 몽골군이 밧줄을 휴대하기는 했지만, 공성기를 운반하기 위한 것이지 밧줄을 공격용 무기로 사용한 것 같지는 않다고 언급했다. 그러나 데니스 시노르(Denis Sinor)는 몽골 이외의 유목민족처럼 몽골군도 밧줄을 무기로 사용했을 것이라고 가정했다. 하지만 데니스는 몽골군이 무기로 사용한 밧줄의 용도가 미국식이었는지 몽골인이 전통적으로 사용해온 우구르그-아의 방식이었는지에 대해서 명확히 설명하지 않았다. 데니스의 말이 우구르그-아처럼 사용했다는 의미라면, 카르피니는 우구르그-아와 유사한 도구나 무기에 대해 전혀 기록하지 않았다고 볼 수 있다.

갑옷

몽골군은 거의 경기병이었지만 갑옷을 입는 경우가 많았다. 카르피니는 다음과 같이 묘사했다.

어떤 병사들은 흉갑을 입었고, 말을 보호하기 위한 갑옷을 입혔다. 흉갑은 가죽으로 만들었는데, 쇠가죽이나 기타 가죽을 한 뼘 정도의 폭으로 벗긴 다음, 서너 장을 층이 지도록 포갰는데, 맨 위 장의 가죽에는 끝에, 그 다음 장의 가죽에는 중간쯤에, 이런 식으로 맨 아래 장까지 레이스를 넣은 후에 가죽 끈으로 단단히 묶었다. 이제 포갠 가죽을 구부리면 몸체의 두께는 두세 겹이 되었다.

몽골 병사들은 미늘 갑옷보다는 화살을 더 잘 막아냈던 층상형(層狀形) 갑옷을 선호했다. 데이비드 니콜(David Nicolle)의 실험에 의하면, 미늘 갑옷은 적당한 거리에서 쏜 화살의 충격을 잘 흡수하지만, 상처가 전혀 나지 않도록 보호하지는 못한 반면, 층상형 갑옷은 화살을 훨씬 더 효과적으로 막아냈다. 그리고 카르피니는 케시크의 야간 호위병이 긴 지팡이나 버드나무 방패를 소지했다고 언급했다. 그렇지만 후방에 위치한 몽골 병사는 일반적으로 갑옷을 입지 않았기 때문에 활을 쏘기 위해 팔을 들어 올리면 왼쪽 겨드랑이가 노출되었다. 몽골군이 층상형 갑옷을 선호한 이유는 그 갑옷이 화살을 잘 막아내기도 했지만 만들기가 간편했기 때문이다.

갑옷을 전혀 입지 않은 몽골 병사도 많았는데, 이들은 한쪽에서 묶는 무릎길이의 전통 외투인 델(Deel) 또는 데젤(Degel)을 입었다. 그 밖에도 비를 막아주는 특수 처리된 외투와 추위를 견디기 위한 펠트(Felt) 외투를 갖고 다녔다. 몽골군은 여름에도 이런 외투를 소지했다.

몽골군은 도토리를 뒤집어 놓은 듯한 모양으로 간단하게 만든 투구를 썼다. 투구의 양쪽 부분에는 목과 귀를 보호하기 위해 늘어진 챙을 부착할 수 있는 홈이 있었다. 이런 투구는 보통 동이나 철로 만들었는데, 철로 만든 다음 표면을 동으로 바르는 경우도 많았다.

존 플라노 드 카르피니는 서유럽의 여러 기독교 국가의 군대가 몽골군의 특징을 받아들인 반면에 동유럽 국가, 특히 유목민족과 맞서 싸웠던 국가는 몽골군이 전선을 어떻게 배치하느냐에 따라서 사실상 군대를 재편했다고 주장했다. 몽골이 동유럽을 정복한 이후로 몽골의 각궁과 몽골식 층상형 갑옷이 동유럽에서 널리 보급되었다. 게다가 커다란 비늘형 옷감을 댄 모직 외투나 펠트 외투인 몽골의 카탕구 데젤(Khatanghu Degel)은 14세기에 유행했던 서유럽 미늘 갑옷의 모태가 되었다.

말(馬)

몽골인이 척박한 환경에서 기른 억세고 힘센 말은 전쟁을 승리로 이끈 중요한 원인이었다. 몽골마는 서유럽의 군마(軍馬)나 중동의 말에 비해 몸집은 왜소했지만, 체력과 지구력이 그 어떤 말보다 뛰어났다.

13세기에 모든 몽골군은 원정 중에 말을 혹사시키지 않기 위해 여러 번에 걸쳐 새로운 말로 교체했다. 행군 속도를 늦추지 않기 위한 목적도 있었지만, 초원에서 전투를 벌이려면 말을 새롭게 공급해야 했다. 오랜 시간 동안 지속적으로 움직였던 카라콜 공격이나 네르제 작전을 성공적으로 수행하려면 말이 녹초가 될 수 있었다. 그렇기 때문에 몽골군은 일정한 간격으로 말을 교체했다. 유목 생활을 했던 몽골은 새로운 말의 무한한 공급원이었다. 아니나 다를까, 송나라의 사신 자오 홍은 몽골고원에는 말을 기르기에 충분한 풀과 물이 존재했다고 기록했다. 또한 몽골이 기르던 말은 수십만 필이 넘었다는 점도 덧붙였다.

안정적인 말 공급은 몽골이 전쟁에서 연전연승을 하는 데 필수적이었고, 실제로 말이 굉장히 체계적으로 공급된 사실은 몽골군이 얼마나 효율적으로 유지되었는지를 보여준다. 몽골의 황실과 칸의 자식들은 그들의 사유지(초원)에 수많은 말을 보유했다. 또한 몽골 정부는 얌(Yam 역참 또는 역참제)에 말을 할당했다. 그러나 말을 어디까지 이동시켰는지, 그리고 군대에서 말의 수급과 공급 체계가 어떠했는지에 대한 명확한 기록은 없다.

원정 시에 몽골 병사 한 명이 얼마나 많은 말을 필요로 했는지에 대한 의견은 분분하지만, 적정한 수치는 다섯 필이었을 것이다. 그러나 말 다섯 필을 공급하는 일은 만만치 않은 과제였다. 어느 학자에 의하면 곧바로 전투에 투입할 다섯 필의 말을 공급하려면 서른 필의 말이 필요하다고 한다.

몽골군은 거세마(去勢馬)를 선호했는데, 거세는 생후 4년이 된 말에게 행해졌다. 이 말은 발육이 좋았고 성질이 온순해서 전쟁을 수행하기에 안성맞춤이었다. 거세마와 같은 이유로 암말을 타는 경우도 많았는데, 암말은 병사들에게 마유(馬乳)를 제공하는 별도의 장점도 있었다. 몽골군이 거세마와 암말을 타고 전쟁을 치른 반면, 유럽 각국의 여러 군대는 종마(種馬)를 애용했다.

말의 주식은 풀이었다. 그러나 병사가 탄 경우에는 말이 풀을 뜯는 것이 허용되지 않았다. 안장을 들어내고 말을 붙들어 맨 다음, 휴식을 취하여 호흡이 정상으로 돌아온 후에야 자유롭게 돌아다니며 풀을 뜯을 수 있었다. 그리고 몽골인은 말을 타지 않는 봄철에 말을 살찌웠다. 가을이 되면 말의 몸무게를 줄이고 강한 체력을 유지하며 땀이 덜 나도록 말이 풀을 뜯는 시간을 줄였다. 그들은 병사와 말 모두에게 전쟁을 하기에 가장 좋은 계절은 가을이라고 생각했다. 침략자의 입장에서 볼 때 가을은 농경민족들의 추수기이기 때문에 이때를 이용하여 침공한 후 농작물을 짓밟으면 적군은 기아에 빠질 것이고, 또한 추수하느라 바쁜 농부들은 전쟁에 참여하려고 하지 않기 때문에 침략자를 막기 위한 병사의 수가 적을 수밖에 없었다.

각 병사들이 거느린 여러 필의 말은 주식이 사료가 아니라 풀이었기 때문에 항상 목초지를 마련해야 했다. 그렇지만 말에게 풀을 먹여야 한다는 이유로 전쟁을 늦추거나 행군을 늦춘 것 같지는 않다. 마르코 폴로에 의하면, 병사가 탄 경우에는 말이 풀을 뜯는 것을 허용하지 않는 방침이 원정 중에는 적용되지 않았다.

말의 주식은 초원의 풀이 전부였기에 병사들이 보리, 짚, 귀리 등을 나를 필요가 없었으며, 말의 성질 또한 온순했다. 필요한 경우에 병사들은 무장을 하고 말에 탄 채 밤새도록 말이 풀을 뜯도록 했다.

이와 비슷한 맥락에서 송나라의 사신 자오 홍은 몽골인은 말의 먹이로 사료, 콩, 곡물 등을 주는 법이 없다고 언급했다.

J. M. 스미스(J. M. Smith)는 말이 초원에서 풀을 뜯는 시간 때문에 몽골군의 군사 행동이 지체되었다고 주장했다. 스미스의 계산에 의하면, 말이 풀을 뜯기 위한 휴식 시간으로 몽골군의 행군 거리는 하루에 25킬로미터도 되지 않았다. 그러나 스미스의 주장은 말이 밤에 풀을 뜯었다는 자오 홍과 마르코 폴로의 주장과는 상반된다. 몽골군은 새벽이 되면 밤새 풀을 뜯던 말에 안장을 얹고 해질녘까지 행군을 다시 시작한다. 그렇다고 스미스의 주장이 잘못이라는 말은 아니다. 이론적으로 볼 때 몽골군은 말이 최상의 상태를 유지한 조건에서 적군과 싸우기 위해 가능한 한 천천히 행군했을 것이다. 느긋한 행군 속도로 중동 원정을 떠난 훌라구가 그 예에 해당한다. 그러나 훌라구에게는 군사 이외에 수많은 민간인도 대동하여 자신의 새로운 속령(屬領)으로 이주시키기 위한 목적이 있었다. 그러나 스미스는 몽골 기마병이 필요한 경우에는 빠르게 행군할 수도 있고, 또 실제로 빠르게 행군했다는 점을 고려하지 않았다. 여러 문헌에 기록된 것처럼(예를 들어, 제베와 수부타이가 호라즘의 무함마드 2세를 추격한 일) 전략적으로 또는 전술적으로 유리한 고지를 점령하거나 추격을 하는 경우에는 행군의 속도가 굉장히 빨랐다.

그렇지만 몽골군이 본영(本營)을 둔 것은 넓은 목초지였다. 중동에 넓은 목초지는 지금의 아제르바이잔에 있는 무간평원(Mughan Plain)과 레바논의 비카계곡(Biqa Valley)에 있었다. 그러나 추가 병력이 도착할 경우, 간혹 더 넓은 목초지가 필요할 때도 있었다. 이런 경우에 해당 지역의 정치, 군사적 조화가 무너져 몽골군과 지역의 통치자 사이에 갈등을 빚을 때가 많았다. 목초지의 확보 여부는 몽골의 전투 방식(심지어 생활 양식)의 성공 가능성과 같은 전략적 의미를 갖고 있었다. 넓은 목초지가 없는 시리아 같은 지역에는 말의 먹이가 쉽게 고갈되었기 때문에 군대를 오래도록 주둔시킬 수 없었다.

병사들만 가혹한 환경 조건에 견디기 위해 혹독한 훈련을 거친 것은 아니었다. 마르코 폴로는 몽골마는 '말을 잘 듣는 개처럼 명령을 따를 수 있도록 훈련받았다'고 기록했다. 사실 중국인들은 훈련이 잘된 몽골마는 지구력이 대단해서 전쟁에 나가면 먹이와 물이 없는 상황에서도 8~10일간을 지치지 않고 달릴 수 있다고 믿었다. 물론 이러한 믿음은 과장이 섞여 있지만, 몽골마의 지구력과 체력이 농경 민족의 말과는 차원이 달랐음을 말해준다.

몽골인은 매일 30리가량을 말을 타고 달렸다. 말에서 내리면 말이 움직이지 못할 정도로 족쇄를 단단히 채웠다. 앞에서 언급한 것처럼 숨 가쁜 말의 호흡이 안정될 때까지 말에게 먹이를 주지 않았다. 이렇게 하면 말 등에 지방이 축적되고, 배는 작지만 튼튼해지며 엉덩이는 크고 단단해졌다. 송나라의 사신 자오 훙은 다음과 같이 기록했다.

몽골인은 말이 태어난 지 한두 해가 지나자마자 초원에서 호된 훈련을 시켰다. 그들은 3년 동안의 훈련을 마친 후 다시 말을 탔다. 말은 어릴 때부터 훈련을 시키므로 사람을 발로 차거나 입으로 물지 않았다. 수십만 마리가 떼를 지어있었지만 울부짖거나 날뛰지 않았다. 말을 타지 않을 경우 고삐로 붙들어 매지 않아도 제멋대로 무리를 벗어나지 않았다. 쉽게 말해서 몽골마는 성질이 온순했다.

안장을 비롯한 여러 마구(馬具)의 무게는 대체로 가벼웠다. 자오홍의 멩다베이루(Meng Da Bei Lu)를 보면, 몽골인의 안장은 무게가 4~5킬로그램 정도였다. 안장은 나무로 만들었는데, 물에 닿아도 부풀어 오르지 않도록 양의 기름을 발랐다. 안장의 형태를 보면, 앞부분과 뒷부분이 높았기 때문에 기마병이 양손으로 활이나 그 밖의 무기를 잡고 있는 동안에도 안정감을 제공할 수 있었다. 등자(鐙子)는 기마병의 무게 중심이 등자의 양쪽 측면이 아니라 중앙에 위치하도록 짧게 설계되었고, 이는 기마병이 뒤를 돌아보면서 활을 쏘는 데 큰 도움이 되었다. 말발굽은 쇠나 나무로 된 편자를 덧대어 붙였다.

유목민족은 스스로 생산할 수 없었던 상품을 사기 위해 말을 파는 형태의 경제 활동(유목민족이 중국, 러시아, 인도에 말로 교역했다는 설명이 여러 문헌에 나와 있다)을 수세기 동안 불가피하게 유지해 왔지만, 몽골은 말의 교역을 제한했다. 예를 들어, 오고타이와 멍케는 송나라에 대한 말의 밀수출을 금지했고, 몽골 병사나 사신 이외의 몽골인이 국경 근처에서 말을 타면 사형에 처했다. 중국 북부, 중앙아시아, 다쉬트-이 킵차크(Dasht-i Kipchak) 그리고 중동의 수많은 민족과 국가를 마음대로 주물렀던 몽골의 여러 칸들은 더 이상 농경민족이 생산하는 물품을 얻기 위해 교역에 의존할 필요가 없었기 때문에 몽골마의 수출을 금지할 수 있었다.

✷ 결론

13세기의 몽골 병사는 거란족이나 지금의 여러 유목민족 병사들과 공통점이 많았지만, 차이점도 적지 않았다. 군사화된 몽골 사회를 보면 그 차이점을 이해할 수 있다. 군사적 우위를 차지해서 정복을 벌여 나가기 위해 몽골제국은 대규모 군대를 소집하여 정기적으로 훈련시키는 제도를 정착시켰다. 실시된 훈련은 몽골군이 적군보다 뛰어난 군대라는 자신감과 소속감을 몽골 병사에게 심어줄 수 있었다. 패할 경우 달아나기에 바쁘거나 전쟁의 승리보다는 약탈에 눈이 어두웠던 적군에 비해, 몽골 병사는 침착성을 유지하며 전쟁을 승리로 이끌었다. 병사와 말에 대한 훈련, 적절한 무기, 군량, 기타 필수 장비의 보급이 밑받침된 몽골군이 기나긴 원정을 성공적으로 수행할 수 있었던 덕분에 몽골제국은 영토를 확대할 수 있었던 것이다.

CHAPTER 4
몽골군의 관리:
병참술, 군수품 보급, 의료

모든 군대의 성공을 좌우하는 것은 군대의 작전과 군수품을 계획하는 병참술이다. 병참술은 군대에 장비를 공급하는 것은 물론, 군량의 공급도 포함한다. 충분한 식량이 공급되지 않으면 병사들이 병에 걸리거나, 먹을 것을 찾으려는 병사들로 군대의 기강이 무너진다. 몽골군이 적군을 죽여서 무기를 빼앗고 음식을 약탈하는 도적 떼와 다름없다고 생각하기 쉽다. 이와 같은 관점이 완전히 틀린 것은 아니지만, 몽골군이 어떻게 군량과 장비를 공급했는지 그리고 부상자를 어떻게 치료했는지를 자세히 살펴보면 좀 더 구체적인 그림이 떠오를 것이다.

군량과 영양

어느 연구에 의하면, 활동적인 성인 남성은 굶주림과 영양 부족을 피하려면 하루에 3,600킬로칼로리를 섭취해야 하며, 섭취하는 음식 중 단백질은 70그램을 포함해야 한다. 몽골은 사냥 및 정복한 도시에서 제공하는 음식으로 군량을 배급하는 단순한 체계로 이를 해결했다.

호라즘 원정(1219년~1222년) 중에 몽골군의 모든 아르반은 3마리에서 3마리 반에 해당하는 말린 양고기와 커다란 냄비를 휴대했다. 또한 몽골군은 군량으로 쓰기 위해 원정에 양 떼와 염소 떼를 대동했다. 그리고 모든 병사들은 가죽 부대에 물을 담아 휴대했다. 몽골 병사는 원정에 필요한 식량을 자기 스스로 챙겼지만, 원정이 장기화될 경우에는 그 식량에만 전적으로 의존하지 않았다. 보통 정복한 지역에서 음식을 공급받기도 했고, 음식을 구하지 못하는 경우를 대비해 식량을 비축하는 경우도 많았다. 몽골군은 포위 공격이나 휴식을 위해 진을 치는 경우 먹을거리를 구하기 위해 진의 주변을 샅샅이 뒤졌다.

근대 이전의 병참술을 연구한 도날드 엥겔스(Donald Engels)는 알렉산더 대왕이 본국으로부터 굉장히 먼 거리까지 원정을 하는 동안 마케도니아(Macedonia) 군대의 병참술을 유지할 수 있었던 방법을 설명했다. 알렉산더 대왕은 군대에 군수품을 조달하기 위해 동맹국에 병참 본부를 미리 설치했다. 동맹국의 통치자에게 뇌물을 쓰거나 그들의 친족을 인질로 잡고 안전성을 확보한 다음, 식량에 대한 요구(물론 식량을 구입하기도 했다)를 했다. 알렉산더 대왕이 도착하기 전에 항복을 하지 않는 지역은 마케도니아 군대의 식량 공급을 위해 특별 작전을 수행해야 했다. 몽골군도 이와 비슷하기는 하지만 조금 다른 방식을 취했다.

정복할 지역의 인근 지역에서 항복을 받아낸 몽골군은 조공은 물론, 식량과 목초지를 요구했다. 이런 요구를 거부하는 지역은 초토화를 피할 수 없었다. 말의 먹이를 확보하기 위해 농지를 황폐화하여 목초지를 새로 만들었다. 이것은 중세 유럽의 체보치(Chevauchee)에 비교할 수 있다. 체보치란 적의 생산력을 떨어뜨리기 위해 적지를 떠나면서 주변 지역을 초토화시켰던 전술이다. 침략군은 적에게 식량을 요구하면서 약탈을 일삼았고, 장기적인 포위 공격을 피하기 위해 적군을 요새에서 유인해 내기도 했다.

몽골을 여행한 여러 유럽인은 몽골의 조리법에 대해서 많은 기록을 남겼는데, 기록을 보면 몽골인은 해괴망측한 것도 먹었음을 알 수 있다. 프란체스코회 수사 존 드 플라노 카르피니는 다음과 같이 기록했다.

몽골인은 먹을 수 있는 것이라면, 그것이 무엇이든 닥치는 대로 먹었다. 개, 늑대, 여우, 말 등을 먹었고, 필요한 경우에는 인육(人肉)도 먹었다. 암말이 망아지를 낳을 때 나오는 불결한 물질도 먹었다. 심지어 몽골인은 이도 잡아먹었다. 그들은 "내 아들의 살과 피를 먹고 사는 이를 내가 먹지 못할 이유가 뭔가?"라고 말했다. 나는 몽골인이 쥐를 먹는 것도 보았다.

카르피니가 몽골군이 설치류와 이를 먹는 것을 본 것이 사실일 수도 있지만, 특별한 경우가 아니면 먹지 않는 음식이라고 보는 것이 옳다.

휴대한 군량은 계절에 따라 차이가 났다. 몽골군이 선호한 음료는 일반적으로 쿠미스(Kumiss)로 더 잘 알려진 아이라(Airagh 발효한 마유)였다. 윌리엄 루브르크(William Rubruck)에 의하면, 말의 젖은 다른 동물의 젖처럼 응고되어 굳어지지 않기 때문에 발효에 이상적이었다. 마유(馬乳)를 직접 맛보았던 윌리엄은 젖을 커다란 가죽 자루에 담은 다음, 머리 부분을 오목하게 깎은 막대기나 곤봉으로 휘젓는 과정을 자세히 묘사했다. 이로 인해 거품이 생긴 마유의 일부는 버터가 되었고, 나머지는 발효되어 시큼해졌다. 버터를 거두어낸 후, 막대기나 곤봉으로 휘젓는 시간이 길수록 발효가 잘되어 순수하고 진한 쿠미스를 얻을 수 있었다. 물론, 몽골인은 가공하지 않은 마유를 마시거나, 쿠미스 이외의 다른 유제품을 가공하기도 했다.

사실, 몽골인의 주식은 유제품이었다. 암말은 하루에 2~2.5리터의 젖(망아지 한 마리에게 필요한 하루 권장량보다 많다)을 생산한다. 마유는 대략 1온스 당 20킬로칼로리를 함유하므로 하루에 1,440~1,600킬로칼로리, 즉 성인 남성의 하루 권장량인 3,000킬로칼로리의 절반에 해당하는 영양분을 만들어낸다. 따라서 암말 두 필이 5개월 정도의 수유기 동안 병사 한 명을 먹여 살릴 수 있었다. 몽골군이 원정을 나서면 병사 한 명이 말 5~8필을 대동했지만, 정해진 시기에 젖이 나오기를 원할 경우에는 계획이 필요했다. 한편, 자오홍은 말 한 필에서 병사 세 명이 먹기에 충분한 젖이 나왔다고 기록했다. 몽골군이 군량으로 마유나 양의 젖을 먹는 경우도 있었다. 그리고 말의 먹이가 풍족하지 않은 겨울에는 대개 젖이 나오지 않으므로 마유 이외의 음식이 중요한 시기이다. 이러한 경우, 몽골군은 쿠루트(Qurut)라는 분말로 된 마유를 물에 풀어서 먹기도 했는데, 이 반죽은 몽골 병사의 기본식이었다. 윌리엄 루브루크과 마르코 폴로는 그에 관한 내용을 이렇게 기록했다.

> 몽골군은 분말 마유로 만든 반죽을 휴대했다. 음식이 필요하면 마유 반죽에 물을 부어 풀어질 때까지 잘 저은 다음 그것을 마셨다. 마유 분말은 마유를 끓여서, 유지(乳脂)가 뜨면 이를 걷어 내어 다른 용기에 담아 버터를 만들었다. 유지를 걷어내야 나머지 마유를 햇볕에 굳힐 수 있기 때문이다. 그리고 원정을 떠나는 모든 몽골 병사는 분말 마유 4~5 킬로그램을 휴대했다. 아침에 500그램 정도를 가죽 자루에 넣고 물을 부었다. 그러면 행군하는 동안 분말 마유와 물이 잘 섞여 저녁 무렵이면 걸쭉한 마유죽이 되었고, 몽골 병사는 이것을 저녁으로 먹었다.

존 마슨 스미스 2세는 분말 마유는 800킬로칼로리와 단백질 80그램을 제공하여 하루 권장량인 3,000킬로칼로리의 4분의 1에 해당하는 영양분을 제공한다고 기록했다. 14세기에 황금군단의 영토에서 모든 병사는 양이나 염소 10마리를 보유했다. 암양 10마리는 5개월간의 수유기 동안 하루에 대략 5리터의 젖(3,000킬로칼로리)을 제공한다.

물론, 분말 마유로 만든 반죽 이외에도 몽골군은 다양한 음식을 섭취했다. 고기를 게걸스럽게 먹는 중세의 전형적인 '야만인'의 이미지와는 달리, 몽골군은 대체로 유제품 이외의 음식도 국으로 만들어 먹었던 것 같다. 카르피니는 다음과 같이 말하고 있다.

겨울이 오면 몽골군은 기장을 물에 넣고 끓였는데, 너무 묽어서 떠먹는 것이 아니라 마셔야 했다. 각 병사는 아침에 기장죽 한두 사발을 마시고, 점심에는 아무것도 먹지 않다가 저녁에는 약간의 고기를 넣어 만든 고깃국을 먹었다. 그러나 여름이 되면, 사냥으로 잡은 짐승이나 새 이외의 고기를 먹는 경우는 드물었고 주로 마유를 많이 마셨다.

윌리엄 루브루크는 몽골군이 군량을 주로 어떻게 만드는지에 대해 설명했다. 사실, 몽골군은 말이나 황소가 죽으면 일부는 바로 먹고, 나머지는 훗날을 위해 고기를 말리거나 소시지를 만들었다. 윌리엄은 양 한 마리를 조각내어 물에 소금을 넣고 끓인 국을 병사 50~100명이 먹어치우는 것을 보았다고 기술했다. 각 병사에게 돌아간 고깃덩어리는 소량밖에 되지 않았지만, 모든 병사가 계급에 관계없이 균등한 양을 배급받았다. 술렌(Shülen)이라고 불린 이 양고기 국은 몽골인의 주식이었다. 루브루크의 기록보다 50년이 지난 후에 마르코 폴로는 몽골군이 행군 중에 엄격하고 간소한 스파르타식으로 음식을 먹었다고 언급했다.

장거리 원정을 떠나는 몽골군은 가죽 자루 두 개에 담은 마유 외에는 어떤 음식물도 휴대하지 않았다. 작은 질그릇 냄비에 고기를 요리했고, 작은 천막에서 비를 피했다. 그리고 위급 상황이 닥치면 불을 지피거나 고기를 먹지 않고 열흘 동안 계속해서 행군했다. 그 기간에 몽골군이 먹은 것은 말의 피였다. 말의 정맥을 갈라서 입으로 피를 빤 다음 지혈시켰다.

말은 피의 3분의 1을 빼내어도 건강에 위험이 없는 것으로 여겨져 왔다. 따라서 말은 혈액 14파인트(1파인트=156킬로칼로리), 즉 성인 남성 하루 권장 칼로리의 3분의 2에 해당하는 2,184킬로칼로리를 제공할 수 있다. 이를 감안하면, 원정에 말 5~8필을 대동한 몽골 병사 한 명은 말의 피로 며칠을 연명할 수 있었다. 말 8필을 대동한 병사의 경우 3,000킬로칼로리가 든 피를 6일간 제공받을 수 있었다. 마르코 폴로는 몽골 병사들이 말의 피로 열흘 동안 생존할 수 있었다고 기록했다. 그러나 식사대용으로 말의 피를 빨아먹게 되면 말에게 치명적인 해를 줄 수도 있으므로, 이는 최후의 수단으로 삼았던 대용식이었다.

카르피니의 언급처럼 몽골군은 곡식도 먹었다. 몽골군의 주식은 고기와 유제품이었고(종종 도수가 높은 술이 빠지지 않았다) 곡식을 곁들이기도 했다. 몽골인은 좀처럼 곡식을 주식으로 하지 않았지만 곡식을 경작하기는 했다. 11세기와 12세기에 기장과 보리와 밀이 부이르호(Lake Buir) 지역은 물론, 셀렌제(Selenge)강, 할하(Khalkha)강, 오르콘(Orkhon)강, 케룰렌(Kerülen)강, 자브칸(Zavkhan)강 등에서 경작되었다. 〈몽골족의 비사〉를 보면, 오고타이 칸이 경계병을 시켜 세금으로 거두어들인 곡물용 창고를 지키도록 했다는 기록이 있다. 이 곡물은 중국 북부에서 거두어들였을 가능성이 있다. 이 책의 279섹션에는 유목민족에 대한 설명과 몽골에서 제도화한 경작 계획과 개혁에 대한 설명이 나오는 반면, 새로 정복한 영토(예를 들면, 중국)에 대한 언급은 빠져 있다. 카르피니의 설명처럼, 곡물은 국이나 죽을 만드는 데 첨가되었다. 사실, 자오 홍은 몽골군이 상당량의 쌀, 밀, 기장 등을 징집하여 민간인들은 빵과 물로만 식사했을 가능성이 있음을 암시했다.

물론, 몽골군이 행진하는 경우에는 군량에만 의존한 것은 아니었다. 사냥은 군사 훈련뿐만 아니라, 군량 제공의 목적도 있었다. 갖가지 짐승을 사냥했는데, 특히 초원에서 흔히 볼 수 있는 마멋(Marmot)을 사냥하는 경우가 많았다. 카르피니가 혐오스러워하긴 했지만, 프레리 강아지(Prairie-dog)처럼 생긴 마멋은 몽골군의 주요 영양 공급원이었다. 마멋의 체중은 4.6킬로그램 정도이고, 그중 지방이 1.5킬로그램으로 13,200킬로칼로리를 제공한 반면, 살코기는 3,400킬로칼로리를 제공하여, 마멋 한 마리는 총 16,600킬로칼로리, 즉 5.5끼 분량의 식사를 제공했다. 그러나 이는 주식을 보충하는 별식이었을 뿐이다. 또한, 마멋에는 선(腺)페스트를 옮기는 벼룩이 들끓었기 때문에 건강을 해칠 위험이 도사리고 있었다.

몽골군은 마멋 이외에 다른 짐승도 사냥했다. 제 3장에서 설명한 것처럼 몽골군은 네르제를 통해 마멋과 사슴은 물론, 영양과 곰, 호랑이에 이르는 다양한 짐승을 사냥했다. 그러나 사냥은 시간이 많이 소요되기 때문에 신속한 행군을 하는 경우에는 군량을 얻는 좋은 방법이 아니었다.

몽골군은 약탈이나 사냥을 통해 군량을 조달하거나 가축 떼를 원정에 대동했고 별도로 군량이나 군수품의 공급망을 필요로 했다. 공급망이 필요했던 군수품은 공성기 재료, 특별한 무기, 말, 그 밖에 군대에 흔히 쓰이는 물자 등이었다. 이런 여러 군수품은 약탈로 조달할 수도 있었지만, 몽골군 전체가 약탈에 참여한 것은 아니었다. 특히, 몽골제국이 영토를 확장하고 좀 더 체계화되면서 약탈에 의존하는 경우가 적어졌다. 예를 들어, 군수품을 조달해야 했던 방어군은 군수품을 어떻게 얻었든지 간에 이를 군대에 조달하기 위한 일관된 계획을 세워야 했다. 수도 카라코룸(Karakorum)의 인구를 먹이려면 하루에 마차 900대 분량의 식량이 필요했던 몽골은 체계화된 공급망을 갖출 수밖에 없었다.

군수품은 대개 말이나 낙타가 운반했다. 200~240킬로그램의 짐을 질 수 있었던 짐 나르기 전문 쌍봉낙타와 400~600킬로그램의 짐을 끌 수 있었던 짐 끌기 전문 쌍봉낙타는 하루에 30~40킬로미터를 이동했다. 따라서 행군 중인 몽골군에 상당한 양의 음식과 군 장비의 전달이 가능했다. 그러나 일반적으로 생각하는 것처럼 같은 속도로 언제나 신속하게 전달된 것은 아니었고, 몽골군의 행군 속도가 항상 신속한 것도 아니었다(제 5장 참고). 유격대와 전위 부대가 신속하게 전진하는 동안 주력 부대는 좀 더 천천히 행군하는 경우가 많았다. 그렇기 때문에 군수품과 군량을 실은 마차는 군대의 행렬과 보조를 맞출 수 있었다. 그러나 적군은 부대별로 행군 속도에 차이가 나는 몽골군에 적잖이 혼돈스러워했다. 몽골군의 군수품과 군량을 실은 마차가 도착하기도 전에 몽골의 전위 부대와 유격대에게 공격을 당한 적군은 당황할 수밖에 없었다.

몽골군이 군량과 군 장비를 보급하는 특별 부대를 편성하였는지 그리고 각 병사에게 지급한 무기 및 장비는 어느 정도의 수준이었는지에 대해서는 알 수 없다. 예를 들어, 주바이니(Juvaini)는 몽골 병사가 자신이 챙겨야 할 군기, 바늘, 밧줄, 말, 낙타 등을 소홀히 했을 경우에 처벌받았다고 설명했다. 하지만 앞서 무기에 대한 설명에서도 언급했듯이 칸의 황실은 상당한 양의 무기를 사들였다.

몽골군이 이용한 말과 낙타 등을 비롯한 수많은 가축에게 필요한 목초지를 확보하는 일은 굉장히 중요했다. 원정 중에 목초지를 이용할 수 있도록 계획을 미리 세우는 일은 필수적이었고, 군수품의 공급 문제 또한 사전에 계획을 세워야 했다. 그리고 적군의 항복을 받아낸 전위 부대나 유격대는 뒤따라오는 부대가 사용할 수 있도록 군수품을 조달했다.

그러나 무엇보다도 중요한 문제는 군대가 원정을 떠나기 전에 무기 등의 군 장비를 제대로 갖추는 일이었다. 원정에 필요한 여러 장비는 어디에서든 쉽게 구할 수 있었지만, 각궁과 화살 이외의 무기를 마련하는 일은 또 다른 문제였다.

무기, 갑옷, 공성기의 공급과 제조

몽골 병사는 무기와 갑옷을 확보하는 것에만 책임이 있었던 것은 아니었다. 칸이 무기와 갑옷 이외의 장비를 공급했을 가능성도 없진 않지만, 각 병사가 자신의 장비 대부분을 마련했기 때문에 원정 중 필요한 기본적인 군 장비를 아르반에 제공할 수 있었다. 그렇지만 세계 정복의 꿈을 안았던 몽골군이 각 병사에게 무기를 스스로 조달하거나 조달 비용을 지불하게 했을 리가 없다.

몽골군이 병사들에게 무기와 장비를 제대로 지급하지 않았다는 주장을 반증하는 사료는 굉장히 많다. 이를 테면, 칸은 도적 떼나 노략질 떼처럼 병사들에게 무기를 나누어주지 않았다. 사실, 몽골은 중앙아시아, 페르시아, 중국은 물론, 칭카이 발라스군(Chinqai Balasghun) 등에서 데리고 온 장인과 기술자의 도움을 받았다. 티엔샨(Tien Shan) 북쪽 기슭의 우이구르스탄(Uighurstan)의 베쉬 발리크(Besh Baliq), 북경 북부의 신말린(Xinmalin) 또는 시말리(Simali) 그리고 북경에서 서쪽으로 180킬로미터 떨어진 홍조우(Hongzhou)에 장인들의 식민지가 만들어졌다. 이들 도시의 주민 대다수는 호라즘과의 전쟁에서 생포한 중앙아시아 장인들과 중국의 장인들로 구성되었다. 토마스 알센(Thomas Allsen)은 세 곳의 식민지에서 나시즈(Nasij)라는 금문직(金紋織)을 만들었다고 기술했지만, 그 밖의 여러 가지 기술을 보유한 식민지의 장인과 기술자들이 만들어낸 무기의 종류는 다양했다. 13세기의 도교 철학자 리 치-창(Li Chih-Chang)은 칭카이 발라스군은 곡창 지대를 형성한 군사 식민지였다고 언급했다.

이러한 식민 도시는 중도(中都)나 사마르칸트(Samarqand)처럼 번성하는 대도시는 아니었지만, 몽골군과 몽골 황실에 여러 가지 생산품을 공급하는 산업과 농업의 중심지였다. 고고학 연구에 의하면, 칭기즈칸의 통치 이전에도 이들 도시들은 독립된 산업 도시였다고 한다. 몽골고원의 일부를 차지한 거란족은 대장간을 포함하여 방어군을 유지하기 위한 시설을 보유한 방어군 주둔 도시를 최소한 10곳에 만들었다. 고고학적 증거를 보면, 거란족이 몽골고원에서 세력을 잃은 이후에도 이 방어군 주둔 도시는 제한적이긴 했지만, 칭기즈칸이 칸이 되고 나서 칭카이 발라스군과 같은 군사-산업 식민지가 형성될 때까지 계속 유지되었다. 몽골은 사치품과 생필품은 물론 군수품의 생산을 수도에서 멀리 떨어진 식민 도시에 맡겼다.

공성 공격을 이해한 몽골군이 공성 공격에 쉽게 적응한 것처럼, 정기적인 과세의 이점을 이해한 몽골 정부는 과세제도 또한 쉽게 받아들였다. 이와 마찬가지로, 몽골은 무기와 갑옷을 규칙적으로 공급하는 체계의 중요성을 파악했다. 무역을 하기 위한 물품과 사치품은 물론, 무기와 갑옷의 생산을 위한 산업 중심지를 만든 몽골의 칸들은 무기를 중계하는 상인들과도 거래했다. 페르시아의 사가 주바이니(Juvaini)와 라시드 알-딘(Rashid al-Din)은 다양한 예를 들고 있다. 오고타이는 뼈로 만든 화살촉, 활, 군사용 가죽끈과 자루 등을 수차례 구입했다. 이처럼, 군수품 공급 체계가 정확히 어떻게 운영되었는지는 불분명하지만, 몽골은 무기와 갑옷의 정기적인 확보의 중요성을 파악했다는 것만은 분명하다. 물론, 약탈을 통해서 군수품을 얻는 경우도 배제할 수 없지만, 약탈을 하려면 우선 제대로 된 장비를 갖추어야 했다.

그렇다고 칭기즈칸 통치기에 병참 대장이 있을 만큼 몽골군의 조직이 체계화되었다는 말은 아니다. 오고타이가 통치하던 1230년대에 몽골군은 군사적 목적으로 사용할 무기를 구매했지만, 몽골 병사는 무기와 장비를 스스로 만들 수 있는 기술이 있었다. 화살은 상당히 쉽게 만들 수 있었고, 대부분의 유목민족은 어려서부터 뿔과 나무와 힘줄로 활 만드는 방법뿐만 아니라, 가죽으로 갑옷을 만드는 방법도 배웠다. 미늘 갑옷을 만들기 위하여 수천 개의 금속 고리를 연결하여 고정시켰던 반면에 몽골군의 가죽 갑옷과 층상형 갑옷은 만들기가 훨씬 쉬웠다. 물론, 병사가 만든 화살과 장인이 만든 화살은 질적인 차이가 있었다. 몽골군이 농경민족 출신의 장인들의 능력을 인정하긴 했지만, 그에 못지않게 유목민족 출신의 장인들을 높이 평가한 것도 사실이다.

❀ 정보 전달 체계

전쟁을 치르는 데 필수적인 요소는 효과적인 정보 전달 체계의 구축이다. 기마군의 명성이 자자했던 몽골군도 장점과 단점이 있었다. 기마병은 한 부대의 메시지를 다른 부대로 비교적 쉽게 전달할 수 있었다. 그러나 몽골군의 기동성을 고려하면, 부대 사이의 정보 전달이 제대로 이루어지지 않을 가능성은 언제나 존재했다.

이를 피하기 위해 몽골군은 미리 정해 놓은 일정대로 작전을 수행했다. 계획된 작전을 수행하면 군대에 말을 재공급하고 이용 가능한 목초지를 확보하는 데 도움이 되었다. 게다가 행군 중인 군대 간의 정보 전달은 여러 통신병의 쉴 새 없는 급파를 통해 이루어졌다. 특히, 정보 전달이 몽골제국 전역에 효과적으로 수행되는 데 가장 중요한 요소는 얌(Yam 역참 또는 역참제)이었다.

얌은 정부 전령(傳令)의 사행(使行) 및 운수(運輸)를 뒷받침하기 위해(특히, 새 말로 갈아타거나 새로운 전령으로 교체) 곳곳에 설치한 기관 또는 그 제도를 의미했다. 몽골제국이 확대되면서 역참이 설치된 곳도 광범위해졌기 때문에 변방의 소식을 수도 카라코룸까지 전달하는 경우, 전령이 쉬지 않고 말을 달린다면 몇 달이 아닌 단 며칠이면 가능했다. 여러 면으로 볼 때 얌은 19세기 미국의 조랑말 속달 우편(Pony Express)의 선구적 제도였다.

◎ 의료

중세에는 의료 기술이 그리 발달되지 않았으며 의료 시설도 많지 않았다. 몽골인은 영적인 힘이나 약초의 사용으로 병을 치유하기 위해 무속과 민간 신앙에 의존했다. 그러나 몽골제국의 영토가 확대되면서 발전된 의료 기술을 새롭게 접한 몽골은 이를 활용하여 기존의 의료 기술을 발전시켰다.

사실상 몽골군의 의무대는 없었지만, 부상을 당하거나 몸이 아픈 병사를 치료하기 위해 의사, 외과 의사, 민간 치료사, 무당 등이 몽골군과 함께 원정을 떠났을 가능성이 많다. 몽골은 기존의 의료 기술에 이슬람의 의료 기술, 중국의 전통 의약품, 티베트식 아유르베다 의술(Ayurvedic medical techniques) 등을 접목시켰다. 몽골제국 전역의 의료 전문가들이 모여 갖가지 의술을 펼치는 동안, 여러 의료 기술도 뒤섞였다.

주로 갈레노스파 의술에서 발전된 이슬람의 의술은 골절, 화상 등 전투 시 당한 부상을 치료하는 데 효과적이었다. 그뿐만 아니라, 의사는 이질, 선페스트, 경증(輕症) 등도 치료해야 했다. 전근대적 세계에서 일반적으로 쓰였던 한약 처방은 물론, 소작(燒灼)과 수술이 활성화되었다. 상처를 꿰매는 봉합술보다 소작을 택하는 경우가 일반적이었다. 의료에 대한 몽골인의 견해가 실린 문헌이 없기 때문에 몽골인이 어떤 의술을 선호했는지에 대해선 알 길이 없다.

전투 중에 부상을 당한 병사는 전방에서 후방으로 옮겨져 치료를 받았다. 칭기즈칸이 권력을 잡기 전에 몽골고원에서 발생한 전쟁에 대한 기록을 보면 그것이 확실해진다. 기록에 나온 부상자는 지휘관이 대부분이었지만, 부상당한 병사는 누구든지 위험에서 구해내려 했다고 추정할 수 있다. 몽골제국의 초창기에 부상병의 치료는 여성이 담당했지만, 그 이후에는 전문 의료진이 이들을 대신하게 되었다. 그러나 의료진이 아니더라도 골절상이나 화살에 맞은 상처 등의 흔한 부상은 스스로 치료할 수 있었을 것이다. 말과 같은 가축을 길들이다가 골절상을 입는 경우가 많았던 유목민족은 접골에 일가견이 있었다. 이와 마찬가지로, 전투 중 가장 흔하게 발생하는 화살에 맞은 부상자를 치료하는 의술도 널리 보급되었다.

기록을 보면 칭기즈칸의 통치기에 화살에 맞은 부상 부위의 피를 빨았던 일화는 여러 번 나온다. 부상의 위험은 외출혈이 아니라 내출혈이었다. 소피아 카수바(Sophia Kaszuba)에 의하면, 화살 맞은 부위의 피를 빼는 행동의 가장 큰 이점은 색전증의 예방, 특히 폐에 침범하는 색전증을 일으킬 수 있는 기포 생성을 막는 것이다. 카수바가 지적한 대로 몽골인이 이러한 사실을 인식하고 있었는지는 불확실하지만, 상처 부위의 피를 빨면 회복 가능성이 더 높다는 것은 알았을 것이다. 또한 이러한 행동은 화살에서 독이 옮겨지는 것을 막을 수 있다는 장점도 있다.

물론, 화살을 맞을 시 가장 큰 문제는 화살을 뽑아내는 것이다. 몽골을 비롯한 유목민족은 여러 유형의 화살촉을 사용했기 때문에 화살을 뽑아내기란 여간 어려운 일이 아니었다. 대부분의 경우에 화살촉 뒷부분의 미늘로 상처가 더 커지지 않도록 화살을 상처 부위 안으로 쑥 밀어 넣어서 관통시키는 것을 선호했다. 그러나 화살촉의 앞부분이 넓은 경우에는 밀어 넣어서 빼내는 것보다 그냥 뽑아내는 것이 상처를 더 크게 만들지 않는 방법이다.

몽골인은 화살에 맞은 부상과 관련된 외상을 경감시키기 위한 방법을 시도했다. 중국 북부를 침공한 직후 몽골은 빈틈없이 짠 비단 내복을 입는 금나라 병사들의 습성을 받아들였다. 제임스 챔버스(James Chambers)는 〈악마의 기마병(Devil's Horsemen)〉에서 '비단 내복은 화살촉이 몸을 완전히 관통하는 것을 막아준다'고 기술했다. 챔버스의 설명에 의하면 이 속옷이 화살촉을 감싸기 때문에 수술의는 화살촉을 환자의 몸을 관통시켜서 밀어내기보다는 간단히 화살촉을 뽑아내는 방법을 택할 수 있었다. 1979년에 〈악마의 기마병〉이 출간된 이래로 수많은 학자들은 챔버스의 해석을 기정사실로 받아들였다. 그러나 불행하게도 비단 내복이 사치스러운 의복 이외의 기능을 했음을 설명해주는 중세 문헌은 없다. 만약 비단 내복이 화살촉을 감싸는 기능을 했더라면, 금나라와 송나라 군대는 유리한 면을 점하고 몽골군에 대응할 수 있었을 것이다.

공성기의 화기에 부상을 당하거나 몸의 여러 부위를 다친 중상자는 특별 치료를 받았다. 화살이나 화기의 잔해를 제거한 부상병을, 내장을 뺀 황소와 물소처럼 몸집이 큰 동물(말은 드물었다)의 시체 안에 위치시켰다. 동물의 위장에 남은 소화되지 않은 여물은 부상 부위의 습포제 역할을 했다. 이와 같은 치료 과정을 거친 부상병은 회복이 빨랐던 것으로 보인다. 동물의 피에 치유를 돕는 성분이 있었는지는 불확실하지만, 동물의 몸속의 온기는 부상으로 인한 충격을 완화시키는 데 도움이 되었던 것만은 분명하다.

부상병을 치료하는 동안에 무당이 중요한 역할을 담당했는데, 이들의 중요성은 한약재가 효과가 없는 경우에 더욱 커졌다. 몽골과 여러 유라시아의 유목민족은 질병의 원인이 영적 세계에서 비롯된 것으로 믿었다. 병이 들면 환자의 영혼이 환자로부터 격리되어 길을 잃은 것으로 믿었던 그들에게 무당은 환자의 영혼을 제자리로 불러들이는 역할을 맡은 존재였다. 무아경에 빠진 무당의 영혼이 영혼의 세계로 들어가 환자의 영혼을 되찾아오는 것으로 믿었다. 환자가 회복되면 무당에게 효험이 있었던 반면, 회복을 하지 못하면 그것은 무당의 힘으로도 치유가 불가능한 병이라고 생각했다.

몽골제국이 점점 확대돼 나가면서 환자를 치료하기 위한 좀 더 실용적인 방법을 택하기 시작했다. 몽골군이 부상당한 병사를 격리시키기는 방법을 택한 것은 주목할 만하다. 카르피니는 중상을 당한 병사가 있는 막사(Yurt 혹은 Tent)는 검정 펠트로 창을 감싸서 막사 바깥에 꽂아두었다. 이것은 부상병의 임종이 다가왔다는 분명한 표시로 가족과 몇몇 지인을 제외한 외부인의 출입을 금한다는 의미를 지녔다. 이런 부상병은 고위급 지휘관과의 접견도 금지되었다.

부상자를 치료하는 것 이외에도 몽골은 질병이 전염되는 것을 막는 조처를 취하기도 했다. 몽골인의 위생 관념은 그리 철저한 편이 아니었지만, 중세의 유목민족의 생활 습성을 고려하면 몽골 병사의 신체적 건강은 뛰어난 편이라고 할 수 있다. 사실, 혹독한 날씨 등으로 생활환경이 척박했던 점을 감안하면 어려서 심각한 질병에 걸리면 살아남기가 힘들었다.

몽골인은 소변을 보거나, 손, 의복, 식기 등을 씻어서 유수(流水)를 오염시키지 않도록 주의했다. 물을 용기에 담아서 사용했다. 몽골인들의 위생 관념 부족은 13세기의 유럽인인 카르피니에게도 혐오감을 주었다. 그렇지만 카르피니는 몽골인들이 물을 깨끗하게 사용하려고 주의를 기울였던 사실을 간과했다. 목욕, 소변, 세척 등으로 물이 더러워지면 몽골인의 건강은 물론, 가축이나 짐승들의 건강에도 치명적인 결과를 초래할 수 있었다. 몽골인은 야영지를 흐르는 유수의 상류가 오염되지 않도록 특별히 조심했다. 또한 우연일지도 모르지만, 몽골군은 막사 간의 간격을 많이 두었기 때문에 전염병이 확산될 가능성을 줄여 놓았다.

⊛ 결론

몽골군의 병참술과 군수품 보급을 설명하기가 굉장히 어려운 것은 병참술과 군수품의 보급에 정부가 기여한 몫과 병사 각자가 기여한 몫을 판단하기가 힘들기 때문이다. 이에 대해 딱 부러지는 해답은 없다. 각 병사가 자신의 무기와 군량을 스스로 마련하기도 했지만, 몽골제국의 칸도 군대에 식량과 무기와 군 장비를 제공하기 위한 조처를 취했던 것도 사실이다. 그리고 몽골제국은 영토를 확장해 나가면서 새롭게 접하는 기술과 관습을 기존의 병참술과 의술에 통합시켜 나갔다.

CHAPTER 5
정탐 활동, 전략 및 전술

발전에 발전을 거듭한 몽골군은 더 이상 초원 전투에 얽매이지 않는 전술을 개발하기 시작했다. 몽골군은 대개 초원에서 벌어지는 전투에 적합한 전술을 사용했지만, 이러한 전술을 좀 더 복잡한 군사 체계에 통합시켜 사용했다는 것은 전통적인 초원 전투를 영속적인 군대에서 볼 수 있는 보다 세련된 군사 전술로 전환시키는 데 성공했다는 사실을 의미한다. 더욱 중요한 점은 이러한 전술을 통해 방대한 영토의 이곳저곳에서 무차별적으로 정복 전쟁을 펼치는 것이 아니라, 여러 전선에서 계획대로 전투를 벌여 차근차근 영토를 넓혀나가기 위한 전략상의 토대가 되었다는 점이다.

몽골군은 원정을 시작하기에 앞서 전략을 수립했다. 주바이니는 다음과 같이 기록했다.

칸이 등극을 하거나, 대규모 병력이 이동을 하거나, 칸의 여러 왕자
들이 모여서 행정과 국사에 대해 논할 때마다 '공문서'를 펼쳐놓은 다
음, 각자의 임무가 무엇인지를 시연해 보았다. 그들은 여기에서 논의
한 대로 군대를 배치하고 적군의 도시를 침공했다.

주바이니가 언급한 '공문서'는 칭기즈칸의 모든 명령을 기록한
〈야사(Yasa)〉라는 대(大)문서이다. 현재 이 문서가 전해지지는 않지
만, 몽골제국이 존속하는 동안 특정한 전략을 선택하고 이를 실행에
옮겼다는 증거는 많다. 정복과 전투의 방식이 점점 체계화되면서 몽
골군은 부족 중심의 군대에서 진정한 전사들의 부대로 거듭났다.

❂ 정탐 활동과 정보

몽골군은 충분한 정보를 수집하기 이전에는 원정을 떠나지 않았
다. 몽골군은 상인, 정보원, 알긴친(Algincin 군대보다 먼저 출발하는
전위 부대), 반란을 진압하러 떠난 원정군의 보고 등 다양한 경로를
통해 정보를 입수했다. 정보 수집 과정이 비교적 손쉬웠던 것은 몽
골제국에서 실시한 제도 덕분이었다. 얌(역참 또는 역참제)은 소식
이나 정보를 칸과 장수들에게 신속하게 전달했다. 근대 이전의 정보
체계에 대한 연구에서 프란시스 드보르니크(Francis Dvornik)는 얌
이 몽골제국의 성공에 커다란 역할을 했다고 보았다. 축적한 정보는
역을 신속히 이동하는 전령을 통해 급송되었다. 게다가 황실 전담
전령은 필요한 경우에는 누구에게나 말을 요구할 수 있었다. 이처럼

몽골 황실은 몇 달이 아니라 며칠이면 몽골제국의 최전방 소식을 들을 수가 있었다.

정보와 소식의 전달에 있어서 큰 역할을 한 것은 상인이었다. 드 보르니크는 다음의 내용을 기록했다.

상인들은 중국과 중앙아시아 간의 무역을 전담했다. 그들은 모르는 길이 없었고, 교양이 있었던 까닭에 상황을 잘 파악했고 무역을 하는 지역의 정치와 경제에 정통해 있었다. 또한 무역을 하기 위해 수많은 군대와 접촉했으며, 페르시아에서 중국에 이르기까지 그들의 마차가 지나가는 모든 지역을 잘 알고 있었다.

몽골제국이 존속하는 내내 여러 칸들은 상인들을 보호했고, 그들의 무역로에 안전을 보장했다. 그 대가로 상인들은 칸을 지원했고, 그에게 여러 가지 정보도 제공했다. 칸과의 관계를 돈독히 하기 위해 기꺼이 정보를 제공한 상인도 있는 반면, 칸이 정보를 얻고 있다는 사실을 모른 채 정보를 제공한 상인도 있었을 것이다. 사실, 몽골의 칸은 황실을 찾아오는 모든 여행 방문객들로부터 최신의 소식을 입수했다. 몽골은 상인을 수동적인 정보 수집자가 아닌, 적극적인 정보원으로 활용하기도 했다. 오트라르의 통치자가 1219년에 호라즘에서 몽골의 후원을 받는 대상(隊商)을 살해했던 악명 높은 사건도 대상이 정보원이라는 의심을 받았기 때문에 발생한 일이었다.

몽골의 정보 수집은 좀 더 적극적인 성격을 띠기도 했다. 이를 테면, 몽골군은 원정 중에 교전 지역을 넘어 적의 후방으로 잠입하는 경우가 흔했다. 몽골군은 적의 영토에 다다르면 정찰병을 보냈는데, 정찰병은 주력 부대를 엄호하는 동시에 적의 정보를 지속적으로 전달했다. 이와 같은 정찰병 파견은 칭기즈칸이 몽골고원을 통합하기 전부터 행해져온 관행이었다. 〈몽골족의 비사〉를 보면, 칭기즈칸과 토그릴 옹-칸이 자무카에 맞서 싸운 전쟁에서 몽골군은 정찰병을 선두에 둔 전위부대를 켈루렌강(Kelüren River)으로 진군시켰다. 몽골군은 정찰병이 정보를 주력 부대에 전달할 수 있도록 곳곳에 전방 관측소를 세웠다. 알긴치(Alginci 정찰병)는 각 부대의 전방과 측면에서 50킬로미터 떨어진 곳에서 작전을 수행했기 때문에 적군이 기습 공격을 감행하기란 불가능에 가까웠다. 알긴치는 역참제나 역참제를 수정한 체계, 또는 신호기(信號旗)를 통해 정보를 전달했다. 이와 같은 관행은 시간이 지나면서 군사 작전의 일부로 자리를 잡은 것 같다.

끝으로, 몽골군은 파견군을 통해 정보를 수집하기도 했다. 파견군은 특정한 임무(예를 들어, 도망치는 적장을 뒤쫓는 것)를 맡고 있었기 때문에 정보 수집은 부차적인 임무였다. 역사적으로 유명한 제베와 수부타이의 대규모 정찰 부대는 호라즘의 술탄 무함마드 2세를 추격했던 작전을 위해 편성됐다. 그러나 무함마드 2세를 생포한 이후에 그들의 정찰 부대는 계속해서 유라시아로 진격하여 몽골 국경선 너머에 있는 지역에 관한 소중한 정보를 수집했다. 칭기즈칸이 몽골고원을 통합하면서 항복하지 않는 적의 우두머리를 추격하기 위한 군대를 파견했을 때에도 그와 비슷한 일이 있었다. 파견된 장수들이 수집한 인근 지역의 정치, 군사력, 지리 등에 관한 정보는 향후 침공 계획을 세우는 데 큰 도움이 되었다.

❋ 전술

대부분의 유목민족 부대에 흔한 일이지만, 몽골군의 주력은 경기병(輕騎兵)이었다. 몽골군은 활솜씨와 기동성을 최대한 활용할 수 있는 전술을 고안했다. 몽골군은 보통 적의 무기가 도달할 수 없는 곳에서 화살 세례를 퍼붓는 동시에, 전열을 형성하여 치고 빠지는 전술을 이용하였다. 몽골군은 적군 앞에서 퇴각을 하며 파르티아 화살(Parthian shot 퇴각하면서 쏘는 화살로 후퇴하는 동안에 뒤를 돌아보면서 활을 쏘았다는 파르티아 기병의 고사에서 나온 말 -역자 주)을 활용하였다. 그러면 추격하던 적군은 움찔하게 되고, 이때 후퇴하던 몽골군은 방향을 선회하여 적군을 섬멸했다. 파르티아 화살은 기습 공격, 매복, 포위 작전 등과 함께 몽골군이 애용한 작전이었다. 중동의 아나톨리아를 비롯한 여러 지역에서 십자군과 전투를 벌인 투르크군처럼 몽골군도 화살의 사정거리 부근에서 전투를 시작했고, 백병전을 감행하는 것은 결정적인 전투에서 적군의 전열이 흐트러지거나 적군의 군세가 약해지는 경우뿐이었다. 몽골군의 전술이 수적으로 우세한 경우에만 효과가 있었던 것은 아니다. 몽골군은 수적 열세를 기동성, 활솜씨, 속임수 등을 활용해서 승리를 쟁취했다.

몽골군이 전투에서 연전연승을 거둘 수 있었던 원인은 혁신적인 전술을 사용했기 때문이 아니라, 단지 초원에서 언제든지 펼칠 수 있는 전술에 숙달했기 때문이었다. 쉴 새 없는 군사 훈련은 완벽한 작전 수행으로 이어졌다. 몽골군은 네르제(Nerge)를 통해 포위 전술을, 카바크(Qabaq)를 통해 치고 빠지기 전술을 익혔다. 그렇지만 몽골군이 전통적인 초원 전투를 선호했다고 해서 새로운 전술의 수용을 마다한 것은 아니었다.

화살 세례와 잠행탄막(潛行炭幕)

화살 세례 즉 화살의 연발 사격은 몽골이 가장 많이 사용한 전술이었다. 몽골군은 한데 모여 일제히 화살을 쏘아댔다. 이를 묘사하려면 화살이 빗발치듯 쏟아졌다는 표현이 맞을 것이다. 화살 세례가 겨냥했던 공격 범위는 다양했다. 200~300미터 거리에서 활을 쏘면 정확도는 떨어졌지만, 적군의 전열을 흐트러뜨릴 수 있었다. 전열이 와해되면 몽골군의 진격이 시작되었다.

화살 세례는 궁사들이 특정한 목표를 겨냥한 공격이 아니었다. 오히려, 미리 정한 '살인 지역' 즉, 공격 목표를 향해 가장 센 힘으로 활시위를 당겨 활을 쏘았다. 화살 세례가 적군에게 치명상을 주지는 못했지만, 화살에 맞는 동료 병사들을 보면서도 아무런 반격조차 할 수 없는 상황에서 적군의 사기가 저하되었던 것은 분명하다. 몽골군은 자랄 알딘(Jalal al-Din)과 벌인 전투(1230년)와 가잔(Ghazan)이 지휘하는 맘루크군과 벌인 전투(1300년)에서처럼, 말에서 내린 다음 말을 방패로 삼아서 활을 쏘기도 했다.

집중 사격

집중 사격 작전은 몽골 이전에도 존재했지만, 몽골군은 화살 세례에서부터 일련의 공성 무기에 이르기까지 집중 사격의 효과를 최대한으로 활용한 첫 번째 군대였다. 니샤푸르(Nishapur)를 포위한 몽골군은 석궁 3천 개와 노포 및 쇠뇌 3백 대로 무장한 방어군을 위협하고도 남을 정도의 무기를 한데 끌어 모았다. 이러한 수치는 과장되었겠지만, 몽골 공병대가 굉장히 많은 공성용 무기를 배치했음을 알 수 있다.

서유럽에서 집중 사격의 잠재된 파괴력을 완전히 이해하기 시작한 것은 1300년대가 지나면서부터였다. 벌어진 아르수프(Arsuf) 전투(1191년)에서처럼 석궁으로 인해 전투를 승리로 이끈 경우도 있지만, 유럽의 군 지휘관이 집중 포화의 기술을 개발한 것은 훨씬 나중의 일이었다. 그와는 달리 몽골군은 군기, 봉수, 신호 화살 등으로 사격을 지휘하여 적군의 전열을 파괴하는 데 초점을 두었다.

카라콜 전술

몽골군은 지친 말을 활력 넘치는 말로 교체하면서 화살 세례와 치고 빠지기 전술을 결합하였다. 카라콜 전술에는 각 자군에서 80명이 참여하였고, 나머지 20명은 중기병 역할을 맡았다. 병사 20명이 하나의 열을 이루어 돌격했다. 각 열은 돌격하면서 여러 발의 화살을 쏘았고, 적진에서 40~50미터 떨어진 돌격 최종 지점에서 마지막 화살을 쏘면서 선회하여 본진으로 되돌아왔다. 그 정도면 적의 갑옷을 꿰뚫기에 충분한 거리인 동시에, 적의 반격을 피하기에도 충분한 거리였다. 선회한 몽골군이 '파르티아 화살' 전술을 쓰는 경우도 많았다. 카라콜 전술에 참여한 몽골군은 일반적으로 1시간 동안 화살 60개를 쏘았는데, 돌격한 각 열의 병사 수에 따라 그 시간도 길어질 수 있었다.

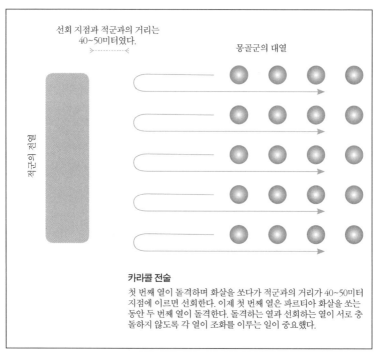

선회 지점과 적군과의 거리는
40~50미터였다.

몽골군의 대열

적군의 전열

카라콜 전술
첫 번째 열이 돌격하며 화살을 쏘다가 적군과의 거리가 40~50미터
지점에 이르면 선회한다. 이제 첫 번째 열은 파르티아 화살을 쏘는
동안 두 번째 열이 돌격한다. 돌격하는 열과 선회하는 열이 서로 충
돌하지 않도록 각 열이 조화를 이루는 일이 중요했다.

■■ 카라콜 전술

카라콜 전술은 몽골제국이 존속하는 동안 계속 사용되었다. 마르
코 폴로는 13세기 말에 이러한 기록을 남겼다.

적군과 교전하는 몽골군은 다음과 같은 방법으로 승리를 쟁취했다.
몽골군은 백병전을 벌이는 법이 없었다. 그 대신, 말을 타고 계속 주위
를 맴돌면서 적진을 향해 활을 쏘았다. 그리고 전투 중에 도망치는 것
을 부끄럽게 생각하지 않는 몽골군은 후퇴를 가장하여 적을 유인한
다음, 말 머리를 돌려 더욱 강력한 공격을 퍼부어 적군을 섬멸했다.

이 전술은 16, 17세기에 유럽의 소총 기병대가 사용한 카라콜(Caracole) 전술과 굉장히 흡사하다.

카라콜 전술을 수행하기 위해 기병대가 몇 개의 열을 이루어 적진 깊숙이 돌격했다. 첫 번째 열이 소총을 쏘고 선회하여 전열의 후방으로 이동하여 총을 장전했다. 이어 그 다음 열이 소총을 쏘고 선회했다. 마지막 열이 소총을 쏠 때쯤이면, 첫 번째 열은 다시 총을 쏠 준비를 갖추었다. 적군의 대열에 균열을 내는 것이 이 전술의 목적이었다.

〈몽골족의 비사〉를 보면, 칭기즈칸이 끌 대형(Chisel Formation)으로 공격하라고 명령한 적이 있지만, 끌 대형 공격이 정확히 무엇을 의미했는지는 불확실하다. 끌(Chisel)이라는 이름에서 공격의 목적이 적군의 대열을 뚫고 지나가는 것임을 짐작할 뿐이다. 그러나 달란타이는 이와는 다른 의견을 제시했다.

일련의 기병대가 적군을 향해 돌진했다. 첫 번째 부대의 돌진이 실패하면, 두 번째, 세 번째 부대가 잇따라 돌진했다. 적군의 세력이 아무리 강력할지라도, 심지어 적의 병력이 10만에 이를지라도, 몽골군의 이와 같은 파상공세를 막을 수는 없을 것이다. 결국, 몽골의 기병대는 적군의 대열을 파괴하기 위해 신호에 따라 사방에서 적진을 향해 돌격했다.

달란타이의 설명은 전형적인 기병대의 돌격, 즉 백병전을 위한 전진에 대한 설명과 다를 바 없지만, 적을 섬멸하는 경우가 아니면 백병전을 꺼려했던 몽골군은 돌격하여 활을 쏘고, 선회한 다음 다시 공격하는 전술을 택했을 가능성이 더 높다. 몽골군은 끌로 작업하는 노동자처럼, 한 번에 망치로 세게 후려치는 공격보다는 지속되는 작은 공격으로 적군에 타격을 주었다. 그러니까 '끌' 대형 공격은 카라콜과 유사한 전술로 위장 퇴각과 같은 또 다른 전술과 함께 사용되었을 것이다.

위장 퇴각

위장 퇴각은 오래전부터 초원 전투에서 행해져온 전통적인 전술이다. 선봉대가 적진을 향해 돌격했다가 퇴각하여 적군을 유인해냈다. 적의 전열을 분산시키기 위해 선봉대가 굉장히 먼 거리를 퇴각하는 경우도 있었다. 미리 정해 놓은 장소에서 기타 부대가 적의 양측면을 공격하기 시작하면 퇴각하던 선봉대가 선회하여 정면을 공격했다.

가장 유명한 위장 퇴각 전술은 제베와 수부타이가 킵차크투르크와 러시아의 동맹군과 벌인 드네프르강(Dnepr River) 전투(1223년)였다. 전투를 벌이자마자 퇴각한 몽골군은 킵차크투르크와 러시아의 동맹군을 초원으로 유인하여 마침내 할하강에 이르렀다. 그곳에서 기다리고 있던 몽골군의 주력 부대는 추격하던 동맹군을 격파했다.

마르코 폴로는 위장 퇴각 전술의 효과에 대해 다음과 같이 언급했다.

몽골군의 퇴각은 적과 정면에서 맞서서 싸우는 것과 똑같은 효과를 가져왔다. 도망치다가 갑자기 적군을 향해 선회한 몽골군은 이미 전쟁에서 승리했다고 생각하는 적군에 빗발치듯 화살을 쏘아댔다. 큰 함성을 지르며 질서정연하게 적진으로 돌진한 몽골군이 수많은 병사와 말을 살상하자 적군은 줄행랑치기에 바빴다.

몽골군은 여타 유목민족이 썼던 것과 똑같은 방식의 위장 퇴각 전술을 사용했다. 기타 전술과 마찬가지로 위장 퇴각도 유리한 고지에 서기 전에는 백병전을 피하고 싶었던 몽골군의 성향을 반영한 전술이다.

지구전(Fabian Tactics)

몽골군은 전투를 하기에 적합한 장소를 발견하거나 여러 곳에 흩어진 부대를 한곳에 집결할 때까지 전쟁을 피하는 경우도 있었다. 지구전은 공격했다가 퇴각하여 적을 유인해낸 다음, 매복해 있던 우군이 급습을 하는 위장 퇴각 전술과는 달랐다. 지구전은 적과 교전을 전혀 하지 않는 전술이었다. 몽골군은 적군에 포위되지 않도록 필요한 경우에 전 부대를 소부대로 나누었다가 좀 더 적절한 시기가 오면 재집결하여 적을 급습하는 경우가 많았다. 또한, 지구전은 교전을 피함으로써 적을 지치게 하는 효과도 있었다. 야전이냐 공성전이냐에 상관없이 적의 군세가 강한 경우에 특히 효과적이다. 인근에 주둔한 몽골군이 언제 공격을 해올지 모른다는 정신적 압박감에 적군은 지치지 않을 수 없었다.

몽골군의 기마병을 막고자 진영 앞에 창을 꽂아둔 적군과 전투를 치르는 경우에 병사 대부분을 후퇴시키고, 소수만이 남아서 적군을 쉴 새 없이 공격했다. 결국, 굶주리거나 목이 말라서 또는 몽골군이 완전히 퇴각했다고 생각한 적군이 진지에서 나오면 몽골군의 주력 부대가 회군하여 적군을 섬멸했다. 다시 말하지만, 몽골군의 최초의 전투가 뜻대로 되지 않는 경우에 지구전으로 좀 더 석당한 공격 시기를 기다린 것이다.

측면 공격 및 이중 포위 전술

몽골군은 가능하면 언제라도 네르제 작전을 통해서 적군을 포위하는 전술을 선호했다. 중국의 장군 자오 홍의 〈다베이루(Meng Da Bei Lu)〉를 보면,

> 몽골군의 수색대가 적군이 근방에 있음을 알려오면 주력 부대는 가능한 한 열을 확대하여 적군의 측면보다 더 넓게 포진했다. 적군으로 진격을 해나가면서 돌격대는 전위로 나오고, 수색대는 본진으로 돌아와 적지의 지형, 적군의 병참선(兵站線), 군세와 군대의 배치 등을 보고했다.

자오 홍의 설명을 보면 몽골군이 군사력의 우세로 적군을 제압하려는 부족 수준의 군대가 아니라, 작전에 의해 적군을 상대하는 굉장히 조직적인 군대임을 알 수 있다.

칭기즈칸은 포위 전술을 여러 번 사용했는데, 특히 적의 측면과

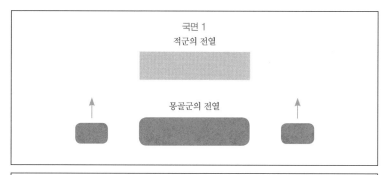

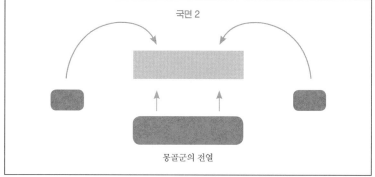

포위 전술

후방의 방어가 허술하고 포위 중인 적군의 군세가 약한 경우에 즐겨 사용했다. 강의 이점을 이용하여 주둔한 적군과 전투를 벌이는 경우에 칭기즈칸은 강의 양측 기슭을 포위했다.

몽골군은 적의 전방을 공격하는 척하면서 후방에 맹공을 퍼부어 적을 혼동시키기도 하였다. 몽골군이 여러 방향에서 공격해 오면 적군은 포위되었다는 인상을 받게 된다. 적이 도망갈 수 있도록 포위망에 빈틈을 남겨 놓았지만, 이는 사실 함정이었다. 겁을 집어먹은 적군은 더 빨리 도망치기 위해 무기를 내팽개치고 군율도 무시하는 경우가 태반이다. 그러면 몽골군은 적의 후방을 공격했다. 이에 대한 대표적인 예는 헝가리군과 벌였던 모히(Mohi) 전투(1241년)였다. 달란타이(Dalantai)는 이 전술을 '열어서 끝장내는 전술(Open-the-End Tactic)'로 불렀고, 몽골군이 이 전술을 사용한 것은 적군의 군세가 강하고 위기에 처하면 필사적으로 싸우는 적과 전투를 하는 경우였다고 기록했다.

전통적인 초원 전투의 전술인 이중 포위도 역시 몽골의 집단 사냥 네르제(또는 바투에)에서 비롯되었다. 네르제를 할 때처럼 몽골군은 적군의 포위망을 좁혀가서 적군이 도망치지 못할 정도로 밀집 대형을 이루었다. 이 전술에 많은 병력이 요구되진 않았다. 적의 병사가 더 많을 경우에도 몽골군의 활솜씨와 기동성은 적군을 포위하기에 충분했다.

군사 작전에 사용된 네르제는 몽골군의 양 측면이 적군의 양 측면을 에워싸는 이중 포위 전술에 필수적이었다. 이 또한 위장 퇴각과 마찬가지로 초원 전투에서 일반적으로 사용했던 전술로, 치밀하게 계획된 전투에만 제한적으로 사용된 것은 아니었다. 러시아를 침략했을 때처럼 전선이 광범위한 경우에도 이 전술을 전략으로 삼았다. 블라디미르(Vladimir)를 점령한 몽골군은 회의를 열고 회군을 결정한다(1237년). 회군은 투멘(Tümen) 단위로 네르제의 대열을 이루어 행군하면서 도시, 마을, 요새 등을 닥치는 대로 파괴했다. 몽골군은 전투를 할 때처럼 지역을 포위하고 도망갈 틈을 주지 않으면서 점차 포위망을 좁혀갔다.

몽골군은 생포한 포로와 점령지에서 징발한 병사를 적군의 전방을 공격하도록 파견하는 경우도 있었다. 물론, 그들의 뒤에는 적정 병력의 몽골 부대가 배치되어 그들이 임무를 제대로 수행하는지를 감시했다. 그들이 공격하는 사이에 몽골의 주력 부대는 은밀히 적의 측면이나 후방으로 행군하였다.

공성전

신생 몽골제국의 군사력에 있어서 가장 큰 약점은 공성 공격을 효과적으로 하지 못한다는 점이었다. 이것은 몽골제국이 영토를 확장하기 위해서 칭기즈칸과 수하 장수들이 반드시 극복해야 할 과제였다. 영토를 점차 확장해 나가면서 몽골군은 여러 분야의 기술자들을 공병대에 편입시켰다. 그들은 징집되거나 자발적으로 몽골군에 지원한 사람들이었다. 이렇게 몽골군이 의존한 기술자는 이슬람 또는 중국 출신이었다. 그들은 몽골제국이 존속하는 동안 공병대에 배치되어 포와 공성기를 만들었다.

몽골군이 대도시의 요새나 성곽을 공격하기 시작한 것은 원정의 후반부에 접어들면서부터였다. 원정의 전반부에는 외곽의 소도시를 점령하는 데에 주력했다. 이것은 몽골군이 대도시를 점령하기 위해 충분한 병력을 확보하면서 적절한 시기가 오기를 기다렸음을 의미한다.

난공불락의 도시나 요새를 직면하는 경우에 몽골군은 적군을 굶겨 항복시키기 위해 봉쇄 전술을 사용했다. 이를 아울러 몽골군은 요새나 성곽을 고립시키는 전술을 사용하기도 했다. 이것은 요새나 성곽이 고립되면 전략적 가치를 상실했기 때문이다. 몽골군은 도시나 요새를 점령하지 못하면 인근에 요새를 만들어서 적군이 굶주림으로 항복하거나 외교적 해결에 응할 때까지 기다렸다.

나사위(Nasawi)는 몽골군이 다음과 같이 공성 공격을 수행했다고 기록했다.

완강하게 버티는 요새를 공략하는 경우에 몽골군이 전통적으로 사용한 전술은 이렐(Ilel) 근처에 성벽을 지어서 성벽의 출입문을 밤에는 닫고, 낮에는 여는 것이었다.

호라즘 전쟁 이후, 포위한 도시 주변에 성벽을 짓는 것이 일반적인 전술이 되었지만 이 전술이 금나라와의 전쟁에서 사용되었는지, 그리고 몽골고원이나 중국 북부에 존재했던 나라나 부족에서 이미 이 전술이 사용되었는지는 알 수 없다.

공성 공격을 앞둔 몽골군은 정복한 도시와 마을에서 생포한 수많은 포로와 강제로 징발한 사람들을 강제 노역 부대나 화살받이 부대로 편성했다. 도시나 마을을 포위한 몽골군은 주민을 열 명 단위로 나누었고, 몽골 병사 한 명이 한 단위씩 담당했다. 몽골 병사는 이들을 시켜 풀, 나무, 흙, 돌 등을 모으게 했다. 행군 중에 뒤쳐지는 주민이 있으면 가차 없이 목을 베었다. 공격할 도시에 도착하면 포로와 피징발자는 몽골군이 성벽을 공격할 수 있도록 해자나 방어용 참호를 돌, 지푸라기, 나무, 흙 등으로 메웠다. 이들은 중국과 페르시아 출신인 몽골군 기술자의 지시에 따라 공성기를 만들어야 했다. 이들이 만든 공성기와 활로 몽골군은 적군에 쉴 새 없이 공격을 퍼부었다. 몽골군은 또한 나프타와 그리스 화약(Greek Fire)을 이용하기도 했다. 카르피니는 몽골군이 끔찍한 원료로 화공을 벌였다고 기록했다. 카르피니에 의하면 '몽골군은 살해한 사람의 지방을 채취해서 녹인 다음, 적의 군영에 뿌리고 불을 지르면 불길을 막을 수 없었다'고 한다.

포로는 공성 공격에 적극적으로 활용되었다. 참호를 파서 방어물을 세우는 등 필요한 경우에는 언제든지 노역에 동원되었다. 포로는 대형 통나무로 충각을 만들기도 했다. 도망치려는 포로는 누구든지 목을 베었다. 포로가 선택할 수 있는 길은 몽골군의 손에 죽든지 자신이 알지도 모르는 우군의 손에 죽든지 둘 중 하나였다.

쇠뇌와 성문 파괴용 대형 통나무 이외에도 성벽 밑에 땅굴을 팠다. 서요처럼 근처에 강이 있는 경우에 몽골군은 강물을 댐으로 막았다가 일시에 터뜨려서 도시를 물바다로 만들기도 했다.

포위 공격 중에 몽골군은 적의 사정권 밖에 머물다가 일단 성벽을 돌파하면 갑옷을 입고 (사상자를 최소화하기 위해 주로 밤에) 공격을 감행했다. 강제로 징발된 포위 지역 출신의 병사는 위험한 임무를 도맡았고, 몽골군은 본격적인 전투가 시작되면 모습을 드러냈다. 몽골은 그 지역의 포로군이나 보조병사가 목숨을 건 임무를 맡도록 하면서 몽골군을 보호했다.

이와 같은 여러 공성 전술은 몽골군이 원정하는 동안 지속적으로 사용되었다. 예를 들어, 러시아 문헌에는 몽골군이 성곽에 둘러싸인 도시를 포위하고 쇠뇌, 사다리 그리고 여러 가지 공성용 무기를 만들었다고 쓰여 있다. 사실, 몽골의 러시아 원정은 그 당시 몽골군의 공성 기술의 효율성과 정교함을 잘 보여준다. 이를 뒷받침하는 좋은 예는 블라디미르 침략(1238년)이다. 몽골은 블라디미르 주위에 성벽을 쌓아서 고립시킨 다음 쇠뇌나 화살, 불화살 등을 퍼부었고, 강제로 징발된 병사에게 성문 파괴용 대형 통나무를 맡겨서 성문을 돌파했다. 일단, 성문이 뚫리면 신속히 공격에 착수했다. 블라디미르를 점령한 몽골군은 이제 다음 공격지로 행군하기 시작했다.

심리전과 위장술

몽골군은 포위 공격을 해서 정복하는 것보다 저항 없이 항복하도록 어르거나 협박하는 것이 훨씬 효율적이라고 생각했다. 결과적으로 몽골군은 대량 학살로 악명을 떨치게 되었다. 주자니와 러시아의 연대기를 보면, 몽골군이 정복한 지역은 언제나 단 한 사람도 남기지 않고 학살되었다. 그러나 이것은 유열에 대한 잔인한 욕망이 아니라, 실용적인 몇 가지 목적에서 비롯되었다. 첫 번째는 정복한 지역에 남아 있는 적대 세력이 몽골군의 후방을 공격하지 못하도록 만드는 것이었고, 두 번째로는 반항하지 못하도록 하는 것이었다. 몽골군이 완강하게 저항하던 지역을 점령한 후에 대량 학살을 한다는 소문이 널리 퍼지자, 겁을 먹고 항복하는 지역과 도시가 많아졌다. 대량 학살은 반란에 대한 응징이었지만, 결과적으로 보면 반란이나 대항에 대한 억지력으로 작용했다.

하지만 학자들 중에는 몽골군의 대량 학살을 이해하지 못하는 사람도 있다. 토마스 바필드(Thomas Barfield)는 다음과 같이 기록했다.

병력이 적은 것을 파악한 몽골군은 적군의 저항을 잠재우기 위하여 공포심을 자극했다. 헤라트(Herat)처럼 항복했다가 반란을 일으킨 도시는 대량 학살을 면치 못했다. 방어군에 많은 병력을 투입할 수 없었던 몽골군은 골칫거리가 될 만한 지역 전체를 황폐화시키는 방법을 선호했다. 이런 방법은 생산적인 노동력의 확보를 전쟁의 목표로 생각한 농경민족의 역사가가 이해하기 힘든 요소였다.

게다가 몽골군은 위장술을 쓰기도 했는데, 특히 군의 병력을 부풀리는 소문을 퍼뜨리는 경우가 많았다. 예를 들어, 사천(四川)을 점령(1258년)한 멍케칸은 자신이 10만 병력을 지휘하고 있다는 소문을 냈지만 실제 병력은 4만이었다. 그리고 몽골군은 호라즘 원정에서처럼 적군을 이간질시키는 전술을 활용하여 효과를 보기도 했다. 결국, 대량 학살과 같은 전술은 공포를 이용하여 적의 저항을 막는 데 효과적이었고, 몽골군은 누구도 막을 수 없는 군대라는 관념을 널리 퍼뜨리는 데 큰 역할을 했다.

몽골군은 적을 위협하고 교란시키기 위해 위장술을 쓰기도 했다. 나이만족과 전쟁을 치를 때 칭기즈칸은 병사들에게 몽골고원 서부의 사아리(Sa'ari)에 진지를 구축하라고 명령했다(1204년). 칭기즈칸은 몽골군의 병력이 실제보다 훨씬 많은 것처럼 보이기 위해 모든 병사에게 모닥불 5개씩을 지피라고 지시했다. 이와 마찬가지로 몽골군은 수적으로 월등한 적을 만나는 경우에 지원군이 도착하고 있다는 환영을 만들기 위해 말의 꼬리에 나뭇가지를 매달아 몰고 다니며 먼지를 일으켰다. 또한 병력의 수가 많아 보이도록 허수아비를 여분의 말에 태우고 한 줄로 늘어세우기도 하였다. 쉬키 쿠투크투(Shiqi Qutuqtu)는 아프가니스탄의 파르반계곡(Parvan Valley)에서 자랄 알딘과 벌인 전투에 이 위장술을 쓰다가 실패했다는 기록이 있다.

그 밖에도 몽골군은 적진을 교란시키기 위해 황소와 말의 무리를 적진으로 돌진하게 하는 전술을 사용했다. 이 전술은 적군의 전열이 조직적이거나 군세가 강한 경우에 특히 효과적이었다. 황소와 말의 돌격으로 적군이 혼란스러워지면 몽골군의 본격적인 공격이 시작되었다.

몽골의 역사가 달란타이에 의하면 몽골군은 '관목 대형(Bush Formation)'으로 돌격하여 적군을 놀라게 하기도 했다. 달란타이는 "이것은 군사들을 여러 소그룹으로 나누고, 그 그룹이 서로 연락을 취하게 하면서 낮은 자세로 진격하는 전술이다. 이 전술은 밤이나 흐린 날에 쓰이는 경우가 많았다"라고 언급했다.

몽골군은 반란을 부추기거나 이간책을 통해, 그리고 억압받는 소수(또는 다수)를 지원하여 적을 약화시켰다. 몽골군은 적당한 상황이 오면 잔인성에 대한 자신들의 명성에 힘입어 스스로를 해방자라고 애써 묘사했다. 몽골군은 또한 경쟁 상대끼리 서로 싸움을 붙이기도 했다. 프랑스의 기사 장 드 주앵빌(Jean de Joinville)은 "몽골군은 이슬람군과 전쟁할 때마다 기독교 군대를 보내 서로 전투를 벌이게 만들었고, 기독교군과 전쟁을 벌이는 경우에는 이슬람군을 활용하기도 했다"고 말했다.

초자연적 전술

몽골군은 전쟁을 승리로 이끌기 위해 초자연적 수단에 의존하기도 했다. 이슬람군이나 기독교군이 신에게 기원하는 것처럼 몽골군은 텡그리(Tenggri 하늘)에 전쟁에서의 승리를 기원했다. 그러나 몽골군은 초자연적 힘을 활용하기도 했는데, 그중 가장 중요한 것은 자다치(Jadaci)라고 알려진 무당이 수행하는 기상 주술(氣象 呪術)이었다.

몇몇 문헌을 보면 기상 주술의 사용에 대한 언급이 나온다. 자다치는 날씨를 주제하는 정령이 숨어 있다고 믿었던 우암(雨巖)이라는 특별한 바위로 주술을 부렸다. 자다치는 폭풍우를 몰고 왔는데, 심지어 여름에 눈보라를 몰고 와 적군의 대열을 흐트러뜨리기도 했다. 적을 진지에서 멀리 떨어지도록 유인한 몽골군은 자다치가 폭풍우를 몰고 오면 대피호에서 몸을 피했다가, 폭풍우에 적이 혼란해진 틈을 타 공격을 개시했다. 이에 대한 좋은 예는 칭기즈칸 사후에 벌어진 금나라와의 전쟁을 들 수 있다. 바르 헤브라에우스(Bar Hebraeus)는 오고타이가 금나라 군대의 대규모 병력을 보고 우암에 의지했다고 설명했다. 오고타이는 금나라 군대가 지원군을 받지 못할 장소까지 유인해낸 다음, 자다치에게 폭풍우를 몰고 오라는 지시를 내렸다. 건기인 7월에 억수 같은 비가 사흘 밤낮으로 계속되었다. 금나라는 비에 노출된 채 흠뻑 젖은 반면, 매복한 몽골군은 우비를 입고 폭풍이 가라앉기를 기다렸다. 결국, 몽골군은 금나라 군대를 섬멸했다.

그러나 금나라와 벌인 이 전쟁에 몽골군의 지휘관이 오고타이가 아니라 장수 툴루이라고 기록한 몇몇 문헌이 있다. 대규모 군을 거느린 금나라를 만난 툴루이는 퇴각했고, 금나라가 몽골군의 후방을 공격하자, 툴루이는 투르크 기우사(祈雨師)를 불러 기상 주술을 부리도록 명령했다. 라쉬드 알-딘은 '여러 바윗돌을 이용한 주술이었는데, 그 돌을 끄집어내어 물에 담가 씻으면 한여름에도 한기, 눈, 비, 눈보라 등이 한꺼번에 몰려왔다'고 기록했다. 기우사의 주술에 폭풍우가 사흘 내내 계속되었고, 마지막 날에는 폭풍우가 차디찬 바람을 동반한 눈으로 변했다. 금나라 군대는 이런 날씨에 무방비로 노출된 상태였던 반면, 몽골군은 대피호에서 날씨가 잦아지기를 기다렸다. 나흘간 지속되던 눈이 그치자, 몽골군은 혼란에 빠진 금나라 군대를 공격하여 전멸시켰다.

❂ 전략

전쟁 중에 군대의 장점을 최대한 활용할 수 있는 전략이야말로 가장 효과적인 전략일 것이다. 몽골군에게 가장 효과적인 전략은 몽골군의 기동성을 최대한 살릴 수 있는 전략을 의미했다. 몽골 기마군은 농경민족의 군대에 비해 힘과 속도는 떨어졌지만, 지구력만은 타의 추종을 불허했다. 일반 기마 병사가 일반적으로 말 3~5필을 보유한 몽골 기마 부대는 말 한두 필이 지치거나 죽더라도 기동성에 영향을 받지 않았다. 따라서 몽골군은 이미 그 당시에, 일반적으로 20세기가 되어서야 체계가 잡힌 전략을 사용하여 전쟁을 수행했다고 볼 수 있다.

시기 맞추기

몽골군의 전쟁 준비 과정은 몇 단계로 나누어진다. 우선, 병력의 규모에 맞춰 군대를 편성하기 위해 인구 조사를 실시했다. 또한 적

▬▬ 겨울의 몽골 초원. 영하 20도 극한의 추위이며, 간혹 영하 50도까지 내려가기도 한다.

▬▬ 여름의 몽골 초원. 끝없이 펼쳐진 하늘을 보면 몽골인이 멍케 커케 텡그리(Möngke Köke Tengri 영원한 파란 하늘)를 숭
배한 것도 당연하다. – 작가 주

재(自)군을 재현하는 몽골군. 군기 뒤로 늘어선 아르반(병사 10명)이 오(伍)를 이룬다.

궁술 시합에서 각궁 쏘기를 재현하는 병사

기마병의 돌격을 재현하는 몽골군

몽골군의 행진을 재현하는 몽골 병사들. 가운데 보이는 검정색 군기는 전쟁 중임을 나타낸다(흰색 군기는 평화기).

몽골군의 짐꾼. 쌍봉낙타는 200~240킬로그램의 짐을 운반할 수 있고, 400~600킬로그램의 짐을 끌 수 있다.

각 얌(Yam 역참)은 전령을 위해 여러 필의 말을 거느렸다. 현재 몽골마의 체구와 키는 13세기의 몽골마와 비슷하다.

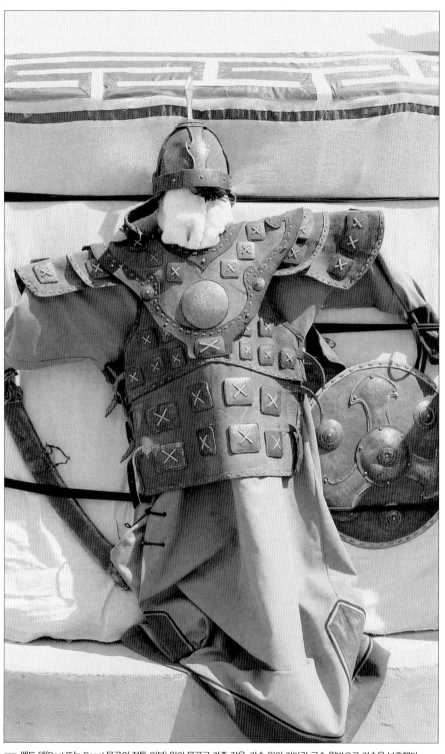

펠트 델(Deel 또는 Degel 몽골의 전통 의복) 위의 몽골군 가죽 갑옷. 가슴 위의 커다란 금속 원반으로 가슴을 보호했다.

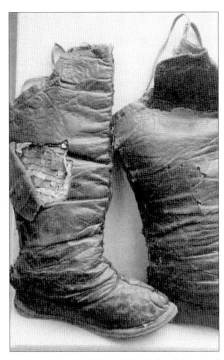

울란바토르 국립역사박물관에 소장된 13세기 몽골군의 장화. 절단부에 미늘로 심을 넣은 것이 보인다.

국립역사박물관에 소장된 몽골군의 투구. 투구에 달린 가죽은 목을 보호했고, 먼지가 불면 얼굴을 가려 단단히 동여맬 수 있게 했다.

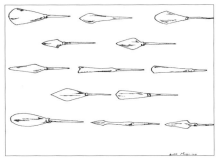

몽골군이 사용한 다양한 화살촉. 갑옷 관통 화살용 뾰족 화살촉, 절단용 넓은 날(Wide Blade) 화살촉, 적군을 놀래기 위한 돗바늘 화살촉, 일반적인 목적을 위한 보통 화살촉 등 각 화살촉마다 용도가 다양했다.

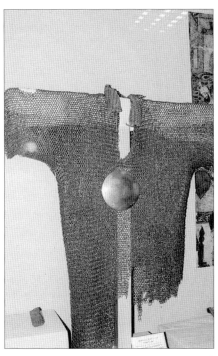

울란바토르 국립역사박물관에 전시 중인 14세기의 사슬 갑옷

울란바토르 국립역사박물관에 소장된 몽골군의 가죽 갑옷

아즈룬성(Ajlun Castle). 성의 위치로 보아 정면 이외의 방면으로는 공격이 거의 불가능했다.

요르단 북부의 어느 성. 훌라구의 장수 케트-부카(Ket-Buqa)는 난공불락의 이 성을 외교술로 점령했다. 이 성은 나블루스(Nablus)에서 몽골군에 붙잡힌 다마스쿠스의 통치자 알-나시르(Al-Nasir) 왕의 명령으로 몽골군에 함락되었다.

알레포(Aleppo) 요새의 입구와 성벽. 1259년 5일간의 공성 끝에 몽골군에 함락되었다. 몽골군은 투란샤(Turanshah 밥 알-이라크의 통치자)의 완강한 저항에도 불구하고, 밥 알-이라크(Bab al-Iraq 이라크의 문)에 쇠뇌 20대로 맹공을 퍼부었다.

알레포 요새. 요새의 견고함에도 불구하고 몽골의 공격에 끝내 함락되고 만다.

■■■■■ 구유크(Güyük)가 교황 우르반 4세에게 보낸 편지(울란바토르 국립역사박물관 소장). 이 편지는 몽골의 구유크가 교황에게
유럽의 여러 제후들과 함께 자신의 앞에 무릎 꿇고 항복하지 않으면 대가를 치르게 될 것이라고 통보하는 내용을 담고 있다.

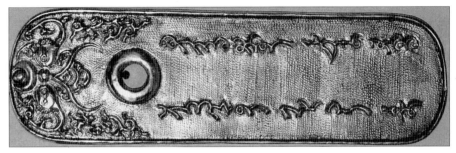

■■■■■ 제레제(Gerege) 또는 파이자(Paiza)로 역참의 이용자가 지녔던 허가증이었다. 제레제에 사용된 재료(금, 은, 동, 나무)는 역
참 이용자의 신분과 특권을 나타냈다.

■■■■ 적군을 추격하는 몽골군(출처: 사라이
앨범, 독일 베를린)

■■■ 사라이 앨범(Saray Album)에 14세기를
묘사한 그림 중 포로 3명이 기마병에 끌
려가고 있는 장면

■■■ 1240년 몽골군의 공격으로 인해 수많은 키예프인이 피신했던 케이브스 수도원(또는 페체르스키 수도원)에서 바라본 키예프 전경

■■■ 울란바토르(Ulaabaantar)의 수크바타르 광장 (Sukhbaatar Square)에 있는 몽골 전사의 동상

에 대한 정보를 수집했다. 이렇게 내외적으로 정보를 충분히 확보한 후 전쟁을 선포했다. 전쟁 선포의 내용은 다양했는데, 몽골제국의 전성기에는 몽골이 침략하는 이유를 밝히면서 적에게 항복이나 필요한 경우에 공물과 군대의 제공 등 택할 수 있는 방향을 제시했고, 이를 받아들이지 않으면 무력 침공을 감행했다. 쿠릴타이를 통해서 전쟁에 대한 전략 수립과 사령관들의 선정을 결정하고, 집결지의 지정과 전쟁의 개시가 본격적으로 논의되었다.

알타이학 연구자인 데니스 시노르(Denis Sinor)는 다음과 같이 말했다.

> 몽골군의 전략은 매우 조심스럽게 군사 작전을 수행하기 위해 계획 단계에서부터 신중에 신중을 더했다. 군사 작전 계획의 핵심은 모든 사령관들이 반드시 고수해야 할 엄격한 일정에 있었다.

군사 일정이 몽골군에게 중요하긴 했지만, 날씨와 환경적 요인에 의해 군사 일정을 변경하기도 했다. 몽골군은 적군이 가장 방심하고 있을 때 공격을 감행했다. 말이 여위거나 체력이 달리더라도, 한겨울에도 공격하는 경우가 있었다.

원정을 신중하게 고려했던 몽골군이지만, 사령관에게는 독자적인 지휘권을 부여했다. 전체적인 일정을 고수하는 한 휘하 군대를 자기 방식대로 지휘할 수 있었다. 이러한 전략은 몽골군이 군대를 통합하고 미리 정한 장소에 집결할 수 있었던 요인이었다.

분대별 행군

몽골군은 여러 갈래의 공격 루트를 택했다. 호라즘 원정 때 칭기즈칸이 택한 공격 루트는 네다섯 개였는데, 그중 하나가 키질쿰사막(Kyzyl Kum Desert)을 횡단하는 것이었다. 러시아 침공 시에 수부타이와 바투와 멍케는 세 방향에서 진격했다. 그 후에 동유럽을 침공할 때의 공격 루트도 세 갈래였다. 이렇게 여러 방향에서 공격을 한 몽골군은 현대전(現代戰)에서처럼 미리 정한 목적지에 집결했다. 호라즘 침공 때의 집결지는 사마르칸트(Samarqand)였고, 유럽 침공 때의 집결지는 부다페스트(Budapest)였다.

몽골군은 신중한 계획과 정찰병의 효과적인 활용으로 여러 방향에서 일제히 공격을 감행할 수 있었다. 행군 속도가 느려지지 않도록 파견 병력은 소규모로 편성했다. 기동성을 최대한 활용한 몽골군은 적군이 대응 태세를 갖추기 전에 여러 전선을 동시에 공격할 수 있도록 우회로를 택하는 경우가 많았다. 적군의 전략적 요충지나 야전 등 전쟁의 승패를 좌우하는 전투를 벌일 때에 여러 방면에서 일제히 공격을 퍼부은 몽골군은 쉽게 군사적 우위를 점할 수 있었다.

야전군의 섬멸

몽골군이 선호했던 다방면 침공은 적진 깊숙이 침투하기 전에 적의 야전군을 섬멸하는 데 적합한 전략이었다. 적군은 요충지 인근 지역이 파괴되지 않도록 막아야 했기 때문에 몽골군은 적군을 쉽게 야전으로 끌어들일 수 있었다. 몽골군은 척후병을 풀어서 적의 위치를 쉽게 탐지해 냈다. 그렇지만 적군은 몽골군에 대한 정보를 알 수 없었다. 몽골군은 쥐도 새도 모르게 병력을 한데 집결시켰기 때문이다. 이처럼 비밀스러운 몽골군의 집결 방식은 전력의 강화나, 전투에 패했을 때 반격을 위한 군대의 보강이 적군 몰래 이루어졌음을 의미했다.

적군이 일단 패주를 시작하면 몽골군은 적군을 섬멸할 때까지 추격했다. 크고 작은 요새는 기습 공격으로 쉽게 점령할 수 있었지만, 적군의 본영에 대한 공격은 야전군을 섬멸한 후에 이루어졌다. 이에 대한 가장 좋은 예는 호라즘 원정일 것이다. 몽골군은 호라즘의 수도 사마르칸트를 점령하기 전에 여러 중소 도시와 요새를 점령했다. 이 전략은 두 가지 장점이 있었다. 하나는 몽골군에게 점령당한 여러 주변 거점에서 적의 본거지에 도움을 줄 수 없다는 점이었고, 또 하나는 여러 주변 거점에서 본거지로 도망친 피난민이 전하는 용맹한 몽골군에 대한 소식에 본거지 군사와 주민들의 사기가 떨어졌고, 갑작스럽게 밀려닥친 피난민의 유입으로 음식과 물의 소비가 급증했다는 점이다.

야전군의 섬멸로 몽골군은 적의 반격에 대한 두려움 없이 언제라도 자유롭게 포위 공격을 시작했다. 여러 중소 요새와 도시 출신의 적군은 포위 공격 중인 몽골군을 쉽게 공격할 수 없었다. 보다 중요한 것은 몽골군의 방해로 대도시의 군대가 주변 중소 도시를 도울 수 없다는 점이다. 결국 주변 근거지와 중소 도시를 점령한 몽골군은 공성기를 만들거나 인간 방패로 이용할 적의 포로를 생포할 수 있었다.

적장의 추격

일단 적의 야전군이 패배하면 몽골군은 흩어진 적군이 재집결할 가능성을 미연에 방지하는 일에 주력했다. 몽골군은 이를 위해 적장을 끝까지 추격하여 살해하는 데 목표를 두었다. 칭기즈칸은 몽골고원을 통일하던 시기에 이를 전략으로 쓰기 시작했다. 초창기에 벌인 몇 번의 전투에서 적장을 살려둔 칭기즈칸은 군대를 재편성하여 새롭게 저항하는 적장과 또다시 전투를 벌여야 했다. 여기서 뼈저린 경험을 한 칭기즈칸은 그 후의 원정부터는 적장의 무자비한 숙청을 마땅히 수행해야 할 작전으로 만들었다. 호라즘 원정을 예로 들면, 카스피해로 도망친 무함마드 호라즘샤를 제베와 수부타이가 끝까지 추격했고, 그러는 동안 칭기즈칸은 자랄 알딘을 인더스강(Indus River)까지 추격했다. 킵차크족의 칸이었던 코텐(Koten)이 다쉬트-이 킵차크(Dasht-i Kipchak)에서 헝가리로 도망가자, 몽골은 그의 망명을 구실 삼아 헝가리를 침공했다. 그리고 헝가리의 벨라 4세(Bela IV)는 모히(Mohi)에서의 패전 이후 숨도 제대로 돌릴 수 없었다.

패배한 적장은 계속해서 도망쳐야 했기 때문에 군대를 재집결할 여유가 없었다. 과장이 포함되었겠지만, 패장은 몽골군의 손바닥 안에 있었다는 말이 널리 퍼지기도 했다. 패장을 추격하는 몽골군은 패장이 진입하려는 새 지역에 대한 정보를 확보하여 그들의 망명을 막았을 뿐만 아니라, 진격하는 몽골군을 본 그 지역의 통치자가 도망친 패장을 돕기보다는 두문불출하는 것이 바람직하다는 생각을 가지게 했다. 도망치는 패장을 추격하기 위해 몽골군은 타격대를 급파했고, 나머지 부대는 주변 지역을 공격했다. 몽골이 침략한 나라 이외의 지역으로 도망친 패장도 있었지만, 그렇다고 그 지역에서 패장을 몽골군으로부터 보호할 수 있었던 것은 아니었다.

✿ 결론

몽골군은 고도로 발전한 복합적인 조직이었다. 따라서 그들은 적군보다 우세한 위치에 있었다. 사실, 기존의 유목민족 동맹군도 군사 훈련, 군대 조직, 전술 및 전략에 있어서 몽골군에 못잖은 복합적인 군사 조직을 형성했었다. 몽골군이 전쟁에서 연전연승할 수 있었던 것은 전통적이긴 했지만 효과적이었던 초원 전쟁의 전술을 새로운 전술과 무기 그리고 새로운 전쟁 형식에 실용적으로 조화시켰기 때문이었다. 몽골군은 적절한 전술을 구사할 수 있도록 엄격한 군사 훈련을 시켰다. 결국, 폭넓은 비전으로 계획을 세웠던 몽골군은 중세의 여느 군대보다 훨씬 조직적이었으며 적군에 대한 정보를 입수하는 데 탁월했다. 몽골의 장수들은 칸의 간섭 없이 독립적으로 명령을 수행했지만, 그들에게 주어진 명령에는 철저히 복종했다.

CHAPTER 6
리더십

여느 군대와 마찬가지로 리더십은 몽골군의 승리에 결정적인 역할을 했다. 몽골군이 아무리 조직적이고 군율이 잘 잡힌 군대라 할지라도, 훈련 중에 실시하거나 여러 장수들과 함께 토의했던 전략과 전술을 실행하기 위해 명령을 내릴 사람이 필요했다. 그 당시의 여러 군대에 비해 몽골군이 우수했던 이유는 칭기즈칸이나 그의 유명한 장수 수부타이처럼 특출한 인물이 있었기 때문이 아니라, 역량이 탁월한 수많은 장수를 거느렸기 때문이었다. 중세에 군사적으로 뛰어난 인물이 드물었지만, 몽골에는 탁월한 전투력을 가진 장수들이 가득했다.

그러한 이유는 몽골군의 사령관 선발 방식과 임무 수행을 위한 훈련 방식에서 비롯되었다. 당시 여타 군대와는 달리, 몽골군은 혈연을 바탕으로 사령관을 선발하지 않았다. 칭기즈칸은 통치 기간 내내 귀족이든 평민이든 출신 계급과 상관없이 부하들의 재능을 발견해 내는 데 천부적인 자질이 있음을 보여주었다. 몽골군에서 사령관이 되는 데 가장 중요한 요소는 재능이었고, 전장에서 사령관으로서의 재능을 보여주어 진급하는 병사도 많았다. 그러나 진급하는 경우와 마찬가지로 전장에서 맡은 바 임무를 제대로 수행하지 못하여 강등 되는 장수도 있었다. 하지만 몽골군은 훌륭한 병사를 선발하거나 역량 있는 군사의 잠재된 재능을 발견하는 데 전적으로 의존하는 대신, 사령관을 성공적으로 훈련시키는 것이 이롭다고 생각했다. 몽골군은 사령관을 훈련시키기 위해 두 가지 방법을 사용했다. 하나는 케시크(칸의 호위병)를 통한 방법이었고, 나머지 하나는 견습병을 통한 방법으로 케시크와 함께 사용되는 경우가 많았다.

✿ 케시크

앞에서 언급한 것처럼 케시크는 칸의 호위병 이상의 역할을 담당했다. 자군과 밍칸의 지휘관이 일반적으로 케시크 출신이 아니었던 반면, 원정군을 지휘한 장수들은 대개 케시크 출신이었다. 이처럼 케시크는 장수를 훈련시키는 사관학교 역할은 물론, 실제로 장수의 역량을 선보이는 실험장이 되었다. 칸은 케시크로 칸을 호위하면서 맺어진 장수와의 유대감으로 반역에 대한 두려움 없이 전장의 사령관 자리를 장수에게 전임할 수 있었다.

케시크의 지휘 능력과 위세는 칸이 높이 평가할 만큼 대단해서,

케시크의 아르반-우 노이안(Arban-u Noyan)은 정규군의 자군-우 노이안(Jaghun-u Noyan)과 그 위상이 동일했다. 일반적으로 케시크의 계급은 케시크 이외의 군대에서 한 단계 높은 계급과 동일한 것으로 인식되었다. 이처럼 케시크는 칭기즈칸의 사후에도 지속적으로 사령관을 양성하는 역할을 맡았다.

칸이 지휘관의 임무를 부여하기 위해 간택하지 않을 경우, 케시크의 병사들은 계속 호위병으로 남아 있었다. 불행하게도, 간택된 장수들이 케시크 내에서도 노이아드(Noyad 사령관)가 되었는지는 알 수 없다. 그렇지만 케시크 출신의 장수는 호라즘 원정 때의 코르치(Qorci 궁수) 초르마칸(Chormaqan)처럼 밍칸에서 투멧에 이르는 군대를 지휘하며 누구도 따라올 수 없는 행정력과 지도력을 발휘했다. 초르마칸은 처음부터 병력 3만의 부대를 지휘했다.

케시크의 대표적인 장점은 케시크에서 진급한 장수들이 몽골군의 전략과 전술에 대한 체계적인 훈련을 지속적으로 받는다는 점이었다. 따라서 케시크 출신의 장수들은 유럽이나 중동의 군대에서처럼 휘하 병사들을 지휘하는 개별 지휘관으로서의 역할보다는 전장에서 타 부대와의 작전을 조화시킬 수 있는 역할을 수행하는 데 능숙했다. 이와 같은 지휘 체계의 일관성은 몽골군과 적군을 구별하는 핵심 요소였다.

❂ 견습병 제도

견습병 제도는 칸의 아들들을 비롯한 젊은 장수가 경험 많은 장수와 함께 짝을 이루는 몽골군의 장수 훈련 방식이다. 젊은 장수는 견습병 제도를 통해 충고를 받아들이고 군대 전체에 해를 끼치지 않으면서 필요한 경우에는 잘못을 바로잡을 수 있도록 훈련된다.

견습병 제도는 칭기즈칸 자신의 경험에서 비롯된 것 같다. 테무친으로 불렸던 젊은 시절에 칭기즈칸은 몽골고원 중앙의 케레이트족의 강력한 부족장 토그릴 옹-칸의 휘하에서 안다(의형제)였던 자무카와 짝을 이루었다. 그 당시 자무카는 토그릴의 전쟁 사령관 역할을 주로 맡았다. 테무친과 자무카가 함께 활동했다는 문헌상의 기록은 없지만, 두 사람이 함께한 시기는 족히 일 년이 넘었다. 두 사람이 함께하기 전에 테무친의 병사들은 얼마 되지 않았다. 하지만 그 둘이 결별했을 때 테무친의 병사들이 증가한 것은 물론, 자무카를 따르던 병사 중 일부가 테무친의 휘하로 옮겨간 경우도 꽤 많았다.

훗날 전쟁 중에 자무카가 몽골의 통치자를 괴롭혔다는 증거는 굉장히 많으나, 테무친은 토그릴의 전쟁 사령관 자무카의 부장(副將)으로 있으면서 몽골 군사 체계의 토대가 되는 여러 가지 사항을 배웠다. 십진법 또한 칭기즈칸이 칸으로 선출되기 전에 자무카와 토그릴이 사용했던 체계였다. 그리고 군대 소집과 공격 개시 등에 대한 엄격한 일정의 체계화를 주장한 것도 자무카였다.

견습병 제도는 칭기즈칸 통치 기간 내내 실시되었다. 노련한 장수와 경험이 부족한 장수가 함께 짝을 이루었다가, 후자가 단독으로 지휘를 맡게 되는 경우가 일반적이었다. 몽골 장수 가운데 가장 유명한 수부타이는 칭기즈칸의 오른팔 격이었던 제베의 부장이었다. 수부타이는 호라즘 원정 시에 독자적으로 군대를 이끌며 작전을 수행했지만, 그 이전에는 평생토록 군대의 사령관직을 맡았던 제베를 보좌했다.

견습병 제도는 또한 칭기즈칸의 여러 아들과 손자를 전사로 키우는 데 활용되었다. 1211년에 칭기즈칸은 아들들의 충고자로 밍칸-우 노이아드를 선임했다. 둘째 아들 오고타이와 셋째 아들 차가타이는 금나라 침공 때 장자인 조치의 부장이었다. 엄밀히 따지자면, 칸의 아들은 대개 계급이 낮았고 원정을 총지휘하는 유능한 장수와 짝을 이루었다. 앞서 규율에 관한 설명에서 언급했듯이 총사령관은 명령을 따르지 않는 칸의 아들을 징계를 위해 칸에게 보낼 권한이 있었다.

❂ 명령 체계(Command Structure)

애초에 몽골군은 노이아드(Noyad) 88명이 지휘하는 95개의 밍칸으로 편성되었다. 노이안이 각 부대를 지휘했는데, 병력의 규모에 따라서 아르반-우 노이안(Arban-u Noyan), 자군-우 노이안(Jaghun-u Noyan), 밍칸-우 노이안(Minqan-u Noyan), 투멘-우 노이안(Tümen-ü Noyan) 등으로 구분되었다.

2장에서 언급한 것처럼, 몽골군은 크게 세 부대, 즉 바라군 가르(Baraghun Ghar 우익), 제운 가르(Je'ün Gahr 좌익), 텁 또는 콜(Töb 또는 Qol 중앙 부대)로 구성되었다. 부대마다 사령관 한 사람이 배정되었지만, 부대 전체에 명령을 내리는 최고 사령관은 단 한 명이었다. 어를루그(Örlüg)로 불린 최고 사령관은 지금으로 말하면, 육군 원수와 같은 계급이었다. 원래 어를루그는 소수의 사람들, 즉 칭기즈칸의 젊은 시절 전우들로 장수의 자리에 오른 이순 어를루그(Yisün Örlüg 아홉 용사)를 의미했다.

칸이 어를루그를 임명하면, 어를루그는 투멘-우 노이아드를 임명하고, 투멘-우 노이아드는 밍칸-우 노이아드를 임명하는 식으로 아르반-우 노이아드까지 각 지휘관은 자기 밑의 지휘관을 선택할 수 있었다. 중세 시대에 몽골을 여행했던 카르피니가 놀란 것은, 몽골군의 이와 같은 체계뿐만이 아니라 칸과 여러 장수들이 누렸던 권한이었다. 몽골군이 헝가리와 폴란드를 침공한 1240년 이후 몇 년이 지나서 몽골 황실을 방문했던 카르피니는 다음과 같은 말을 남겼다.

타르타르의 황제가 지녔던 권력은 대단했다. 그 누구도 황제가 임명한 자리 이외의 자리를 맡을 수 없었다. 투멘의 사령관을 임명하는 것은 황제였지만, 투멘의 사령관은 밍칸의 지휘관을, 밍칸의 지휘관은 자군의 지휘관을, 자군의 지휘관은 아르반의 지휘관을 임명했다. 게다가 전쟁 중에 칸의 명령이라면 단 한마디의 이의도 없이 복종했다.

앞에서 언급한 것처럼 그 당시에 여타 군대와는 달리, 몽골군의 장수는 귀족 출신일 필요가 없었다. 오히려 몽골의 칸들은 평민이나 귀족 할 것 없이 재능 있는 사람은 누구든 장수로 선택했다. 귀족이 장수가 되는 데 유리한 입장이긴 했지만, 평민이 밍칸의 사령관이 되기도 했다. 계급이나 출신 성분에 관계없이 모든 장수들은 자신이 맡은 부대에 엄격한 군율을 유지해야 했다. 사실, 칭기즈칸은 '병사 1백 명, 1천 명, 1만 명을 지휘하는 장수는 밤이든 낮이든 상관없이 어느 때고 병사들이 진격할 수 있도록 만반의 준비 태세를 갖추어야 한다'는 좌우명을 장수들에게 강조했다. 또 다른 좌우명을 보자.

자신이 맡은 부대의 군율을 유지하지 못하는 장수는 누구든 처자식과 함께 범죄자의 낙인이 찍히리라. 그리고 그를 대신할 장수를 그의 휘하 군사 중에서 선택하리라.

여기에서 분명한 것은 몽골군의 지휘관은 계급에 관계없이 자신이 맡은 부대의 군율을 유지해야 하고, 그러지 못하는 경우에는 다른 장수(또는 일반 병사)가 지휘를 대신 맡았다는 점이다. 지휘관에 걸맞은 자질은 무엇이었을까? 무엇보다도 지휘관은 부대의 규율과 질서를 유지할 수 있는 사람이어야 했다. 물론 전장에서의 능력도 고려되었을 것이다. 그러나 예를 들어, 아르반의 경우에 10명의 병사 중 최고의 병사가 지휘관으로 선택된다고 생각하면 잘못이다. 훌륭한 전사가 명예와 명성을 누리는 것은 분명하지만, 몽골군은 훌륭한 전사가 반드시 훌륭한 지휘관이 되는 것은 아니라고 생각했다. 전사와 지휘관에 대한 자질에 관해서 칭기즈칸은 이렇게 말했다.

예수게이 바하두르처럼 용감하고 훌륭할뿐더러 그와 같은 자질을 지닌 병사는 아무도 없다. 그러나 예수게이는 고난을 겪어보지 못했고, 굶주림과 갈증의 고통이 무엇인지 모른다. 예수게이는 휘하 병사들이 자신과 마찬가지로 어려움을 견뎌낼 수 있으리라고 생각하지만, 그들은 그럴 수 없다. 굶주림과 갈증의 괴로움을 알고 병사들의 고통을 파악해서, 계획대로 행군하여 병사들을 굶주리거나 목마르지 않도록 유지하고 말을 지치지 않게 할 줄 알아야 지휘관이 될 수 있다.

칭기즈칸이 한 이 말은 '동행자 중 가장 나약한 이의 속도에 맞추어 이동하라'란 속담과 일맥상통한다. 간단히 말해서, 지휘관은 전략과 전술을 실행하는 것 이상의 자질이 요구되었다. 칭기즈칸과 그의 여러 장수들을 보면, 그들에게 반대하거나 불복종하는 사람은 누구도 용서하지 않는 무자비하고 가혹한 이미지가 떠오르지만 사실은 그렇지 않다. 예수게이 바하두르(칭기즈칸의 아버지와 혼동하지 말 것)에 관련된 좌우명에서 알 수 있듯이 휘하 병사들과 말을 잘 돌보아야 좋은 지휘관이 될 수 있었다. 그런 말을 했다고 칭기즈칸의 이미지가 용감무쌍한 전사에서 귀여운 곰 인형으로 바뀌는 것은 아니지만, 주목할 만한 점은 칭기즈칸이 병사들을 혹사시키지 않고 최대한 활용하는 방법을 파악하고 있었다는 것이다. 몽골군의 '가혹한' 군율은 지휘관들이 그들 부대의 안위에 신경 썼다는 것을 의미한다. 이에 대한 보답으로 병사들은 지휘관의 말에 큰 신뢰를 갖고 기꺼이 복종하게 되었다. 거꾸로 얘기하면, 지휘관이 병사와 말을 혹사시켜서 전투를 치루는 경우에 병사들의 전투력은 평균에 못 미쳐서 결국 부대에 참담한 결과를 가져올 수 있다는 말이 된다.

물론, 리더십은 다양한 형태로 나타나게 마련이고, 여러 가지 목표를 성취하려면 다양한 형태가 필요한 것도 사실이다. 몽골의 수도 카라코룸에서 이루어진 결정은 일반적으로 장기적인 목표를 성취하는 전략과 관련 있기 때문에 여러 지역의 전선이나 다양한 군사 작전을 고려해야 했다. 원정 중에 야전 사령관들의 목표는 좀 더 한정된 경우가 많았기 때문에 야전 사령관은 다양한 재능이 요구되었다.

✿ 몽골제국의 리더십과 장기 목표

칸을 비롯한 그의 여러 아들과 장수 등 몽골제국 리더들이 최우선 과제로 삼았던 것은 전쟁에 대한 계획이었다. 칸이 혼자서 결정을 내리는 경우는 드물었다. 일반적으로 쿠릴타이(몽골의 왕자와 장수들의 회의)에 모여서 중대사에 대해 토론했다. 또한 필요한 경우에 새로운 칸을 선출하는 곳도 쿠릴타이였다. 몽골제국 전역의 주요 인물들이 반드시 참석해야 할 정도로 쿠릴타이의 중요성은 대단했다.

물론, 칸이 스스로 내린 결정과 선포는 굉장한 영향력이 있었다. 칸이 특정 지역을 침공하기를 원하는 경우에 실제로 침공이 이루어졌지만, 칸의 주위에는 칸의 결정이 경솔하거나 지나치지 않도록 간언하는 충복들이 있었다. 몽골제국이 존속하는 동안 내내 몽골군이 싸웠던 전선은 일반적으로 손에 꼽을 정도였기 때문에 병력을 지나치게 확대해서 배치하기를 원하는 장수는 없었다.

쿠릴타이는 '어디를 침공할 것인가'부터 '어떻게 침공할 것인가'에 대한 전반적인 문제를 결정했다. 몽골군 침략의 목적은 적의 영토 정벌 및 파괴가 전부는 아니었다. 사실, 호라즘 전쟁은 적의 영토 정벌 및 파괴가 목적이었지만, 당시 몽골군은 아무다리야강 너머의 지역을 차지하려고 하지는 않았다. 그리고 사령관들은 여러 가지 목표를 갖고 있었다. 1230년대에 이란과 지금의 트랜스코카시아(Transcaucasia)를 정복하려고 계획했던 초르마칸의 최우선 목표는 호라즘샤의 마지막 왕자 자랄 알딘의 제거였다. 초르마칸의 또 다른 목표는 몽골의 영토 확장이었지만, 자랄 알딘을 완전히 없애기 전에는 몽골이 아무다리야강 남부를 지배할 수 없었기 때문에 그를 제거하는 것이 무엇보다도 중대한 목표였다.

쿠릴타이에서는 원정군을 지휘할 사령관을 결정하기도 했다. 몽골제국 전역의 주요 인물들 대부분이 참석했기 때문에 원정군을 지휘할 장수들이 즉석에서 결정되었다. 지휘관의 결정 과정은 칸의 아들들의 지휘관 임명 절차를 포함했다. 칸의 아들은 지휘관에 임명되었지만, 앞에서 언급한 것처럼 경험 많은 장수와 함께 다녔고, 군대의 총지휘는 어를루그가 맡았다. 그렇다고 모든 원정에 칸의 아들이 참여한 것은 아니었다. 왕자들은 대개 중국의 금나라나 송나라, 러시아 공격과 같은 큰 전쟁에 참여했다. 그러한 전쟁에는 기존의 장수들은 물론, 귀족들의 사병이 필요했기 때문이었을 것이다. 그러나 초르마칸의 중동 침공에 칭기즈칸의 네 아들은 참여하지 않았다.

몽골제국의 리더들이 최우선 과제로 삼았던 것은 원정에 관한 전반적인 전략(즉 어디를, 누가, 언제 침략하느냐)이었다. 하지만 군사 작전의 지휘관은 전략의 실행에 대한 자율권이 있었다. 이것은 지휘관이 전장에서 작전을 결정하는 경우도 있다는 말이다.

◉ 전장의 지휘관과 한정된 목표

보통 여러 작은 부대로 나뉘어 전쟁에 참여한 몽골군은 각 부대의 지휘관에게 일정한 목표를 할당했다. 물론, 각 지휘관에게 주어진 목표는 원정 전체 목표의 일부가 되었다. 예를 들면, 적의 요새에 대한 포위 공격이 지휘관에게 주어지는 하나의 목표가 되는 셈이다. 다시 말하지만, 이 목표의 실행 방법은 지휘관의 재량에 맡겨졌다. 몽골군은 공성(攻城) 등에 대한 일반적인 작전 수행 단계가 있었지만, 수행 방법에 대한 최종 결정권은 전장의 지휘관에게 있었다.

계급의 높고 낮음에 상관없이 신속한 사고와 신중한 결정은 전장의 지휘관에게 필수적인 능력이었다. 아르반-우 노이안과 자군-우 노이안으로 복무하지 않고는 밍칸-우 노이안이 될 수 없었기 때문에, 전장의 지휘관은 소규모로 편성된 여러 부대가 어떤 역할을 하고 어떤 능력이 있는지를 파악했다. 몽골의 전장 지휘관이 전투에 참여하는 경우는 드물었다. 그 대신, 전장 지휘관은 후방에 머물면서 군기, 봉화, 전령, 신호용 화살 등을 통해 공격 및 퇴각, 반격 명령 등을 효과적으로 전달했다. 물론, 지휘관이라고 사상의 위험에서 벗어난 것은 아니었고, 결정적인 순간에는 직접 싸움에 뛰어들기도 했다. 사실, 근대적인 통신 장비가 없었던 것을 감안하면 지휘관들은 적의 화살이 가까스로 미치지 않는 위치에서 부대를 지휘했을 것이다. 이러한 몽골 지휘관의 임무 수행은 그 당시 여타 군대의 지휘관들보다 더 현대의 지휘관과 유사하다고 볼 수 있다.

◎ 칭기즈칸의 용사들

제베(Jebe)

칭기즈칸이 거느린 장수 가운데 가장 탁월한 장수였으나, 세상에 널리 알려지지 않은 이가 바로 제베이다. 그가 칭기즈칸을 처음 만난 것은 칭기즈칸이 몽골고원을 통일하기 위해 전쟁을 벌이던 시기였다. 제베는 그 당시 칭기즈칸에 맞서 싸운 타이치우트족의 병사였다. 칭기즈칸이 타이치우트족을 격파했을 때(1201년) 패잔병의 일부가 칭기즈칸의 부대에 합류했다. 타이치우트와의 전투 중에 명사수 한 명이 칭기즈칸이 타고 있던 말의 목을 정확히 맞췄는데, 지르코아다이(Jirqo'adai)라는 병사가 몽골군에 합류하면서 자신이 칭기즈칸의 말을 쏜 장본인이라며 어떤 벌이든 달게 받겠다고 공개적으로 시인했다. 이에 감명 받은 칭기즈칸은 그에게 그의 활솜씨에 걸맞은 제베(Jebe)라는 별명('무기'라는 뜻이다. 좀 더 정확히 말하면 일종의 화살을 의미한다)을 지어주었고, 그때부터 제베는 칭기즈칸의 절친한 친구가 되었다.

테무친이 몽골고원을 통일하고 명실상부한 칸의 자리에 올랐을 때(1206년), 제베는 밍칸-우 노이안 88명 중 한 명이었다. 몽골고원 통일 전쟁 중에 제베는 수부타이, 젤메 그리고 쿠빌라이(칭기즈칸의 손자 쿠빌라이칸과 혼동하지 말 것)와 더불어 '칭기즈칸의 4마리의 사냥개(Dörben Noqas 더르벤 노카스)' 중 한 사람이기도 했다. 더르벤 노카스와 이들의 부대는 칭기즈칸의 몽골고원 통일에 저항했던 적들이 항전 의지를 마지막으로 불살랐던 차키르마우트(Chakirmaut) 전투에서 유감없이 그 역량을 발휘했던 정예군이었다.

더르벤 노카스는 특히 도망치는 적군에 대한 집요한 추격으로 명성이 자자했는데, 그 중에서도 적군의 패잔병을 추격하는 임무를 여러 번 맡았던 장수가 제베였다. 제베와 수부타이는 몽골고원에서 이르티쉬강으로 갔다가 또 다시 추강(Chu River)으로 도망친 나이만과 메르키트 군대를 추격했다(1209년). 제베는 지금의 카자흐스탄 지역에 위치한 서요(Kara-Khitai)의 통치자였던 나이만 부족의 왕자 쿠츨루크를 끝까지 추적하는 임무를 맡았다. 서요의 쿠츨루크는 신생 몽골제국을 세운 칭기즈칸을 위협하는 존재였기 때문이다. 그러나 제베하면 가장 먼저 떠오르는 것이 호라즘 전쟁 중에 무함마드 호라즘샤를 추격했던 임무일 것이다. 무함마드가 제베와 수부타이의 추격망을 교묘하게 피해 달아나긴 했지만, 카스피해의 어느 섬에서 이내 병들어 죽고 말았다. 제베와 수부타이가 함께 전쟁에 나서는 경우가 많았지만, 경험이나 혁신적인 전략 면에서 볼 때 두 장수 중 상관은 제베였을 것이다.

제베의 임무는 적장의 추격만이 전부가 아니었다. 금나라와의 전쟁 때 칭기즈칸의 전위 부대를 지휘했던 그는 완벽한 위장 퇴각 전술로 강력하게 저항한 금나라의 차브치얄 관문(Chabchiyal Pass)을 점령했다(1211년). 또한, 적진 깊숙이 침투하여 며칠간 위장 퇴각을 한 다음, 공격으로 선회하여 단 하루 만에 퇴각 지역을 수복한 것으로도 유명했다. 무함마드 호라즘샤가 사망한 1220년 이후에 제베는 수부타이와 함께 대대적인 정찰 임무(reconnaissance en force)를 수행하다가 1223년에 사망했다.

수부타이(Sübedei)

몽골에서 가장 유명한 장군 수부타이의 명성은 누구도 부인할 수 없었던 군사적 재능과 함께 장수(長壽)에서 비롯된 것 같다. 1176년에 바이칼호(Lake Baikal)와 몽골고원 북부의 시베리아 주변에 살던 호이-인 이르겐(삼림 부족 집단)의 일부였던 우리앙카이(Uriangkhai)족에서 태어난 수부타이는 칭기즈칸이 자무카와 결별한 직후에 그의 부대에 합류했다. 수부타이의 형 젤메(Jelme)가 젊었을 때부터 칭기즈칸의 동료이자 부하가 된 것을 보면 수부타이와 젤메는 칭기즈칸의 집안에서 말 돌보기와 같은 허드렛일을 하면서 그의 신임을 얻은 것으로 보인다. 재능이 있었던 수부타이는 자군-우 노이안으로 복무하기 시작했고, 형 젤메와 같은 더르벤 노카스가 되었다. 그리고 1206년에는 쿠릴타이에서 공식적으로 밍칸-우 노이안에 임명되었다(수부타이는 그 이전부터 이미 밍칸-우 노이안이었을 가능성이 높다).

수부타이는 자신이 참여한 첫 번째 원정에서 제베의 부장으로서, 1209년에 시베리아 서쪽으로 도망친 나이만과 메르키트 부족을 추격하는 임무를 맡았다. 수부타이가 무함마드 호라즘샤 2세가 지휘하는 호라즘군을 만난 것은 바로 이 원정 때였다. 몽골군과 호라즘군 간의 전투는 승부가 나지 않았지만, 수부타이는 호라즘샤 2세에게 큰 타격을 주었다. 금나라 침공 시에 수부타이는 칭기즈칸을 대신하여 금나라의 본거지인 만주를 공격하는 것을 포함하여 여러 가지 임무를 수행했다.

수부타이의 역량이 제대로 빛을 발한 것은 호라즘 전쟁이었다. 호라즘과의 전쟁에서 수부타이는 전위 부대를 지휘했고, 제베와 함께 호라즘샤 2세를 집요하게 추격했다. 수부타이와 제베는 트랜스코카시아(Transcaucasia)를 지나 코카서스산맥을 넘어서 대대적인 정찰 임무를 수행했다. 정찰 임무를 수행하던 두 장수는 1223년에 할하강 전투에서 킵차크투르크와 러시아 연합군을 격파했다. 이 전투 직후 제베는 사망했지만, 수부타이는 총사령관이 되어 정찰 임무를 계속

수행해 나갔고, 지금의 카자흐스탄에서 칭기즈칸의 아들 조치의 부대와 만났다. 근대적인 통신 장비의 도움이나 전력 보강 없이 적진을 뚫고 5천 마일을 행군한 수부타이는 전무후무한 업적을 세웠던 것이다.

몽골제국의 서쪽 경계인 카자흐스탄에서 타마(Tamma)를 세우면서 잠시 동안 휴식을 취한 수부타이는 몽골에 복속하기를 거부하던 탕구트족의 나라 서하를 침공했다(1226년~1227년). 몽골제국의 새 통치자 오고타이와 약간의 불화가 있긴 했지만, 금나라와의 전쟁 때 몽골군을 지휘한 수부타이는 금나라를 멸망시키는 데 혁혁한 공을 세웠다.

수부타이는 환갑을 맞이하던 해에 볼가강(Volga River) 서쪽으로 원정을 떠나 러시아의 중심부를 점령했다(1236년). 조치의 아들 바투가 명목상의 지휘관이었지만, 총지휘관은 원정의 전략을 세웠던 수부타이였다. 지휘관으로서 수부타이의 가장 훌륭한 업적은 15만 대군을 이끌고 여러 전선에서 적군을 무찔렀을 뿐만이 아니라, 칸의 여러 아들이 불화를 일으키지 않도록 통솔했던 점이다. 경쟁 관계에 있던 칸의 아들들이 어떤 일이든 성취한 것을 보면 수부타이의 진정한 능력을 알 수 있다. 볼가강 유역을 함락한 몽골군은 러시아의 여러 도시를 침공하기 시작했다(1237년). 러시아의 최대 도시 키예프(Kiev)는 1240년 12월 6일에 함락되었다. 볼가강에서 카르파티아산맥에 이르기까지 3년 동안 천 킬로미터를 행군한 몽골군은 러시아는 물론, 킵차크투르크까지 점령했다.

이제 중부 유럽을 점령할 계획을 세운 수부타이는 몽골군을 이끌고 헝가리와 폴란드를 동시에 침공했다. 폴란드를 침공한 것은 폴란드군이 헝가리군을 돕지 못하도록 막기 위한 작전에 불과했다. 수부타이는 친히 헝가리를 공격했다. 산성으로 둘러싸인 요새를 점령한 몽골군은 그 당시 유럽 최강의 군대였던 헝가리군과 사조강(Sajo River) 유역의 모히(Mohi)라는 지역에서 전투를 벌였다. 수부타이의 전략적, 전술적 천재성을 여실히 나타난 것이 바로 모히 전투였다. 몽골군은 기습적인 쇠뇌 발사 공격으로 강을 건너서 다리를 강탈하는 동시에, 또 다른 다리에 부교(浮橋)를 세운 수부타이는 헝가리군의 측면을 포위했다. 이로써 헝가리군은 궤멸했다.

그러나 수부타이는 오고타이가 사망했다는 소식을 접한 헝가리에서 즉각 퇴각하라는 명령을 내렸다(1240년). 새로운 칸을 선출하기 위해 쿠릴타이에 참석해야 했기 때문이었다. 하지만 새로운 칸은 1246년 이후에 선출되었다. 새로 등극한 구이유크칸(Güyük Khan)에게 여전히 중요한 장수였던 그는 일흔 살의 노장군으로 송나라 전쟁의 총사령관에 임명됐다. 수부타이는 용감한 장수로 명성을 떨쳤지만 세월을 이길 수는 없었으므로, 몽골고원의 툴라강(Tula River) 유역에서 1248년에 사망했다.

토쿠차르(Toquchar)

칭기즈칸이 몽골고원을 통일하던 시기부터 투멘-우 노이안이었던 토쿠차르는 널리 알려진 장수는 아니었지만, 몽골제국의 영토를 확대하는 데 없어서는 안 될 중요한 인물이었다. 칭기즈칸에게 항복한 옹기라트 부족의 일원이던 토쿠차르는 젊은 나이에 지휘관이 되었다. 그는 몽골제국의 서부 전선(현재의 몽골 서쪽 경계에 해당함)을 통치하는 타마치가 되었다(1211년). 토쿠차르는 타마치로서 몽골에 항복한 지금의 카자흐스탄 지역에 살았던 카를루크 부족(Qarluqs)과 우이구르 부족(Uighurs)과 같은 비몽골 부족을 보호했다. 또한, 칭기즈칸에게 위협을 가하던 나이만 부족과 메르키트 부족이 몽골고원에서 달아난 이후에도 그들의 도발을 제지하는 역할을 담당했다. 몽골군이 호라즘제국을 침공한 1219년에 토쿠차르는 제베와 수부타이와 함께 전위 부대를 지휘한 세 사령관 중 하나였다. 뚜렷한 전공은 없었던 토쿠차르는 명령 불복종으로 혹독한 대가를 치른 장본인이었다.

호라즘 원정 시에 칭기즈칸은 토쿠차르, 제베 그리고 수부타이에게 무함마드 2세를 추격하도록 명령했다. 호라즘의 도시 헤라트(Herat) 주변의 지역 통치자들이 항복해오자, 칭기즈칸은 그들이 다스리는 지역을 약탈하지 말라는 명령을 부대에 내렸다. 그러나 토쿠차르는 명령을 어기고 주변 지역을 약탈했다. 이에 칭기즈칸은 그의 지휘권을 빼앗고 참수형에 처하려 했으나, 마음을 누그러뜨리고 병사로 강등시켰다. 토쿠차르는 1221년~1222년경에 아프가니스탄의 구르(Ghur) 근처에서 사망했다.

무칼리(Muqali)

잘라이르 부족(Jalayir Tribe) 출신의 무칼리는 칭기즈칸 통치기에 가장 중요한 장수에 속한 인물이었다. 무칼리는 칭기즈칸의 이순 어를루그(아홉 용사) 중 하나였고, 칭기즈칸의 동료 어를루그였던 보오르추(Bo'orchu), 보오굴(Boroghul), 칠라운(Chila'un)와 함께 더르벤 쿨루우드(Dörben Külü'üd 네 마리 말) 중 하나로 불리기도 했다.

무칼리의 아버지가 무칼리와 부카(Buqa) 형제를 칭기즈칸에게 노예로 주었다(1196년). 수부타이처럼 무칼리와 부카 형제도 칭기즈칸의 집안에서 양육되었다. 사람의 능력을 판단하는 데 일말의 편견도 없었던 칭기즈칸의 눈에 띈 무칼리와 부카는 몽골군에 입대하여 진급에 진급을 거듭한 끝에, 얼마 되지 않아 창설된 도르벤 노카스와 마찬가지로 칭기즈칸이 내린 중요한 임무를 수행한 정예군인 더르벤 쿨루우드가 되었다.

1206년에 열린 쿠릴타이에서 무칼리는 밍칸-우 노이안에 임명되었다. 사실, 무칼리는 아버지 대부터 칭기즈칸의 가신이었던 뭉글리그(Münglig)와 어릴 적부터 칭기즈칸의 친구였던 보오르추(Bo'orchu)에 이어 세 번째 밍칸-우 노이안이 된 것이다. 게다가 무칼리는 투멘-우 노이안으로 진급했고, 제운 가르(좌익)의 지휘관이 되었다(1206년). 잘라이르 부족 출신의 병사로 이루어진 사병(私兵) 개념의 밍칸과는 달리, 무칼리의 새 투멘은 카라운지둔산맥(Qara'un Jidun Mountains)에서 킹안산맥(Khingan range)에 이르는 몽골고원 동쪽의 여러 부족들로 이루어졌기 때문에 무칼리의 지휘 영역은 금나라와의 경계에까지 이르렀다. 금나라를 정복하고 나서도 무칼리의 영예는 계속되어 결국 구이 옹(Gui Ong 최고의 제후)의 지위에 올랐다. 여러 가지 면에서 볼 때 무칼리의 서열은 칭기즈칸 다음으로 가장 높았다.

칭기즈칸이 생전에 가장 신뢰하고 소중하게 생각한 장수가 바로 무칼리였다. 금나라 침공 중 무칼리는 내내 몽골군의 좌익을 진두지 휘한 것은 물론, 만주와 중국 동부에서 벌어진 군사 작전을 지휘한 결과, 금나라가 분열됐다. 또한 거란족과 여진족, 한족 출신의 장수들이 몽골군에 투항해 왔다.

칭기즈칸의 무칼리에 대한 절대적인 신임은, 대규모 병력을 이끌고 호라즘 원정(1219년)에 나선 칭기즈칸이 무칼리에게 3만 병력과 수많은 케리크를 맡겨 금나라와의 전쟁을 계속해 나가도록 한 것을 보면 명백히 알 수 있다. 무칼리는 3만밖에 안 되는 비교적 적은 병력으로 금나라를 지속적으로 공략하여, 1221년 무렵에는 정복되지 않은 도시가 손에 꼽을 정도에 불과했다. 그러나 금나라의 초토화 정책(침략군에게 도움이 될 만한 것은 모두 태워버리는 정책 -역자 주)은 금나라 정벌을 완수하길 바랐던 무칼리의 발목을 잡았다 (1223년). 이에 펭싱(Feng-xing)을 포위한 몽골군은 꼼짝달싹 못하게 되었고, 탕구트족은 이 틈을 타서 반란을 일으켰다. 1223년에 일어난 반란의 와중에 무칼리는 갑작스럽게 죽었고, 결국 몽골은 1221년 이래로 확보했던 영토의 대부분을 상실하게 되었다. 이것으로 금나라의 멸망은 10년이 지연되었지만, 마침내 1234년에 몽골에 멸망하고 말았다.

초르마칸(Chormaqan)

수니트 부족(Sunit Tribe) 출신인 초르마칸은 칭기즈칸의 케시크에서 코르치로 군 복무를 시작했다. 호라즘 원정에 오른 칭기즈칸은 초르마칸을 사령관에 임명하여 바그다드를 정복하고 아바스 왕조를 복속시키도록 명령했다(1221년). 칭기즈칸이 언제 이런 명령을 내렸는지는 정확히 알 수 없지만, 초르마칸은 결과적으로 호라즘 원정에 참여하지 않았다. 때마침 탕구트족이 일으킨 반란을 진압하기 위한 부대를 지휘해야 했기 때문이었다.

초르마칸을 신임하던 칭기즈칸이 사망하자(1227년), 초르마칸의 장군 진급은 좀 더 늦춰졌다. 오고타이가 칸에 등극한 1230년이 되어서야 장군으로 진급한 초르마칸은 몽골군에 승리를 거둔 후에 인근 지역에 위협적인 존재가 된 호라즘샤 자랄 알딘을 제거하는 임무를 맡았다.

초르마칸은 3만 대군을 이끌고 아무다리야강을 건넜다(1230년). 타마(Tamma)로 불린 초르마칸은 군사 작전을 아주 잘 수행했으며, 그의 부대는 상징에 그쳐버린 적군의 저항을 물리치고 지금의 이란 지역을 몽골의 영토로 복속시켰다. 초르마칸은 부장 다이르(Dayir)를 보내 지금의 아프가니스탄과 파키스탄을 평정했고, 또 다른 부장 타이마즈(Taimaz)에게 자랄 알딘을 추격하라고 명령했다. 두 장수 모두 맡은 임무를 성공적으로 수행했고, 몽골군의 기습 공격을 피해 달아나던 자랄 알딘은 1231년에 쿠르드 농부들의 손에 살해되었다.

초르마칸이 이란에서 펼친 활약은 잘 알려져 있지 않지만, 사실 그의 공적은 대단히 컸다. 초르마칸이 침공한다는 소식에 지레 겁을 먹은 이란 남부 지역의 대부분은 몽골군과 대적하기보다는 항복하는 쪽을 택했다. 그러나 몽골군에 항복하지 않은 세 지역이 있었는데, 그 중 두 지역은 암살 비밀 결사단으로 잘 알려진 시아파 이슬람

교도인 아스마일족이 살았던 카스피해 남부의 산맥과 이란 중심부의 쿠히스탄(Quhistan)이었고, 나머지 한 지역은 자랄 알딘을 강력히 지지했던 이스파한(Isfahan) 주변 지역이었다. 이스파한은 함락되었지만(1237년), 이스마일족은 계속 독립을 유지하다가 1256년에 몽골군과 동맹을 맺었다.

초르마칸은 바그다드로 진격하지 않았지만, 그의 대규모 병력은 말에게 먹일 목초지가 넓게 펼쳐진 지금의 아제르바이잔에 위치한 무간평원(Mughan Plain)으로 이동했다(1233년). 평원에서 휴식을 취한 몽골군은 1234년에 트랜스코카시아(지금의 그루지야, 아르메니아, 아제르바이잔, 터키 동부)로 침공을 단행했다. 간자크(Ganjak)를 함락한 초르미칸은 여러 밍칸-우 노이안과 회의를 거친 끝에 군대를 여럿으로 나누었고, 마침내 1235년과 1240년 사이에 나머지 지역을 점령했다.

이 5년간의 트랜스코카시아 원정에서 주목할 만한 사실은 초르마칸이 벌인 전투의 대부분이 산악지형에서 펼쳐진 포위 공격이라는 점이었다. 몽골군이 선호했던 전투 방식은 아니었지만, 별다른 어려움 없이 트랜스코카시아를 성공적으로 복속시킨 초르마칸과 그의 부장들은 몽골군이 공성전에도 강한 부대임을 입증해 주었다. 몽골군은 대개 요새를 봉쇄하고 적군을 굶겨서 항복시키는 전술을 사용했다. 초르마칸은 또한 동료 장수들이 필적할 수 없는 외교적, 심리적 전술을 사용했다.

간자크(Ganjak), 아니(Ani), 티플리스(Tiflis) 등 대도시를 점령한 초르마칸은 나머지 지역을 손쉽게 점령하기 위해 이들 산악 도시를 본보기로 무자비하게 파괴했다. 이 대도시 세 곳 외의 지역에 대한 공격으로 수많은 난민을 받아들였던 그루지야와 아르메니아의 여러 왕자들과 외교적 협상의 문을 연 초르마칸은 왕자들에게 공물을 바치고 항복하도록 강요했다. 항복에 대한 보답으로 초르마칸은 그들의 영토를 넓혀주었고, 왕자들과 그들의 부하들을 데리고 다음 정복 목표지로 진군했다. 따라서 왕자들의 위신과 영토는 넓어졌으며, 이런 사실을 통해 초르마칸이 몽골군에 항복한 적을 얼마나 잘 다루었는지 알 수 있다. 그렇지만 항상 실용적인 몽골군의 사고방식에 따라, 초르마칸도 적군이 반란을 꿈꾸지 못하도록 점령지의 요새를 허물도록 명령했다.

그렇다면 초르마칸의 원래 임무였던 바그다드의 정복은 이루어졌을까? 초르마칸은 자신에게 주어진 본연의 임무를 소홀히 하지 않았다. 트랜스코카시아를 정복하기 위한 전투를 벌이는 동안에도 몽골군은 내내 바그다드 북부 영토를 침공했다. 그들은 이르빌(Irbil)을 약탈했고 지금의 이라크 북부 지역을 파괴했지만(1235년), 자발 함린(Jabal Hamrin) 전투에서는 패하기도 했다. 그러나 뇌졸중에서 온 합병증으로 죽음을 얼마 남겨 놓지 않았던 초르마칸은 바그다드 공격에 집중할 수 없었다.

겉보기에 초르마칸이 자신의 최우선적 과제를 소홀히 했던 이유를 궁금해 할 수 있다. 굳이 말하자면, 그를 미치게 만들었던 요인이 하나 있었다. 목초지가 없으면 한 장소에 오래 머무를 수 없었던 몽골군이 원정 중에 중요시했던 목표는 목초지를 찾는 것이었다. 몽골군의 수많은 말에게 먹일 풀을 확보하기 위하여 타마치를 무간평원에 주둔시킨 초르마칸은 인근 지역을 정복하러 나섰다. 동시에 몽골군은 바그다드 북부를 침공하여 아바시드 왕조와 전쟁을 시작했다. 이처럼 초르마칸은 몽골군에게 유리한 근거지를 확보한 후에 전쟁을 벌여나가면서 언제라도 위협을 줄 수 있는 적은 과감히 제거했다. 바그다드의 국경 지역은 물론 헝가리의 여러 지역에서도 위협적인 침입자였던 몽골군을 이끈 초르마칸은 이란 남부에서처럼 각 지역의 통치자에게 항복을 강요하거나 설득했다. 초르마칸이 사망하지 않았더라면 아바시드 왕조의 정복은 십년 이상 앞당겨졌을 것이다. 초르마칸과 오고타이칸의 잇따른 사망으로 몽골군의 중동 원정이 일시에 중단되는 행운으로 아바시드 왕조는 거의 20년 이상 멸망을 늦출 수 있었다.

CHAPTER 7
몽골의 적대국

몽골군은 여러 유형의 적군과 전투를 벌였다. 그중에는 몽골군과 유사한 전략과 전술을 사용하는 적도 있었지만, 몽골군과 사뭇 상이한 전략과 전술을 사용하는 적도 있었다. 그렇지만 맘루크군을 제외하고 몽골군이 물리치지 못한 적군은 없었다. 전쟁에 연전연승을 거두기 위해 모든 적군의 저항에 능숙하게 대처한 몽골군은 적군의 전술과 무기를 받아들여 자기화했다.

◎ 유목민족

몽골고원의 어느 민족이든, 유라시아 초원의 킵차크와 캉글리 투르크 민족이든 상관없이 몽골군에게 가장 힘든 상대는 유목민족이었다. 유목민족 대부분은 몽골에 필사적으로 저항했지만, 끝내 몽골군에 편입되어 몽골군의 중추적인 역할을 담당했다.

조직

유목민족은 부족끼리 동맹군을 형성했다. 보통 동맹군 내의 여러 부족장은 자신의 부족 출신의 병사들을 지휘했지만, 좀 더 체계적으로 조직되는 경우도 있었다. 사실, 칭기즈칸이 몽골군의 편성에 활용한 십진법 체계는 애초에 중앙 몽골고원의 케레이트 부족이 사용했던 체계였다.

유목민족은 만주의 산림에서부터 카르파티아산맥에 이르기까지 유라시아 초원 전역에 상주했다. 이곳에 살았던 유목민족 수백만 명이 몽골제국이 탄생하기 전에 하나의 국가를 이루었더라면 몽골에 커다란 부담이 되었을 것이다. 그러나 부족 간의 지리적 거리와 경쟁 관계(특히, 킵차크 부족)는 이들의 단합에 걸림돌이었다. 비록 단합은 하지 못했지만, 볼가강 유역에 살던 부족처럼 1220년대 중반까지 몽골군에게 완강히 저항한 지역도 있었다(결국 1236년에 시작된 몽골군의 서정으로 항복했다).

전략 및 전술

유목민족이 썼던 전쟁 방식은 몽골과 비슷했다. 몽골군처럼 유목민족의 주력부대는 기마병이었다. 기동성을 활용하여 적을 포위하는 전술은 모든 유목민족에게 공통된 전술이었다. 사실, 몽골군은 고대로부터 전해져온 것으로 여러 유목민족에게 널리 알려져 있던 전술을 사용했다. 유목민족은 전통적으로 어린 나이에 말타기와 활쏘기를 익혔기 때문에 기본적으로 필요한 군사적 기술을 갖출 수밖에 없었다. 킵차크와 여타 유목민족은 석궁은 물론, 창과 기병도(騎兵刀), 투창 등 다양한 무기를 사용했다. 유목민족이 몽골에 위협적이었던 것은 그들이 몽골군과 유사한 전술, 기동성, 활솜씨 등을 활용했기 때문이었다. 그러나 몽골군이 유목민족보다 유리했던 점은 바로 칭기즈칸과 그의 장수들이 군대에 심어 놓았던 군율이었다. 전투를 멈추고 약탈하기에 바빴던 다른 유목민족과는 달리, 몽골군의 최우선 목표는 적군의 섬멸이었다. 적군을 물리친 후에야 약탈이 허용되었기 때문이다.

몽골의 적응과 수용

몽골군은 여러 유목민족의 군사적 전통을 수용하여 자기화하였다. 몽골군은 여느 유목민족에 못지않게 활솜씨와 말타기가 뛰어났다. 게다가 몽골군은 유목민족 대부분이 사용하던 전술을 개선하여 활용하였다. 몽골군이 유목민족 군대의 전형적인 모범이 된 것은 바로 몽골군의 전략과 전술이 새로운 것은 아니었지만, 몽골군은 기존의 전략과 전술을 수정하고 보완하여 항상 완벽하게 실행에 옮겼기 때문이었다.

✲ 금나라

중국 북부의 금나라는 거듭되는 전투의 패배와 군사의 이탈 속에서도 약 25년 동안 몽골군의 침략을 막아냈다. 금나라가 몽골군의 계속되는 침략에 잇따라 패하긴 했지만, 5천만 명의 인구로 언제든 지 새로운 부대를 창설할 역량과 자원이 풍부했던 만큼 견고한 성곽 도시를 바탕으로 몽골군의 침략을 늦출 수 있었다.

조직

여러 민족으로 구성된 금나라 군대의 대부분은 여진족, 거란족, 한족, 유연족(柔然族) 등 네 민족이었다. 준(準) 유목민족으로 만주 의 삼림 지대에 거주하던 여진족은 거란족의 요나라를 멸망시키고 중국 북부에 금나라를 건국했다(1125년). 요나라의 지배를 벗어나 서쪽으로 도망친 거란족이 많긴 했지만, 상당수의 거란족은 요하(遼 河) 주변에 남아 금나라에 잔류했다. 군대에 복무하는 거란족이 있 긴 했지만, 거란족을 멸시한 여진족은 거란족 출신 병사의 충성심이 나 능력을 신뢰하지 않았다. 금나라의 인구와 병사의 대부분을 차지 한 것은 한족이었다. 유연족은 몽골고원과 금나라 접경 지역을 중심 으로 활약한 투르크계 유목민족이었다. 그들은 단일민족이 아니라 여러 민족을 합해 놓은 무리였다. 유연족은 본래 외인부대로서 고비 사막(Gobi Desert) 북쪽의 유목민족을 막는 완충 역할을 했다.

금나라 군대, 특히 여진족 부대의 중추는 기마병이었다. 준 유목 민족이었던 여진족은 많은 말을 보유했고, 모든 장정은 사냥에 나서 고 군대에 복무해야 했다. 그러나 농경민족의 특성이 점차 유목민 족의 특성을 대체하기 시작하면서 여진족의 군사력도 점차 약화되 었다. 금나라의 총 병력은 50만 명이었는데, 그 중 5분의 1이 기마병이었다. 십진법 체계로 군대를 편성하였던 금나라는 군대를 멩-안(Meng-an 1천 명), 모우-케(Mou-k'e 1백 명) 그리고 열 명 단위로 조직했다. 그러나 금나라 병사는 무기를 스스로 마련해야 했기 때문에 군 장비와 무기를 제대로 갖추지 못한 부대도 있었다.

전략 및 전술

13세기에 접어들면서 여진족의 군사력은 약화되었다. 결정적인 요인은 군사 훈련의 일환으로 실시하던 사냥을 그만둔 데 있었다. 그렇지만 기마병이 주축을 이루는 유목민족뿐만 아니라, 보병이 대부분이었던 중국 남부의 송나라 군대와도 싸운 경험이 풍부했던 금나라의 기마병은 여전히 강력했다. 몽골군의 침입에 맞선 금나라는 주로 기마병과 압도적인 병력을 바탕으로 방어에 주력했다. 금나라는 지금의 만리장성 북쪽에 위치한 옹구트 장성(Onggut Walls)을 비롯하여 견고한 요새에 진지를 구축했다. 원래 장성과 요새는 금나라가 유연족을 지배하고 여타 유목민족의 침입을 막는 것은 물론, 몽골고원과 중국 사이에 놓인 산맥의 관문을 보호하는 데 톡톡한 역할을 했다.

비록 금나라의 기병대에 유연족, 여진족, 거란족 등이 포함되긴 했지만, 금나라 군대의 대부분은 석궁과 창 등으로 무장한 한족 보병이었다. 보병을 보내 몽골군에 맞상대해 봐야 소용이 없다는 것을 진작부터 깨달았던 금나라 군대에게 가장 중요한 임무는 요새의 방어였다. 금나라 군대는 몽골군과 교전을 벌이는 대신, 성곽과 요새에 의지하여 방어에 주력했다. 금나라는 몽골군이 금나라의 여러 도시를 침공하다 보면 지치게 되고, 그 틈을 타서 기습 공격을 할 수 있으리라고 기대했다. 금나라가 정공법에서 방어 위주로 전략을 수정한 것은 사상자와 투항자의 증가와 말의 부족으로 기병대의 숫자가 감소한 데에도 이유가 있었다. 몽골군이 하나하나씩 도시를 점령해 나가자, 화약 무기까지 보유했던 금나라는 끝까지 저항했으나 결국 모든 전략이 실패로 돌아가고 말았다.

근대적인 의미에서 화기(火器), 특히 대포와 같은 무기의 사용은 그 당시보다 1백 년 후에야 보편화되었지만, 금나라는 실제로 화창(火槍)과 폭약을 사용했다. 보통 '천둥소리 폭탄(Thunder Crash Bombs)'으로 알려진 그 당시의 화창은 원시적이긴 했지만 효과는 컸다. 폭약을 넣은 금속 용기와 연결된 도화선에 불을 붙이면 폭탄이 투석 미사일처럼 사방팔방으로 날아갔다. 또한, 폭탄을 쇠사슬에 연결하여 요새나 성벽을 포위한 몽골군에게 투하하기도 했다. 폭탄은 적군과 엄호물이 있는 진지를 무력화할 정도로 강력한 무기였지만, 두꺼운 성벽 앞에서는 효과가 없었다. 간혹 폭탄을 지뢰로 사용하는 경우도 있었다. 지뢰는 도화선에 불을 붙여서 사용했기 때문에 불편하긴 했지만, 적군이 지나가리라고 예상한 길목에 설치해 두면 적군에게 육체적, 심리적 타격을 줄 수 있었다. 금나라가 활용한 화창 중에는 끄트머리에 창을 매단 대나무 관에 화약을 채운 폭탄이 있었는데, 10미터 정도를 날아갔으므로 원시적이나마 수류탄 역할을 했다.

몽골의 적응과 수용

몽골이 금나라를 정복하던 시기에 여러 민족 출신의 금나라 사령관 대다수가 몽골에 투항했다. 몽골군에 케리크로 통합된 여진족과 거란족 부대는 중기병 역할을 맡았다. 일반적으로 몽골군은 보병대를 원정에 활용하는 경우는 드물었지만, 한족 보병대는 중국 북부와 남부의 산악 지형 전투와 공성전에서 크게 활약했다. 공성기를 제작하고 전문 기술을 몽골군에 제공한 한족 기술자들도 몽골군에 큰 몫을 했다.

몽골군은 금나라와 전쟁을 벌이면서 여러 가지 변화가 생겼다. 우선, 몽골군은 병력이 크게 증가했다. 금나라의 형편없는 처우와 이동에 대한 제한(유연족과 고비사막 북쪽의 유목민족 간의 접촉을 금지하기 위해 금나라는 유연족의 거주지 북쪽에 방어군을 창설했다)으로 불만이 쌓였던 유연족이 몽골에 합류했다. 거란족도 수많은 병사가 몽골군에 투항했다. 사실, 몽골-금 전쟁 초기에 몽골에 복속하는 조건으로 거란 왕국의 건국을 허락받기 위해 몽골에 먼저 접촉을 시도한 것은 거란족이었다.

금나라의 기마병이 골칫거리였던 몽골군은 금나라의 목초지와 말 방목지를 점령하는 것이 중요하다는 것을 깨달았다. 이로써 몽골군은 방어적인 자세로 임한 금나라의 기병대가 몽골군의 기병대와 맞서 싸울 여지를 남겨두지 않았던 것이다. 방어를 하면서 기다리다 보면 적군이 지쳐서 물러가리라는 금나라의 희망과는 달리, 몽골의 장수는 정보를 수집하여 도시를 공략했다. 난공불락의 도시는 우회하여 약한 도시부터 차근차근 점령해 나갔다. 그리고 몽골군은 적의 부대를 추격하거나 적의 지원군과 전투를 벌이기 위해 우회한 도시 인근 지역에 병력을 남겨 두었다.

몽골군의 가장 큰 난제는 '천둥소리 폭탄'과 화창에 대한 방어였다. 몽골군은 금나라의 폭탄이나 화창에 대해 특별한 대응 방안을 강구하지는 않았던 것 같다. 그에 대한 몽골군의 가장 효과적인 대응 전술은 투석기와 불화살의 잇따른 공격과 적군을 굶주리게 하는 것을 포함하는 집요한 공성(攻城)이었다. 물론, 제조 기술을 습득한 후에는 몽골군도 화창과 폭탄을 사용하여 금나라를 공격했다. 그러나 몽골군이 중국 서부를 침공하면서 '천둥소리 폭탄'을 사용했는지는 알 수 없다. 그 이유는 중국에서 화공 무기를 제조하는 데 필요한 재료와 시설을 마련하기는 쉬웠지만, 몽골군에게(화공 무기를 제작할 수 있는 중국인 기술자를 대동하긴 했지만) 휘발성이 강한 화약을 원정에 운반하는 것은 여간 성가신 일이 아니었기 때문이다.

✦ 호라즘제국

불운하게도 호라즘제국의 전성기는 테무친이 칸의 자리에 올랐던 것과 때를 같이 했다. 호라즘샤 술탄 무함마드 2세는 시르다리아에서 북쪽과 동쪽으로 인더스강, 서쪽으로 자그로스산맥(Zagros Mountains)에 이르는 대제국을 지배한 통치자였다. 40만 병력을 보유했던 호라즘제국은 중앙아시아를 제패하고도 남을 만한 잠재력이 있었다. 그러나 국경 도시 오트라르 태수의 욕심과 무함마드 2세의 자만심은 이 거대한 제국의 몰락을 가져왔다.

조직

호라즘제국의 군대는 다민족으로 이루어졌다. 여러 민족 출신의 병사로 군대를 편성하는 일은 호라즘제국의 가장 큰 난제였다. 각 민족의 병사들은 원칙적으로 무함마드 2세에 충성을 맹세한 같은 민족 출신의 아미르(Amir 혹은 Emir 장수나 사령관)의 소유였고, 호라즘이 신생 제국이었던 것만큼 호라즘군은 경험이 부족했고, 짜임새 있는 체계가 부족했다. 호라즘제국이 아직 하나의 통일체가 아니었기 때문에 지역적 유대 관계가 제국 전체의 목표보다 우선시되었다.

지금의 카자흐스탄 출신의 캉글리투르크족과 킵차크투르크족은 호라즘군의 주축을 이루었다. 사실, 두 민족 출신의 기마병은 호라즘군 최고의 부대였다. 그러나 그들이 호라즘군에 입대한 것은 혼연(婚緣)에서 비롯되었고, 술탄 무함마드 2세의 캉글리 투르크계 어머니는 무함마드 2세보다 더 큰 영향력을 행사했다. 이러한 문제가 호라즘제국이 존속하는 동안 내내 유지되었고, 호라즘 멸망의 실질적인 원인이 되었다. 호라즘 군대의 이질적 요소(캉글리투르크, 킵차크투르크, 칼라즈투르크, 아프가니스탄 출신의 파쉬툰족[Pashtun Tribes], 이란의 보병) 간의 단합은 오래가지 못했다. 몽골군과 같은 이민족의 침략에도 호라즘군의 단합은 쉽게 깨졌다.

호라즘 기마병은 투르크족으로 구성되었다. 유목민족은 주로 경기병을, 준(準) 유목과 농경민족은 아미르의 지휘 하에 중기병을 맡았다. 호라즘군에는 또한 굴람(Ghulam)이나 맘루크(Mamluk) 연대도 있었다. 병사의 수가 많았던 보병은 대개 방어를 담당했다.

동부 이슬람 세계의 전장에서 투르크족 기병대가 중추적인 역할을 했지만, 투창병과 궁수를 실은 누대를 운반하는 코끼리 부대는 강력한 소(小) 부대였다. 코끼리의 모습과 냄새만으로도 적군의 말은 불안에 떨기에 충분했다.

전략 및 전술

몽골이 침략하자 무함마드 2세는 방어 전술을 택했다. 우세한 병력에도 불구하고 호라즘군은 도시를 방어하는 데 주력했다. 그 결과 몽골군은 호라즘제국에서 활개를 칠 수 있었다. 몽골군이 공성을 시작하자, 상황이 여의치 않음을 깨달은 호라즘 기마병은 포위망을 뚫고 달아나기 위해 출격하거나 몽골군에 투항했다. 결국 이들은 목숨을 부지하지 못했다. 몽골군이 일부러 만들어 놓은 틈으로 달아난 기마병들은 몽골군의 추격을 받아 사망했고, 투항한 이들은 처형되었다(일반적으로 적의 투항을 받아들였던 몽골군은 전투 중에 또는 적절하지 못한 시기에 투항하는 적을 받아들이면 이들이 똑같은 상황에서 몽골군을 저버리고 또 다른 적군에 투항하리라고 생각했다).

몽골의 적응과 수용

호라즘이 방어에 치중하자, 몽골군도 재빨리 공성 전술을 수정했다. 호라즘 원정에서 몽골군이 사용했던 대표적인 공성 전술은 생포한 포로를 화살받이로 활용하거나 그들의 노동력을 이용하여 여러 공성 무기를 제조하는 것이었다. 몽골군이 호라즘 원정에서 새로운 전술을 익혔다는 증거는 없다. 그러나 기동성과 심리전으로 호라즘의 여러 도시로부터 별다른 저항 없이 항복을 받아낸 몽골군의 전략은 걸작이었다. 게다가 몽골군은 전쟁을 유리하게 이끌기 위해 호라즘군 내부에 동요를 일으켰다. 간단히 말해서, 몽골군이 호라즘 원정에서 보여준 전략과 전술은 완벽 그 자체였다.

☸ 러시아 공국

몽골군의 러시아 공국 정복이 단시일(2년)에 이루어지긴 했지만, 그렇다고 러시아 공국이 몽골군의 침략을 앉아서 보기만 했던 것은 아니었다. 몽골군에 맞서 필사적으로 대항했던 러시아군이 결국 백기를 들었던 것은 여러 군주들 간에 단합이 이루어지지 않았기 때문이다. 1223년의 할하강 전투부터 1238년의 몽골군 침입 사이에 5년이라는 시간이 있었지만, 러시아는 여러 공국 간의 이질성을 하나로 융화시키지 못했다. 이처럼 러시아 공국의 단결력 결여로 몽골군의 정복이 앞당겨졌지만, 러시아는 몽골군을 충분히 무찌를 만한 저력이 있었다.

조직

러시아 공국의 각 군주들은 자기 소유의 군대를 거느렸다. 드루지나(Druzhina 군주의 사병)는 러시아군의 가장 막강한 부대였다. 용맹한 전사들로 이루어진 드루지나는 주로 중기병으로 전투에 나섰지만, 보병으로 활약하기도 했다. 러시아군은 대부분이 시민 민병대와 스메르디(Smerdy 농부 민병대)로 구성되었고, 여기에 외인 용병이 추가되었다. 유목민족, 특히 킵차크투르크족은 러시아군과 동맹을 맺는 경우가 많았는데, 러시아군의 보조병 역할을 했던 유목민족은 드루지나 못지않은 막강한 부대였다.

전략과 전술

몽골군의 침략에 맞선 러시아군의 주요 무기는 창과 검이었다. 일반 병사는 대개 활, 석궁, 도끼, 창과 방패 등을 소지했다. 미늘 갑옷이나 층상형 갑옷을 입었던 병사는 드루지나(초기 러시아에 있던 군주 수행원단)뿐이었다. 전장에서 보병은 궁수들이 활을 쏘는 위치 뒤에서 방패 막을 만들었고, 러시아군의 기병대는 유목민족의 기병대와 함께 군대의 좌익과 우익을 엄호했다.

야전에서 러시아군은 몽골군의 적수가 되지 못했다. 민병대와 스메르디를 막론하고 갑옷을 입지 않았던 보병의 대다수는 몽골군의 화살에 무방비 상태였다. 게다가 러시아군은 몽골군의 돌격을 막을 만한 엄격한 군율이 부족했다. 몽골군은 개미 소리도 나지 않을 정도로 조용히 적진을 향하다가 적군과 교전 직전에 갑자기 무시무시한 괴성을 지르며 돌격했다. 이처럼 갑작스럽게 공포를 몰고 온 몽골군 앞에 군율과 훈련이 부족했던 적군은 속수무책일 수밖에 없었다.

그러나 드루지나는 백병전에서 몽골군의 만만치 않은 상대였다. 용케 진격하여 몽골군과 백병전을 벌였던 드루지나는 전투력이 월등했다. 드루지나가 항상 훈련이 잘된 병사들로 조직된 것은 아니었지만 그들은 강인했고 완고했다. 결국, 몽골군은 드루지나와 백병전을 펼치기보다는 원거리에서 화살로 그들을 제압하는 전술을 선호했다.

몽골군의 우수성

러시아를 침공한 몽골군이 받아들일 만한 러시아군의 조직이나 방어 전략은 없었다. 1230년대 말까지 몽골군은 공성 전략의 일인자였던 반면, 러시아군은 공성기조차 변변치 않았다. 러시아 침공은 호라즘 원정 이후에 몽골군의 군사력을 시험할 수 있는 시험 무대나 다름이 없었다. 사실, 러시아의 혹독한 겨울 추위도 몽골군(몽골군은 얼어붙은 강을 진격로로 삼았다)을 막지 못했다.

그렇다고 군사적 지식의 전승이 없지는 않았다. 러시아를 침공한 몽골군이 러시아의 군사적 지식을 수용한 것이 아니라, 오히려 정복당한 러시아군이 몽골군의 군사적 지식을 배웠다. 몽골의 정복 이후, 러시아는 전통적인 전략과 전술을 폐기했다. 1246년에 사라이에서 바투와 전쟁을 벌였던 갈리시아-볼리니아의 다니엘(Daniel of Galicia-Volynia)은 자신의 군대에 몽골식 무기와 군장비를 갖추기 시작했다. 사라이에서 몽골군을 급습했던 다니엘은 몽골군의 전략적 우수성과 몽골 군사력의 우위를 분명히 확인했던 것이다.

⚙ 헝가리

몽골군은 유럽의 영토를 확장하기 위해 헝가리와 폴란드를 동시에 침공했다(1241년). 그러나 몽골군의 주목표는 헝가리였고, 폴란드는 부차적 목표에 불과했다. 여기에는 수많은 이유가 있었다. 가장 큰 이유는 킵차크투르크족 4만 명이 몽골에서 헝가리로 도망쳤기 때문이었다. 그뿐 아니라, 막강한 군사력을 배경으로 근래 들어 킵차크 초원에 대한 영향력을 증가시켰던 헝가리를 몽골에 대한 잠재적인 위협 세력으로 간주했기 때문이기도 했다.

조직

여느 유럽군과 마찬가지로 헝가리군도 봉건제도에 의해 유지되었다. 유라시아 초원이 헝가리까지 뻗혀있는 알펄드평원(Alföld Plain)이라는 천연의 혜택 덕분에 헝가리군은 엄청난 병력의 기병대를 보유할 수 있었다. 헝가리군의 기병대는 미늘 갑옷을 입은 기사들이었는데, 이들의 주 무기는 대규모로 진격하면 누구도 막을 수 없을 만큼 막강한 공격력이었다. 그렇지만 초원 근처에 위치했던 헝가리는 정탐병과 척후병 역할을 맡았던 유목민족 출신의 경기병 인원도 상당했다.

또한 귀족과 왕은 그들의 가신을 전투에 배치했다. 가신들은 기마병과 보병으로 나뉘었는데, 그중 기마병은 주로 낮은 출신 계급 때문에 기사가 될 수 없는 직업 군인이었다. 가신들 중 보병은 기습 부대에 배치되어 나머지 보병 부대를 위한 중추적인 역할을 담당했는데, 각양각색의 사람들로 구성된 가신 출신의 보병 부대는 농부를 징집하는 경우도 있어 농기구나 창을 무기로 사용하기도 했다.

헝가리군의 주력이 기마병이긴 했지만, 헝가리군의 행군 속도는 더뎠다. 그것은 보병의 행군이 기마병에 못 미쳤던 이유도 있었지만,

군수품을 실었던 마차(군대의 방어를 위해 활용되기도 했다)의 속
도가 느렸던 이유도 있었다. 헝가리군은 밤에 야영을 할 때 마차를
서로 쇠사슬로 묶어서 방어 진지를 구축했다. 초원에 국경을 두었던
헝가리 입장에서는 현명한 선택이었다.

국민에 대한 지배권이 자유로운 봉건제도를 통해 벨라 4세(몽골
이 헝가리를 침입했을 당시의 헝가리 왕)는 군사력을 강화하여 수많
은 킵차크투르크족을 헝가리에 정주시켜 자신의 입지를 굳혔다. 몽
골에서 달아났던 킵차크족의 칸 코텐(Koten)은 벨라 4세가 요구한
전제 조건인 침례를 수용하고, 헝가리로 들어와 벨라 4세를 섬겼다.
킵차크 병사들의 수용으로 벨라 4세는 몽골군은 물론, 헝가리 내부
의 정적들에게 맞설 수 있는 역량이 배가되었다. 벨라 4세의 왕권 강
화 시도를 이전부터 반대하던 정적들은 킵차크군의 유입을 못마땅
해 한 것이 당연했다. 게다가 초원에서의 유목 생활에 익숙했던 킵
차크족은 헝가리 농부와 귀족의 정착 생활에 적응하는 데 어려움이
있었다. 새로 유입된 집단과 기존 집단 간의 충돌은 불가피해졌고,
결국 헝가리 귀족은 코텐을 살해했다. 분노한 킵차크족은 미친 듯이
헝가리 내부로 돌진하여 코텐을 죽인 자의 은신처를 찾기 위해 불가
리아(Bulgaria)와 비잔틴제국(Byzantine Empire)까지 침입하였다.
이처럼 헝가리는 몽골의 침입을 목전에 두고, 경험 많은 유목민족의
소중한 군대를 잃고 말았다.

전략과 전술
유럽군 대부분에서 볼 수 있듯이 기사(騎士) 부대의 돌진은 누구

도 막을 수 없었다. 시기만 적절하다면 적군을 일시에 쓸어버릴 수 있을 정도로 기사단은 막강했다. 돌진 후에는 난전의 양상을 띠었다. 보병은 기병대의 기지 기능을 했다. 군율이 잘 유지된다는 가정하에 보병이 밀집 대형을 이루는 경우, 적의 기마병을 저지할 수 있었다. 기마병이 적군을 돌파하면 뒤를 따르던 보병이 공격을 감행했다. 경기병의 궁수와 보병 궁수는 적군의 대열을 흐트러뜨려서 돌진을 막는 역할을 했다. 전장에 대규모의 화기(火器)가 보편화된 것은 14세기 이후의 일이었고, 그전까지는 적군에 결정적인 타격을 주는 것은 기마병이라는 인식이 보통이었다.

마차로 구축한 진지는 헝가리군에게 중요한 역할을 했다. 마차를 끌고 전장에 나서지는 않았지만, 전장 근처에 위치해 있다가 군대가 후퇴할 경우에는 이동식 진지 기능을 했다. 쇠사슬로 연결한 마차는 적의 기마병의 돌진을 막았고, 기사단이 출격하거나 지원군이 도착할 때까지 궁수가 적의 공격을 피할 수 있는 엄호 구실을 했다.

몽골군의 기동성

헝가리군의 기사단은 몽골군에게 유용한 적이었다. 기사단의 갑옷은 화살로부터 몸을 보호하는 데에 효과적이었다. 그러나 몽골군은 투석기와 노포에서 쏘아대는 화염의 잠행 탄막으로 철통같은 방어용 갑옷을 입은 기사단을 공략했다. 마차로 구축한 진지는 헝가리군에 엄호 기능을 했던 반면, 몽골군에게는 대량 피해의 원인을 제공하는 시설이 되었다. 마차를 서로 연결한 진지를 공격하면 아군의 사상자가 많다는 것을 깨달은 몽골군은 이를 포위해야 할 하나의 요새로 취급했다.

헝가리 기사단이 호락호락하지 않다는 것을 파악한 몽골군은 전장을 자신들에게 유리한 곳으로 유도했다. 몽골군이 헝가리 기사단을 제압하기 위해서는 기동성을 활용하는 수밖에 없었다. 몽골군의 활솜씨만으로는 헝가리 기사단을 무찌르기에 역부족이었다. 몽골군은 헝가리군도 익숙했던 양 측면 공격, 위장 퇴각, 그 밖에 초원 전투에 쓰인 여러 전술로 적군의 허를 찌르는 전술을 써야 했다.

● 맘루크 왕조

아무리 용맹한 몽골군도 승리를 거두지 못한 극소수의 상대가 있었다. 그 예로 몽골에 한 번도 정복당하지 않았던 맘루크 왕조(맘루크 왕조와 맘루크를 구별할 것. 맘루크는 이슬람교로 개종한 노예 부대이고, 맘루크 왕조는 맘루크들이 수립한 국가이다. −역자 주)를 들 수 있다. 원래 맘루크는 8세기에 지연이나 혈연 또는 개인적 유대에 바탕을 둔 것이 아니라, 칼리프에게만 충성을 바치는 군대를 창설하고자 했던 여러 칼리프들에 의해 이슬람 문명에서 탄생한 제도였다. 맘루크의 대다수는 투르크족 노예 출신이었는데, 이는 투르크족이 페르시아나 아랍 부족보다 월등하게 타고난 전사라는 믿음 때문이었다. 유목민족으로 어릴 때부터 말타기와 활쏘기를 익혔던 투르크족을 노예로 사서 훈련만 시키면 훌륭한 전사로 키우기가 수월했던 것이다. 따라서 맘루크는 중세에 가장 훈련이 잘된 전사가 되었다. 맘루크는 루이 9세(Louis IX)가 십자군 원정(원정은 실패로 돌아갔다)을 벌이던 1250년에 이집트 지역에서 권력을 탈취하고, 16세기까지 이집트와 시리아를 지배했던 술탄 왕조를 세웠다.

조직

비(非) 맘루크 부대가 존재하긴 했지만, 술탄 왕국의 주력 부대는 맘루크였다. 맘루크군은 세 부대로 구성되었다. 우선, 무스타라와트(Mustarawat), 아즈랍(Ajlab) 또는 줄반(Julban)으로 불렸던 왕실 맘루크는 군대의 핵심이었는데, 이들은 술탄이 직접 사서 양성한 노예 병사들이었다. 술탄은 또한 퇴위한 술탄과 죽거나 쫓겨난 아미르가 소유했던 맘루크를 보유하기도 했다. 이런 맘루크는 무스타크다문(Mustakhdamun)이라 불렸다. 맘루크군의 두 번째 부대는 아미르가 소유한 맘루크였고, 세 번째 부대는 할카(Halqa 비 맘루크 기병대)였다. 할카는 비 맘루크 아미르가 소유한 부대였다. 맘루크의 관점에서 할카는 맘루크보다 능력이 열등하거나 사회적 지위가 낮은 집단으로 취급되었다. 보조병이나 척후병을 맡은 것은 베두인족(Beduins)이었다.

맘루크 왕조가 전성기를 맞았던 13세기에 왕실 맘루크 부대의 병력은 1만 명에 달했다. 왕실 맘루크 부대는 맘루크군의 정예 부대로서 대부분의 전투를 수행했다. 실제적으로 왕실 맘루크의 모든 병사가 카이로(Cairo)에 주둔했던 반면, 맘루크 아미르와 비 맘루크 아미르 소유의 병력은 아미르가 속해 있던 각 지역에 주둔했다. 몽골군과 싸웠던 다른 적군에 비해서 맘루크군의 병력은 비교적 적은 편이었다. 13세기 말에 맘루크 왕조의 병력은 7만 5천 명이었는데, 그

중 맘루크군이 2만 9천 명, 할카가 4만 4천 명이었다. 물론 맘루크군은 베두인족, 쿠르드족(Kurd), 투르크멘족(Turcomen)을 보조병으로 징집할 수 있었지만, 시리아에 있는 수많은 요새를 방어해야 했기 때문이 맘루크군의 정규 병력은 3만 명 이하였다.

할카 소속의 부대 중에는 와디피야(Wadifiyya 몽골의 피난민과 투항자)가 있었다. 황금 군단과 일-칸 간의 전쟁 중에 몽골인 수천 명이 맘루크군으로 입대했다. 원래 몽골의 왕자 훌라구(일-칸의 총사령관)는 바그다드와 시리아를 정복하기 위해서 중동을 침공했는데, 그의 군대는 몽골의 모든 왕자들이 보유했던 부대를 포함했다. 황금 군단과 일-칸 간의 전쟁이 발생하자, 자기가 원래 소속되었던 왕자의 부대로 복귀하기를 원하는 병사들이 많아졌다. 황금 군단으로 되돌아갈 수 없었던 병사들은 훌라구에 맞서 싸웠던 황금 군단과 동맹을 맺은 맘루크군에 투항했다.

전략과 전술

맘루크군은 중기병으로 갑옷과 투구를 착용했고, 무기는 창과 방패 그리고 육박전에 사용할 철퇴와 검을 지녔다. 모든 맘루크군은 활을 휴대했는데, 이들의 활솜씨는 탁월했다. 맘루크군은 주적(主敵)이었던 몽골군과 십자군 원정에 참가한 프랑크족에 능숙하게 맞서 싸웠다. 몽골군과 싸우는 경우에 맘루크군은 공격할 기회를 엿보면서 방어에 치중했다. 맘루크군은 몽골군처럼 지속적으로 진격할 만큼 충분한 말을 보유하지 못했다. 그러나 활솜씨가 좋았던 맘루크군은 몽골군을 저지하기 위해 쉬지 않고 활을 쏘아댔다. 더욱이 맘루크군은 군율을 엄격히 유지했으며, 몽골군의 위장 퇴각 전술에 속지 않고, 오히려 이 전술로 몽골군을 골탕 먹였다. 갑옷을 입고 창을 무기로 쓴 맘루크군은 유럽의 기사단처럼 기습적인 돌진으로 적진을 파괴할 수 있었다.

몽골군에 비해 병력이 적었던 맘루크군은 몽골군이 군사력의 우세를 이용한 전술을 활용하지 못하도록 만드는 데 주력했다. 일대일 전투는 맘루크군이 우세했기 때문에 몽골군의 병력이 약간 많다고 해서 크게 문제될 것은 없었다. 그러나 맘루크군은 몽골군이 수적으로 밀어붙이지 못하도록 국경 지대에 있는 목초지란 목초지는 모두 태워버리는 초토화 전략을 펼쳤다. 그 결과, 몽골군은 여분의 말(馬)을 거느리지 않고 많은 기마병을 전쟁에 투입하느냐와 여분의 말을 거느린 채 적은 기마병을 전쟁에 투입하느냐 사이에서 선택해야만 했다. 몽골군이 어떤 선택을 했든지 간에, 맘루크군의 초토화 전략은 몽골군의 가장 큰 장점인 기동성을 활용할 여지를 주지 않거나, 맘루크의 우수한 일대일 전투력에 맞서기 위해 몽골군이 많은 병력을 투입하지 못하도록 하는 데 효과적이었다.

게다가 맘루크군은 자신들의 군사적 약점을 파악하고 있었다. 상대적으로 병력이 적었던 맘루크군은 몽골 진영에 대한 침공 작전을 가능한 한 자제했다. 맘루크군은 대개 십자군 참전 영주 보헤문드(Bohemund), 안티오크 왕자(Prince of Antioch), 트리폴리 백작(Count of Tripoli 레세르 아르메니아[Lesser Armenia]라고도 알려짐) 등 몽골의 동맹군을 공격했다. 맘루크군은 몽골군이 동맹군 근처에 없거나 1260년 이후에 몽골제국에 몰아닥친 내전에 전념하고 있을 때처럼 시기적절하게 이들 동맹군에 대한 공격을 퍼부었다.

실제 전투에서 맘루크군은 주로 방어를 위해 소나기 화살을 퍼붓거나 몽골의 접근을 유도하는 전략을 사용했다. 일대일 전투에 능했던 맘루크군은 몽골군이 접근하더라도 두려워하지 않았다. 사실, 맘루크군과 맞먹는 백병전 역량을 갖춘 부대는 템플 기사단(Knight Templar)과 구호 기사단(Knight Hospitalers)뿐이라는 인식이 지배적이었다. 물론, 맘루크군은 전열의 양 측면을 공략했고, 전투가 벌어지기 전에 전략적으로 우세한 지역에 진지를 구축했다.

몽골군의 재편성

맘루크군은 수차례에 걸친 몽골군의 침입을 막아냈다. 원래 몽골군은 전술이 거의 없었다. 사실, 여러 일-칸과 그들 사촌 간의 끊임없는 전쟁이 종식되자, 몽골군은 맘루크군을 보잘것없는 상대로 여겼다. 그러나 일-칸 왕국의 몽골인은 시리아가 목초지 부족으로 몽골의 작전 수행이 어렵다는 현실을 깨달았다. 몽골군이 맘루크군을 물리쳤다고 해도 그들의 반격에 그리 오래 버티지 못했을 것이다.

가잔(Ghazan)의 지휘하에 몽골군은 군대를 재편성했다. 그 이유는 일-칸 왕국의 경제적 상황 때문이었다. 이크타(Iqta)와 티마르스(Timars), 즉 병사들이 자신들에게 불하된 토지에서 세금으로 얻었던 수입에 의존하게 되면서 몽골군은 점차 전통적인 중동 전사(말 한두 필에 의존했던 중기병)를 닮아갔다. 유목민족의 기마병(경기병)이 여전히 유용하긴 했지만, 이제 이들은 보조 부대 역할을 맡게 되었다.

✿ 송나라

몽골군이 가장 큰 공을 들였던 전쟁은 송나라 정벌이었다. 1235년에 시작된 송나라와의 전쟁은 쿠빌라이칸이 송나라의 항복을 받아낸 1276년까지 지속되었다. 겉보기에 송나라군은 몽골군에 큰 장애물이 될 것 같지 않았다. 사실, 송나라군의 대부분은 보병이었고, 기마병은 소수에 불과했다. 호라즘과 러시아, 금나라처럼 송나라도 방어에 주력했다. 그러나 송나라를 침략하려는 몽골군에 가장 큰 장애물은 산악 지형과 송나라의 해군이었다. 몽골군은 이런 장애물을 극복한 후에야 송나라를 점령할 수 있었다.

조직

송나라의 방어 전략은 몽골군과 직접 교전하는 방어 지역에 집중되었다. 전쟁이 장기화되리라 예상했던 송나라는 인근의 농경지를 방어하는 데 신경을 기울였다. 몽골군의 성곽 봉쇄에도 살아남으려면 농경지를 확보하는 편이 나았기 때문이다. 결국, 송나라는 각 지방의 행정부를 산성으로 옮겨서 몽골의 침입에 대비했다.

군사의 대부분이 보병이었던 송나라가 야전에서 몽골군에게 이길 확률은 희박했다. 송나라는 게릴라전에 적합하도록 군대를 소규모 단위로 나누었다. 보병은 또한 해군의 해병대 역할을 맡기도 했다. 해군은 주로 강에서 군사 작전을 펼치면서 몽골군의 침략을 방어하는 도시와 성곽에 큰 도움을 주었다.

전략과 전술

몽골군의 침입에 대한 송나라의 대응책의 핵심은 지형과 산성이었다. 이는 몽골군이 목표로 한 지역에 대한 침략 방식에 영향을 주었다. 산맥과 계곡을 피해 우회로를 택한 몽골군은 게릴라 공습에 노출될 수밖에 없었다. 이것은 특히 사천(四川) 지역(몽골군에 마지막으로 항복한 지역)에 들어맞는 말이었다. 산성은 일반적으로 절벽 위에 위치했지만, 농경지과 식수원이 있었다. 강가에 인접해 있는 산성은 기병대의 공격으로부터 안전했고, 송나라 해군의 도움을 받을 수 있었다. 대도시 인근에 위치한 산성은 몽골군의 급습을 도우면서, 대도시의 난민들에게 피난처를 제공하기도 했다. 쿠안-청(K'uan-chung)이 언급했듯이 여러 산성이 인접해 있기 때문에 몽골군은 산성 하나에만 총력을 기울일 수는 없었다.

송나라군은 조직적으로 체계화된 산성과 배후에 확보된 농경지에 힘입어 군사 작전을 수행할 수 있었다. 그러므로 군사를 쪼개어 여러 방면에서 공격을 감행할 수 없기 때문에 요새를 근거지 삼아 게릴라전을 펼쳤다. 송나라도 금나라와 마찬가지로 천둥소리 폭탄과 화창 등의 화공 무기를 사용했다. 송나라는 불화살(화약 폭발물을 담은 작은 청동 용기에서 발사되는 화살)도 사용했다. 정확한 것은 아니지만, 불화살은 비거리가 수백 미터에 이르렀다고 한다.

몽골의 적응과 수용

기동성을 최대한 활용했던 몽골군의 전술은 중국 남부에서는 그리 효과를 발휘하지 못했다. 몽골군은 앞에 놓인 첩첩산중과 같은 난관을 극복해야 했다. 송나라의 요새와 산악 지형은 몽골군의 진격에 큰 장애물이었다. 지형을 극복하더라도 상황은 나아질 것이 없었다. 몽골군은 또다시 마을과 농경지로 둘러싸인 견고한 성곽 도시를 맞닥뜨려야 했기 때문이다. 게다가 해군이 부족했던 몽골군은 강을 통해 성곽 도시에 지원군과 보급품을 제공하는 송나라군을 지켜보는 수밖에 없었다. 또한, 송나라의 해군은 몽골군의 양 측면을 공격할 수 있었고, 몽골이 강을 건너지 못하도록 막을 수도 있었다. 1250년대에 멍케칸의 장수들이 송나라 원정을 반대했던 것도 무리는 아니었다.

중국 남부의 상황에 공격이 여의찮던 몽골군은 좀 더 실용적인 방법을 강구했다. 그들은 중국 남부 공격에 익숙한 두 부류의 병사들의 도움을 받았다. 첫 번째 부류는 금나라가 송나라에 일으켰던 수많은 전쟁에 참여한 중국 북부 출신의 경험 많은 병사들과 송나라의 투항자들이었다. 두 번째 부류는 몽골에 항복하기 전에 철벽 요새로 몽골군에 저항했던 고려인이었다. 한족과 고려인의 도움은 몽골군의 편성에도 영향을 미쳤다. 기존의 한족 장교들은 진급이 어려웠던 반면, 송나라 정벌에 참여한 중국인과 고려인은 형평에 맞게 진급할 기회가 주어졌다. 중국 남부의 지형 탓으로 기병대를 효율적으로 활용할 수 없었던 몽골군에게 한족 보병의 중요성은 점점 증가했다.

몽골군은 약점을 찾기 위해 여러 방면에서 공격을 시도했다. 다방면 공격이 새로운 전술은 아니었지만, 1939년에 독일군이 마지노선(Maginot Line)을 우회하기 위해 벨기에를 침공해야 했던 것처럼 송나라를 다방면으로 공격할 때 몽골군은 산맥을 넘고 송나라 서쪽의 소국인 달-리(Da-li)를 정복하기 위해 머나먼 길을 거쳐서 우회해야 했다. 이 전술로 인해 몽골군은 송나라군의 방어력이 분산되리라고 생각했지만, 송나라는 계속해서 새로운 요새를 건설해 나가며 몽골군의 공격에 대비했다.

몽골군은 송나라와의 정벌 전쟁 때부터 천둥소리 폭탄을 사용했다. 이 폭탄은 대개 투석기(원래 병사들이 밧줄로 잡아당겨서 폭탄을 발사하는 견인 투석기)에서 발사되었다. 성벽 위로 날아간 폭탄은 적군의 사상을 가져왔지만, 성벽 자체를 무너뜨릴 만큼 강력한 것은 아니었다. 그런데 1273년 양양(襄陽) 포위 공격에서 몽골군은 이슬람 기술자들이 개발한 도시 성벽을 파괴할 만큼 강력한 투석기를 사용했다. 재미있는 사실은, 몽골군이 사용한 투석기에 호되게 혼이 난 송나라가 투석기를 자체적으로 고안했다는 점이다.

몽골군의 또 다른 변화는 송나라 정벌에 필수적이었던 해군의 창설이다. 몽골 해군은 몽골군 휘하의 중국인과 고려인이 주로 작전 수행과 전선(戰船)의 이동을 도맡기는 했지만, 병력은 송나라 해군보다 훨씬 많았다. 몽골 해군은 송나라 방어 진지 뒤에 전선을 배치한 다음, 송나라 해군을 봉쇄하여 꼼짝달싹할 수 없게 한 후에 맹공을 퍼부었다.

CHAPTER 8
몽골군과의 전쟁

몽골군의 병법을 진정으로 이해하려면 군사 작전을 자세히 살펴보는 길뿐이다. 이제 원정과 구체적인 전투, 공성전 등 몽골군이 참여했던 여러 전쟁을 살펴보자.

☼ 원정

호라즘 원정

몽골의 서(西)시베리아 및 동(東)다쉬트-이 킵차크(Dasht-i Kipchak) 정벌은 중앙아시아의 세력 균형에 변화를 가져왔다. 나이만의 칸 쿠츨루크(Güchülüg)가 흑거란제국(Kara Khitai Empire)으로 도주하면서 흑거란이 분열되자, 중앙아시아는 온통 혼란에 빠졌다. 몽골이 쿠츨루크를 제거하는 동안, 호라즘은 중앙아시아 남부에 대한 영향력을 키워나갔다. 그 당시 호라즘의 영토는 지금의 이란, 아프가니스탄, 파키스탄, 중앙아시아, 이라크의 일부에 해당되지만, 호라즘의 무함마드 2세가 통합하지 못한 지역이 있었으니, 그곳이 바로 마와란나르(Mawarannahr 아무다리야강과 시르다리야강 사이의 영토)였다. 따라서 몽골제국처럼 강력한 나라를 이웃으로 둔 무함마드 2세는 좌불안석일 수밖에 없었다. 사실, 일찍이 몽골군과 전투를 벌인 후 무함마드 2세는 "몽골군에 대한 공포와 두려움이 나의 혼을 쏙 빼앗아 갔다"라고 말했다. 그 후 그는 다시는 몽골군과 맞서 싸우지 않았다. 그것이 호라즘 국민들에게 불행과 고통을 가져온 주요 원인이기 때문이었다.

몽골군과 벌였던 초기의 전투 이외에 무함마드 2세가 칭기즈칸의 정벌에 대해 수집한 정보는 그의 마음을 더욱 불안하게 했다. 칭기즈칸이 동쪽에서 연전연승을 거두었다는 소식에 무함마드 2세는 자세한 정보를 입수하기 위해 사신을 보냈다. 사신은 흰 산을 보았다고 말하며, 멀리서 보니 흰 눈 같았지만, 가까이 다가가 보니 태산처럼 쌓인 뼈 더미였다고 보고했다. 사람 시체에서 나온 지방으로 길가가 거무죽죽한 기름기로 미끄러웠고, 기름기 없는 마른 땅을 다시 보기 위해 세 곳의 역을 지나쳐야 했다는 기록도 있다. 또한 어느 도시에서는 처녀와 소녀 6만 명이 몽골군에게 붙잡히지 않기 위해 자살했다는 말도 있었다.

이런 잔혹한 보고가 무함마드 2세에게 전해졌지만, 칭기즈칸은 호라즘과 전쟁을 벌일 생각이 없었다. 이제 금나라는 물론, 중앙아시아까지 침공한 몽골은 고려에서 시르다리야강에 이르는 영토에 군사를 배치해야 했다. 따라서 칭기즈칸은 호라즘에 대한 정복보다는 호라즘과의 무역을 희망했다. 무역상을 환대했던 칭기즈칸은 다음과 같이 말했다.

> 너희 무함마드 2세에게 전하라. "나는 일출을 주관하고, 당신은 일몰을 주관하고 있소. 우리 둘 사이에 우정과 친목과 평화의 공정한 조약을 체결합시다. 무역상과 대상(隊商)이 호라즘과 몽골제국 사이를 자유롭게 왕래하며, 귀중한 물품과 생필품을 매매하게 합시다."

칭기즈칸은 무함마드에게 선물로 줄 낙타의 목만 한 크기의 금덩어리와 금은보화, 비단, 모피, 생사 등을 실은 낙타 500마리를 자신의 대상 편으로 보냈다.

대상이 호라즘 국경 도시인 오트라르에 도착했을 때 그곳의 통치자 이날칸(Inal Khan)은 평화의 가능성을 산산조각 내버렸다. 칭기즈칸이 후원하는 대상이 첩자라고 의심한 이날칸은 대상을 살해하고 만 것이다. 대상이 첩자일 가능성도 배제할 수는 없지만, 이날칸의 재물에 대한 욕심에서 비롯된 살인 사건은 무함마드 2세의 동의를 받고 이루어졌을 것이다. 그러나 칭기즈칸은 곧바로 전쟁을 선포하지 않았다. 그 대신 이날칸의 인도를 요구하며, 호라즘과 무역을 지속시키려고 노력했다. 기민한 지휘관이었던 칭기즈칸이 중앙아시아에서 영토를 넓히고 금나라와 전쟁을 벌이는 와중에 또 다른 전쟁을 감행하고 싶지는 않았을 것이다.

오트라르 사건을 평화적으로 해결하려는 노력이 실패로 돌아가자, 전쟁을 준비한 칭기즈칸은 무함마드 2세에게 선전포고를 했다. 칭기즈칸은 중국 북부에서 금나라와 전쟁을 벌이던 군대를 소집하여 서쪽으로 진군했다(1219년). 원정을 준비하면서 칭기즈칸은 식량 대용의 젖을 위해 암말을, 예비 말(馬)을 위해 거세마를 모으도록 명령했다. 또한, 각 아르반에 세 마리 분량의 말린 양과 가마솥을 마련하도록 명령했다.

전위 부대를 지휘했던 수부타이와 제베와 토쿠차르가 마을에 대한 공격을 자제하는 동안, 칭기즈칸은 알타이산맥을 넘어서 호라즘으로 진격했다. 그러는 동안 칭기즈칸의 막내 남동생 테무게 오트치긴(Temüge Otchigin)이 몽골고원에 남아서 국정을 다스렸다. 몽골군은 1219년 가을, 오트라르로 진격하기 전에 말을 살찌우기 위해서 그해 여름을 이르티쉬강(Irtysh River)에서 났다. 몽골군은 놀랍게도 고작 3개월(4개월로 예정했지만) 만에 전쟁 준비를 마치고 호라즘 국경까지 진군했다.

협상의 실패로 몽골의 보복 움직임이 확실해지자 무함마드 2세도 전쟁을 준비했다. 수도 사마르칸트에 성벽을 쌓아 상당한 병력의 방어군을 주둔시켰다. 성벽을 쌓고 새로운 궁수 부대의 편성에 드는 비용을 충당하기 위해 1219년에는 세금을 세 차례나 징수했다. 몽골군이 공성기로 성곽을 점령하지 못하리라고 예상한 무함마드 2세는 군대를 도시에 주둔시켰다.

이것은 격론에 격론을 거듭한 끝에 내린 결정이었다. 사수하기 불가능한 마와란나르를 포기해야 한다고 주장하는 신하들은 아무다리야강의 남쪽으로 퇴각하여 강을 외호(外壕)로 이용해서 몽골군의 침공을 막으면서 호라즘과 호라산(Khurasan) 지역을 방어할 병사를 그러모으자고 제안했다. 또한, 산지를 이용하여 병력을 재정비하기 위해 아프가니스탄의 가즈나(Ghazna)로 퇴각하자고 주장하는 부류도 있었다. 이들은 인도가 성벽 구실을 하기 때문에 좀 더 효율적으로 입지를 다질 수 있다고 믿었다. 가즈나로 퇴각하자는 의견이 가장 마음에 들었던 무함마드 2세는 발크(Balkh)까지 퇴각해버렸다. 그러나 무함마드 2세의 아들 자랄 알딘(Jalal al-Din)은 군대를 소집하여 몽골군과 맞서 싸우기를 원했던 반면, 무함마드 2세는 더 많은 병력을 그러모으기 위해 서쪽으로 퇴각했다. 무함하드의 최종 선택은 마와란나르는 물론, 호라즘의 동쪽 영토를 포기하고 난민을 이끌고 서쪽으로 향하는 것이었다. 이렇게 하면 넓은 지역에 포진한 몽골군을 공격할 병사를 모을 시간과 공간을 벌 수 있었기 때문이다. 그러나 무함마드 2세가 이러한 결정을 내릴 즈음 몽골군은 이미 호라즘 국경에 진을 치고 있었다. 무함마드 2세가 군대를 분할하지 않고 몽골군과 싸웠더라면 몽골군을 쉽게 물리칠 수 있었을 것이라고 말하는 비평가들이 많다. 역시, 지나고 나면 항상 해답이 보이는 법이다.

마와란나르(Mawarannahr)

몽골이 오트라르에 도착했을 때 어떤 일이 벌어졌느냐에 대한 견해는 학자들마다 다양하다. 몇몇 학자들은 칭기즈칸이 차가타이와 오고타이를 오트라르에 남겨두고 자신은 톨루이와 함께 키질쿰사막을 건너서 부하라로 떠나는 동안, 조치는 잔드(Jand)로 진격했다고 말한다. 당시 호라즘 전쟁을 목격한 사가(史家)들은 진격한 몽골군이 밤낮으로 공격을 퍼부어 오트라르가 함락했다고 기록했다. 이날 칭기즈칸은 대상을 죽인 칸에 대한 보복으로 녹인 은을 그의 눈과 귀에 부으라고 명령했다.

그 후 칭기즈칸에게 투항한 호라즘의 장수 바르 알-딘 알-아미드(Badr al-Din al-Amid)는 호라즘 왕실에 이간책을 써서 무함마드 2세가 호라즘군에 대한 신뢰를 저버리게 만들라고 칭기즈칸에게 귀뜸했다. 그의 말에 칭기즈칸은 캉글리투르크족 출신인 무함마드 2세의 어머니 테르켄 카툰(Terken Khatun)이 잘 아는 아미르 앞으로 보낼 편지의 내용을 꾸며내도록 명령했다. 칭기즈칸은 바르 알-딘 알-아미드를 시켜 이 편지를 무함마드 2세에게 전하도록 했다. 편지는 무함마드 2세가 놀랄 만한 내용으로 가득했다.

우리는 테르켄 카툰을 모시기 위해 가신과 사병을 데리고 투르크에서 호라즘으로 왔소이다. 무함마드 2세가 모든 제후들을 제압하여 영토를 정복하고 국민들을 다스릴 수 있었던 것은 우리의 도움 덕분이었소. 그러나 테르켄 카툰에 대한 무함마드 2세의 태도는 변했소이다. 그는 지금 어머니에게 반항하며 배은망덕한 행동을 보이고 있소. 테르켄 카툰은 당신에게 무함마드를 따르지 말라고 말했소. 우리는 당신이 내릴 명령을 따르기 위해 기다리고 있소이다.

게다가 칭기즈칸은 사신을 시켜서 이 편지를 테르켄 카툰에게 보내어 불신에 부채질을 했다. 편지를 읽은 테르켄 카툰은 방어를 내팽개치고 호라즘에서 급히 철수했다. 그 와중에 오트라르에 있던 몽골군은 여러 부대로 나뉘어 호라즘제국 곳곳에서 공격을 퍼부었다.

　머리말에 나온 것처럼, 오트라르를 점령한 칭기즈칸의 직속 부대는 부하라에 도착했다(1220년 2월). 부하라가 함락되었다는 소식을 듣고 마와란나르의 운명을 걱정하던 무함마드 2세는 아무다리야강을 천천히 건넜다. 이처럼 자신 없는 행동에 무함마드의 권위는 손상되기 시작하여 호라즘 병사 7천 명이 몽골군에 투항하고 말았다.

　그 와중에 칭기즈칸은 부하라에서 끌어 모은 포로를 이끌고 사마르칸트로 진격하여 인근 지역을 점령했다. 저항하는 지역은 봉쇄한 후 다음 지역으로 진격하는 전술을 썼던 몽골군은 사마르칸트에서 추가 병력과 합류했다.

　병사 6만에 전투용 코끼리까지 거느린 사마르칸트의 방어군은 칭기즈칸의 몽골군을 수적으로 압도했다. 사마르칸트의 군대는 몽골군을 향해 돌격한 다음 포로를 생포해왔다. 물론, 이들의 몽골군 포로에 대한 고문은 이루 말할 수 없을 정도로 참혹했다. 맞서 싸우는 양군의 계속되는 돌격에 사상자가 속출했지만, 몽골군은 매복한 다음 사마르칸트의 군대를 성벽 밖으로 끌어냈다. 이 전술로 마침내 사마르칸트를 에워싸는 데 성공한 몽골군은 쇠뇌와 화살을 밤낮으로 퍼부었다. 더욱이 칭기즈칸은 모든 성벽에 군사를 배치하여 호라즘 기병대의 출격을 봉쇄했다. 이로써 기병대의 지원을 받지 못한 호라즘의 코끼리 부대와 보병은 몽골군을 효과적으로 공격할 수 없었다.

일단 성벽이 돌파되자, 몽골군 포로에 대한 심한 고문에 대해 몽골군이 어떻게 보복할 것인지를 걱정하던 사마르칸트의 최고 종교 지도자 샤이크 알-이슬람(Shaykh al-Islam)은 칭기즈칸과 물밑 협상을 벌였다. 칭기즈칸과 샤이크 사이에 조약이 체결되자, 열흘 동안 지속되던 포위가 순식간에 막을 내렸다.

샤이크는 조약의 내용대로 몽골군에게 성문을 열어주었다(1220년 3월 17일). 몽골군은 샤이크 알-이슬람과 카디(Qadi 판관)의 보호를 받는 5만 명을 제외한 모든 시민을 죽이고 약탈했다. 다른 전투에서처럼 몽골군이 사마르칸트의 인구 전체를 몰살했다는 기록도 있다. 그러나 사마르칸트 전투 이후 1년이 지나서 칭기즈칸을 만났던 중국 도교승의 보고에 의하면, 사마르칸트의 총인구는 12만 5천 명이었다. 물론, 이 수치는 몽골군이 사마르칸트를 침공하기 이전의 인구 50만 명에 훨씬 밑돌긴 하지만, 학살의 규모가 굉장했다는 것을 말해준다. 하지만 중요한 사실은 몽골은 생명이 없는 사막을 지배하는 데 관심이 없었다는 점이다.

부하라처럼 사마르칸트도 항복을 하긴 했지만, 사마르칸트의 요새는 저항을 멈추지 않았다. 몽골군은 사마르칸트 출신과 이전에 정복한 도시 출신의 포로를 활용하여 공성기로 요새를 쉬지 않고 공격하여 마침내 항복을 받아냈다. 그런 다음, 몽골군은 요새를 모조리 파괴하고, 사마르칸트 군대와 시민을 열 명과 백 명 단위로 나누었다. 몽골군은 또한 유목민족이던 투르크족과 농경민족이던 타지크족(Tajiks)을 구분하여 투르크족을 군대에 편입시켰다. 투르크족은 몽골군처럼 체발(剃髮)하여 자신들도 몽골군의 일원임을 드러냈다.

타지크족을 비롯한 투르크족 이외의 민족은 징용되어 노역이나 공성전의 화살받이로 활용되었다. 게다가 칭기즈칸은 사마르칸트 출신의 장인과 기술자 3만 명을 몽골고원으로 압송했다. 결국, 사마르칸트의 통치는 몽골의 샤나(Shahna) 또는 다루카치(Daruqaci)가 맡았다.

사마르칸트를 점령한 몽골군은 군대를 소규모로 나누어 호라즘의 나머지 지역을 공격했다. 칭기즈칸은 사마르칸트 포위 중에 이미 군대를 여러 지역으로 파견했다. 그는 또한 제베, 수부타이 그리고 토쿠차르에게 군사 3만을 주어 무함마드 2세를 추격하도록 했고, 알라크 노이안(Alaq Noyan)과 야사우르(Yasa'ur)는 지금의 아프가니스탄의 와크쉬(Wakhsh)와 탈라칸(Talaqan)을 공격하도록 했다. 칭기즈칸 자신은 나크세브(Nakhseb)에서 여름을 났고, 초가을에 티르미드(Tirmid)를 점령했다. 티르미드에서 칭기즈칸은 군대를 다시 쪼개어 호라산(Khurasan), 구르(Ghur), 가즈나(Ghazna)로 추가 병력을 보냈고, 1220년~1221년에는 지금의 타지키스탄(Tajikistan)에서 겨울을 났다.

몽골군이 오트라르에 도착한 1220년에 조치는 호라즘의 본거지를 공격하라는 명령을 받았고, 오트라르가 함락되자 차가타이와 오고타이의 군대가 조치의 부대와 합류했다. 조치는 호라즘의 중심 도시 우르간즈(Urganj)로 진군하면서 시르다리아 인근의 여러 요새를 공격했다. 조치는 또한 수크나크(Suqnaq)의 항복을 받아내기 위해 사신을 파견했지만, 수크나크 시민들이 사신을 살해하자, 이를 전쟁 포고로 받아들인 조치는 수크나크로 진격하여 포위한 다음, 손쉽게 점령해버렸다. 이어 잔드와 기타 국경 요새로 진격한 조치는 기습 공격으로 완강히 저항하던 잔드를 함락시켰다. 해자를 메우고, 쇠뇌와 충각, 사다리 등을 공격에 이용했다. 수크나크를 함락한 몽골군은 수크나크 시민 중에서 장인, 기술자, 사냥꾼 등을 선별했고, 나머지는 노역에 징용했다.

조치의 최우선 목표는 우르간즈의 함락이었다. 몽골군에 저항할 수 없다고 생각한 우르간즈의 통치자 아르잘라 샤(Arzala Shah)는 식솔들을 데리고 이란 북부의 타바리스탄(Tabaristan)과 마잔다란(Mazandaran)으로 도망갔고, 조치는 5개월간의 포위 공격 끝에 우르간즈를 함락했다(1221년). 원래 조치는 평화적으로 우르간즈의 항복을 받아내려고 했지만, 우르간즈가 이를 거부하자 공격을 취하게 되었다. 그렇지만 조치는 도시에 대한 피해를 최소화하기 위해 공격에 신중을 가했다. 몽골군은 네르제 방식으로 접근하여 우르간즈의 외각 요새를 파괴하고, 해자를 메운 다음 공성기로 집중 포화를 퍼부었다. 몽골군은 쇠뇌를 포함한 공성기를 현장에서 만들었고, 적군이 주변에 쓸 만한 돌을 하나도 남겨 놓지 않았기 때문에 돌 대신 물을 흠뻑 적신 뽕나무를 쏘아댔다. 몽골군은 또한 바퀴 달린 충각과 귀갑 방패를 만들어 공격했다.

조치의 반대에도 불구하고 우르간즈의 대부분이 파괴되었다. 그것은 조치와 차가타이와 오고타이가 우르간즈의 공략 방법을 놓고 벌인 논쟁에서 비롯되었다. 물론, 조치는 우르간즈를 그냥 내버려두기를 바랐지만, 나머지 두 형제는 가능하면 신속하게 약탈하기를 원했다. 형제들의 우유부단함에 화가 난 칭기즈칸은 톨루이를 보내 사건을 해결했다. 조치의 병사들은 우르간즈의 공격에 가담했을 뿐만 아니라, 아르잘라 샤의 가족을 추격하여 생포했다. 우르간즈를 손에 넣은 조치와 차가타이는 북쪽으로 진군하여 캉글리 부족을 하나하나씩 정복해 나갔다.

무함마드의 도주

부하라와 사마르칸트가 함락되자, 무함마드 호라즘샤 2세는 아무다리야강을 건너 니샤푸르(Nishapur)로 도망가면서 부하 장수들에게 각자 맡은 지역을 방어하라고 명령했다. 무질서와 동요가 호라즘 곳곳에서 만연했다. 무함마드의 도주와 호라즘의 동요에 대한 소식을 들은 칭기즈칸은 제베와 수부타이에게 무함마드 2세를 추격하라고 명령했다(1220년 5월, 앞에서 언급한 것처럼 토쿠차르는 명령 불복종으로 소환되었다). 두 장수가 아무다리야강을 건넜다는 소식에 무함마드 2세는 니샤푸르를 떠나 마잔다란(Mazandaran)으로 도망쳤다.

제베와 수부타이는 무함마드 2세를 추격하는 와중에 발크(Balkh)를 점령했다. 몽골은 원래 저항하지 않고 항복한 발크에 다루가치를 두었지만, 몽골이 원하는 시점에서 마초와 군수품을 제공하지 않았기에 발크를 다시 공격하게 되었다. 나사푸르에 도착한 몽골군은 공격을 하는 대신에 나사푸르의 항복을 종용했다. 그러는 동안 무함마드 2세는 카스피해 남쪽의 마잔다란으로 달아났다. 몽골군의 공격에 놀란 무함마드 2세는 시종 우추즈(Utsuz)에게 담간(Damgahn)과 이라크(Iraq)로 이동하라고 명령하고, 자신은 카스피해의 어느 섬으로 들어가버렸다. 무함마드 2세는 추격하던 몽골군이 카스피해 해변에 도착해서 자신을 향해 마구 쏘아대는 활을 피해 간신히 보트를 탔던 것이다. 하지만 그토록 몽골군의 공격을 피해 간신히 달아나 은둔하던 무함마드 2세는 얼마 후 이질로 사망했다(1220년 말이나 1221년 초).

몽골군은 무함마드 2세를 추격할 때 견고한 요새로 둘러싸인 도시는 공격하지 않았다. 그들의 임무는 적군의 수장을 붙잡는 것이지 도시를 점령하는 것이 아니었기 때문이다. 그러나 그들의 추격 대상이 추격을 벗어나자, 수부타이는 이스파라인(Isfarayin)으로, 제베는 마잔다란으로 진격했다. 수부타이는 또한 담간(Damghan), 심난(Simnan) 그리고 라이(Rayy)를 공격했고, 라이에서 제베와 합류했다가 다시 부대를 분리했다. 그 후에 제베는 하마단을 공격한 반면, 수부타이는 카즈빈(Qazvin)과 잔잔(Zanjan)을 공격했다(1221년). 제베에 항복한 하마단은 몽골군에 말, 의복, 식량, 포로 등을 제공했다. 또한 몽골군은 하마단에 다루가치를 두었다. 이제 제베는 베그 테진 실라다르(Beg Tegin Silahdar)와 쿠츠 부가 칸(Küch Bugha Khan)이 지휘하는 호라즘 군대를 수자스(Sujas)에서 격파했다. 무함마드 2세를 붙잡은 것은 아니지만, 제베와 수부타이는 마잔다란을 유린했던 것이다. 게다가 제베는 무함마드 2세의 후궁들이 숨어있는 요새를 봉쇄했고, 수부타이는 무함마드 2세의 어머니 테르켄 카툰이 피신해 있던 일랄(Ilal) 요새를 점령했다. 수부타이는 테르켄 카툰을 칭기즈칸에게 압송했다.

무함마드 2세가 카스피해의 어느 섬에서 이질로 사망하자, 제베와 수부타이의 원정군은 트랜스코카시아로 진격하여 그루지야를 격파하고 여러 도시의 항복을 받아냈다. 두 장수는 데르벤드(Derbend)를 통해 코카서스산맥을 넘어 다쉬트-이 킵차크로 진입하여 결국 지금의 카자흐스탄에서 조치의 군대와 합류했다. 제베와 수부타이가 지원군이나 현대적인 지도, 통신 장비 하나 없이 수천 킬로미터에 달하는 적군의 영토를 행군했다는 사실(도중에 제베가 사망하긴 했지만)은 지금도 쉽게 믿어지지 않는 공적으로 남아있다.

호라산과 구르

티르미드를 점령한 칭기즈칸과 그의 아들 톨루이는 군대를 소규모로 나누어 호라산을 침공했다. 한 부대는 칭기즈칸의 사위 티프자르 노이안(Tifjar Noyan)과 투멘의 사령관 예르카(Yerka) 장군이 지휘했다. 이 부대의 장수였던 일-코우치(Il-Kouch)는 네사(Nesa)로 진격하는 도중에 사망했고, 그에 대한 복수를 맹세한 몽골 병사들은 인근 지역을 공격하면서 투석기 20대로 네사를 포위 공격했다. 몽골군은 성문을 열기 위해 포로들로 하여금 충각으로 공격하도록 명령했다. 포로들에게 당나귀 가죽으로 보호막을 만들어준 몽골군이었지만, 포로들이 임무를 완수하지 못하는 경우에는 가차 없이 목을 베었다.

호라산에서 몽골군의 주요 목표는 제베와 수부타이에게 항복했다가 반역을 일으켰던 도시 니샤푸르였다. 그러나 몽골군은 사마르칸트 원정 때와 마찬가지로 니샤푸르를 공격한 것은 그 인근 지역과 부속 도시를 점령한 이후였다. 니샤푸르 점령에 앞서 몽골군은 군사를 다시 합병했다. 그러나 방어군의 돌격에 티프자르 노이안이 죽자, 예르카는 이 소식을 칭기즈칸에게 전하면서 증원 부대를 요청했다. 칭기즈칸은 전술에 가장 재능이 탁월했던 막내아들 톨루이와 병사 5만 명을 예르카에게 보냈다.

니샤푸르로 출격하기 전에 톨루이는 메르프(Merv)를 공격했다 (1221년). 기록에 의하면, 톨루이는 티프자르의 죽음에 대한 앙갚음으로 메르프와 니샤푸르의 인구 전체를 몰살해버렸다고 한다. 카르타고를 초토화시킨 로마처럼 니샤푸르를 점령한 톨루이는 성벽을 허물고 닥치는 대로 그곳의 시민을 살해했다(1221년~1222년 겨울). 그런 다음 그는 멍에를 얹은 황소로 도시를 갈아엎었다. 반면에 이런 설명에 이의를 제기하는 학자들은, 몽골이 대학살을 저지르긴 했지만 언제나처럼 유용성에 따라 활용한 사람들을 분리한 후에 나머지 사람들을 몰살했다고 주장한다. 니샤푸르를 점령한 톨루이는 지금의 아프가니스탄 지역인 헤라트(Herat)로 진격해서 진영을 마련한 다음, 헤라트의 사방에 쇠뇌를 배치했다. 여덟 달 동안 계속된 완강한 저항 끝에 헤라트는 몽골군의 손에 떨어졌고, 역시 참혹한 살육의 희생양이 되었다.

여기서 다시 군대를 분리한 몽골군의 일부 병력은 호라산과 시스탄(Sistan)으로, 나머지 병력은 아프가니스탄의 가즈나로 진격했다. 몽골군은 호라산 원정 내내 지금까지 해오던 원칙대로 군사 작전을 수행했다. 밍칸이 한 지역을 공습할 때면 점령할 때까지 언제나 농부들이 투석기를 제작하고 땅굴을 팠다. 시스탄 공격도 이와 같은 틀에서 벗어나지 않았다.

조치가 호라즘을, 칭기즈칸이 티르미트를 공격하는 동안, 카를루크(Qarluq) 출신의 툴란 체르비(Tulan Cherbi)와 아르슬란 칸(Arslan Khan)이 이끄는 몽골군은 왈크(Walkh)에 여덟 달 동안 포위 공격을 벌이고 있었다. 왈크의 요새는 주변의 깊은 구덩이를 메우지 않고는 진입이 불가능했다. 그러나 왈크 통치자의 아들이 몽골군에 투항하여 우회로를 알려주었는데, 몽골군은 그가 일러주는 길을 따라서 사흘 밤을 강행군해야 했다. 나흘째 되는 날 새벽에 몽골군은 왈크를 공격하여 점령한 후, 구르(Ghur) 지역의 여러 도시를 공격하기 위해 진격했다.

호라산 원정에서 몽골군의 가장 큰 난관은 영토의 정복이 아니라, 남아 있는 호라즘의 저항 세력을 제거하는 것이었다. 무함마드 2세의 아들 자랄 알딘은 몽골의 패권에 도전을 시도했다. 그는 아버지가 죽자 호라즘에서 니샤푸르로, 다시 호라산과 키르만(Kirman) 사이의 사막을 건너 가즈나로 도망갔다. 1221년~1222년 겨울에 가즈나에 도착한 그는 헤라트의 말리크 칸(Malik Khan)과 합류했다. 말리크 칸은 이전에 몽골군에 항복했지만, 토쿠차르가 칭기즈칸의 명령에 불복종하고 헤라트를 약탈하자, 자랄 알딘의 편에 섰던 것이다.

칭기즈칸이 대규모 병력으로 탈라칸(Talaqan)을 포위했다는 소식을 보스트(Bost)에서 접한 자랄 알딘은 칸다하르(Kandahar)를 소규모로 포위 공격하고 있는 몽골군을 공격하기로 마음먹었다. 자랄 알딘의 기습 공격으로 몽골군은 거의 전멸했고, 겨우 목숨을 구한 패잔병들은 탈라칸에 있던 칭기즈칸에게로 도망쳤다. 자랄 알딘이 가즈나에 도착하자, 칭기즈칸은 피쿠 노이안(Fiku Noyan)이라는 구레젠(Güregen)과 그의 이복동생 쉬키 쿠투크투(Shiqi Qutuqtu)가 이끄는 군대를 보내 자랄 알딘을 추격케 했다. 그러나 헤라트에서 진격을 시작했던 피쿠는 파르완(Parwan)에서 패배하고 말았다(1221~1222년).

피쿠 노이안의 패배 소식을 들은 칭기즈칸은 탈라칸을 떠나 가즈나로 진격했다. 칭기즈칸의 진격 소식에 자랄 알딘은 기겁을 하고 도망쳤다. 피쿠 노이안에 대한 승리로 얻은 전리품에 대한 싸움이 벌어져 병사의 절반 이상이 달아난 마당에 자랄 알딘은 별다른 선택을 할 여지가 없었다.

칭기즈칸은 마침내 인더스강 부근에서 호라즘 왕국의 왕자를 생포했다(1221년 말). 자랄 알딘은 몽골군의 주력 부대에 완강하게 저항했지만, 몽골군의 한 투멘은 우회하여 아민 말리크(Amin Malik)가 이끄는 자랄 알딘의 우익을 공격했다. 이로써 자랄 알딘 부대의 우익이 와해되었고, 결국 그의 아들이 붙잡혔다. 자랄 알딘은 대열을 잃은 부대를 이끌고 인더스강으로 도망쳤다. 그러나 추격의 고삐를 늦출 의도가 없었던 칭기즈칸은 파견 부대를 급파하여 인더스강을 건너서 그를 추격하도록 명령했다. 파견 부대는 여러 도시를 점령하고, 42일 동안 물탄(Multan)을 포위 공격했다(물탄을 점령했는지는 알 수 없다). 그러는 동안, 칭기즈칸은 자랄 알딘의 잔여 부대를 소탕하고, 바다크샨(Badakhshan)으로 진격하여 그곳의 요새를 점령한다.

자랄 알딘을 패배시킨 몽골군은 구르에 대한 원정에 돌입했다. 수없이 많은 공성전 끝에 구르를 정복한 몽골군은 언제 인도를 침공할 것인지 가늠하기 시작했다. 칭기즈칸은 석 달 동안 기바리(Gibari)

에 머물며 델리(Delhi)의 술탄 이얄티미쉬 샴스-알-다냐 와-알-딘 (Iyaltimish Shams-al-Danya wa-al-Din)에게 사신을 보냈다. 인도를 공격해서 히말라야산맥을 거쳐서 몽골로 되돌아가면 금나라의 후위 를 칠 수 있으리라고 생각했던 칭기즈칸은 무당을 불러들여 점을 쳤 다. 무당은 인도에 대한 공격의 길흉을 알아보기 위해 양의 견갑골 을 불태운 결과, 불길하다는 점괘가 나왔다. 게다가 칭기즈칸은 탕구 트족이 금나라 공격의 총사령관 무칼리를 향한 반란을 일으켰다는 소식을 접했다. 이것으로 칭기즈칸의 호라즘 원정은 종말을 고하고 말았다. 호라즘 원정에서 몽골이 얻은 영토는 호라즘(아랄해 남부) 과 마와란나르였고, 아무다리야강은 몽골제국의 서쪽 경계가 되었 다. 한때 번창했던 호라즘 왕국은 폐허가 되고 왕족은 죽거나 달아 나, 이제 더 이상 몽골의 위협 세력이 될 수 없었다. 자랄 알딘이 도 망을 치긴 했지만, 그가 차지하거나 그의 친척이 차지할 수 있었던 영토는 호라즘의 본거지가 아니었다. 이로써 호라즘 왕국은 다시는 예전의 부흥기를 맞이할 수 없게 되었다. 새로운 왕국은 탄탄한 지 지 기반 없이 세워질 수 없기 때문이다.

◉ 전투

차키르마우트(Chakirma'ut)

몽골군이 겪었던 가장 유명한 전투는 몽골고원의 주도권을 놓고 나이만족과 벌인 차키르마우트 전투였다(1204년~1205년). 몽골고 원 서쪽에 거주하던 나이만족은 1204년에 케레이트족을 물리친 자

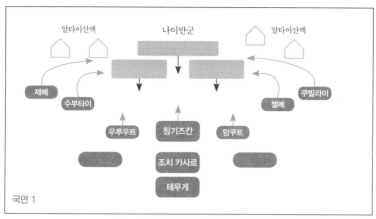

국면 1

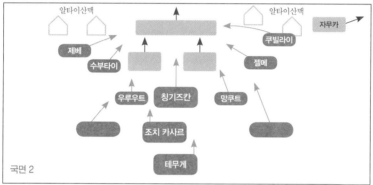

국면 2

■■■ 차키르마우트 전투(1204년)

신감으로 이제 몽골고원의 맹주는 당연히 자신들이라고 생각하게 되었다. 따라서 이제 막 몽골고원의 중앙 및 동쪽을 손아귀에 넣은 몽골을 나이만족이 위협 세력으로 간주하게 된 것도 무리는 아니었다.

나이만족의 통치자 타양 칸(Tayang Khan)은 다음과 같이 말했다.

"저기 동쪽에 몽골인가 뭔가 하는 부족이 있다는 얘기를 들었다. 이 몽고족의 활솜씨에 깜짝 놀란 늙은 옹-칸이 결국 친구를 내팽개치고

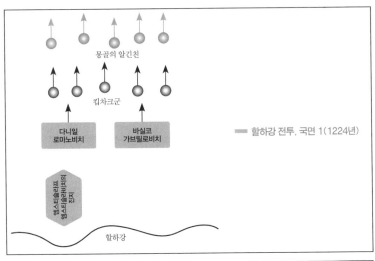

■ 할하강 전투, 국면 1(1224년)

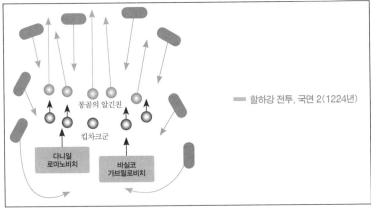

■ 할하강 전투, 국면 2(1224년)

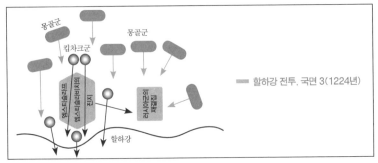

■ 할하강 전투, 국면 3(1224년)

도망치다 비명 행사했다고. 그래도 그렇지. 어떻게 감히 몽골족이 초원의 맹주가 되려고 하는가? 하늘 위에는 두 개의 광원(태양과 달)이 떠오를지 모르지만, 땅 위에 두 명의 통치자가 있을 수 있겠는가? 이제 몽골족에게 진격하여 그들을 붙잡아 이리로 끌고 오라!"

나이만족은 강력한 군대를 보유하고 있었어도 몽골에 대항하기 위해 여러 부족을 규합하여 군사력을 증대시켰다. 그러나 엉구트족(Önggüt Tribe)의 우두머리 알라쿠쉬(Alaqush)는 나이만족을 중심으로 한 연맹군에서 용케 빠져나와 칭기즈칸에게 공격이 임박해 있음을 경고했다. 겨울이 막 끝나서 말이 메말랐던 당시 상황은 전쟁을 하기에 적절한 시기가 아니었지만, 군대를 소집하여 전쟁 준비를 마친 칭기즈칸은 제베와 쿠빌라이를 선봉으로 삼아서 사아리초원(Sa'ari Steppe)으로 진격해 나이만족과 맞섰다(1204년 5월).

나이만족에게 몽골군의 병력을 부풀려 보이게 하려고 제베와 쿠빌라이는 밤에 수많은 모닥불을 지폈다. 이런 기만술은 또한 몽골군이 말에게 휴식을 취하고 먹이를 줄 시간을 벌기 위한 지연 전술 기능을 하기도 했다. 그러나 겨우내 제대로 먹지 못한 것은 물론, 먼 길을 달려온 몽골군의 말이 지쳐있음을 파악한 타양 칸은 몽골군이 알타이산맥을 넘도록 유도해서 말을 더 지치게 만들고, 이때 매복했던 군사들로 공격하면 승리할 수 있으리라고 생각했다. 그는 또한 나이만군이 몽골군과 직접 교전을 벌여서 몽골군이 우세해지면, 알타이산맥을 등진 상태에서 나이만군을 재편성하기가 힘들다고 믿었다. 그러나 타양 칸의 아들 쿠츨루크는 그것을 비겁한 전술로 여겼다. 쿠츨루크는 전략이나 전술의 활용보다 나이만족의 우세한 병력에 의지하는 직접 교전 방식을 선호했다. 결국 쿠츨루크의 의견을 받아들인 나이만족은 공격을 개시했다. 나이만족에 가담한 몽골초원의 유목민족의 우두머리 중에는 칭기즈칸과 한때 안다(의형제)인 동시에 경쟁 상대였던 자무카가 있었는데, 칭기즈칸과의 전투에서 승리를 거두었던 유일한 부족장이었던 그는 타양 칸의 군사 고문을 맡았다.

나이만족이 알타이산맥에서 나쿠절벽(Naqu Cliffs)근처로 진격하고 있다는 척후병의 보고를 들은 칭기즈칸은 수동적으로 기다리고 있지 않았다. 전략적 요충지의 확보가 중요하다는 것을 알았던 칭기즈칸은 이번 전투의 전략적 요충지는 고지(高地)가 아니라고 판단했다. 칭기즈칸은 몽골군의 군사력이 열세에 있었기 때문에 나이만군이 병력을 완전히 활용하지 못하도록 나이만군을 알타이산맥 쪽으로 밀어붙이는 전술을 택했다. 차키르마우트 전투는 우리가 몽골군의 전투 대형을 이해할 수 있는 최초의 전투이기도 했다. 칭기즈칸은 카라가나(폐쇄형) 행군 대형으로 진격하고, 나구르(확장) 대형으로 전투 자세를 취하고, 끌(충돌 공격) 대형으로 싸우라고 군사들에게 명령했다. 그러는 동안, 몽골군과 나이만군의 척후병 간에 벌어진 사소한 접전에서 몽골군이 승리했다.

칭기즈칸이 몸소 알긴친(Algincin 전위 부대)을, 그의 동생 조치 카사르가 콜 자사울바(Qol Jasa'ulba 주력 부대)를 지휘하며 진격했다. 막내 동생 테무게는 말이 지치면 바꿔 탈 수 있도록 예비마를 거느린 예비 부대를 이끌었다.

전위 부대의 선봉에는 더르벤 노카스(Dörben Noqas 칭기즈칸의 네 마리 사냥개)인 제베, 쿠빌라이, 젤메, 수부타이가 섰다. 이들은 나이만군을 밀어붙이면서 양 측면을 포위하기 시작했다. 더르벤 노카스는 칭기즈칸의 두 정예 부대 우루우트(Uru'ut)와 망쿠트(Manqut)의 지원을 받았다. 몽골고원 통일 전쟁에서 몽골군의 돌격대를 맡았던 우루우트와 망쿠트는 여러 전투에서 공훈을 세운 바 있다.

몽골군에 완전히 포위되지 않도록 쫓기던 나이만군은 알타이산맥까지 퇴각했다. 그러나 칭기즈칸은 공격의 고삐를 늦추지 않았다. 〈몽골족의 비사〉를 보면, 나이만군은 초원에서 완전히 쫓겨나기 전에 칭기즈칸이 퇴각하는 나이만군을 정면에서 공격했는지, 나이만군의 후위를 기습 공격했는지는 알 수 없다.

타양 칸은 조치 카사르의 주력 부대와 테무게의 예비 부대가 진격하는 것을 보면서도 속수무책이었다. 나이만군을 압박한 칭기즈칸의 알긴친이 나이만군에게 군사 행동을 펼칠 틈을 주지 않았기 때문이다. 포위망을 좁혀가던 몽골군은 나이만군을 완전히 포위하여 산꼭대기로 몰아갔다. 퇴각한 자무카는 타양 칸의 손아귀에서 벗어나 북쪽으로 도망쳤다. 전설에 의하면, 자무카는 도망치면서 나이만군, 특히 타양 칸의 사기가 꺾였다는 전갈을 칭기즈칸에게 보냈다고 했다.

밤이 되자 행동을 하기가 더욱 어려워졌지만, 나이만군은 어둠을 틈타 도망치기 시작했다. 그러나 많은 병사가 절벽에서 떨어져서 시체가 산더미처럼 쌓였다. 뼈가 부러지고 서로 충돌하여 부상당하는 혼란 속에서 사상자가 마치 썩은 통나무 더미를 이루는 듯했다.

다음 날 아침, 몽골군은 유리한 전세를 활용하여 나이만군을 격파했다. 도망가려던 타양 칸은 몽골군에게 붙잡혔다. 몽골군의 눈을 피해 달아난 타양 칸의 아들 쿠츨루크는 강력한 진지를 구축하여 잠시 동안 몽골군의 공격에 저항했지만, 이내 이르티쉬강으로 퇴각했다. 나머지 나이만군과 자무카를 따르던 여러 부족은 알타이산맥 남쪽 기슭에서 칭기즈칸에게 항복했다.

자무카도 붙잡히고 말았는데, 도주에 지쳤던 그의 부하가 보상을 바라고 그를 칭기즈칸에 넘겨주었던 것이다. 칭기즈칸은 배반한 자무카의 부하를 참수했다. 자무카는 본인이 원하는 대로 명예롭게 처형되었다. 양탄자에 몸을 말은 자무카를 말들이 짓밟았기 때문에 피가 땅에 흩뿌려지지 않았다. 피에도 영혼이 깃든다고 믿었던 몽골인은 영혼 세계에 들어갈 수 있도록 피를 쏟지 않고 죽음을 맞이하는 것을 중요하게 생각했다.

결국, 1204년에 벌어진 차키르마우트 전투로 칭기즈칸은 몽골고원의 패권을 차지하고 몽골제국 건설의 기틀을 다졌다.

할하강(Khalkha River)

몽골군과 러시아군 사이에 벌어진 첫 번째 교전은 할하강 전투였다(1224년). 원래 러시아군과 처음 맞부딪혔던 몽골군은, 칭기즈칸의 호라즘제국 침공 중에 무함마드 2세를 추격하던(1219년~1223년) 제베와 수부타이가 이끈 원정대였다. 서정에 나선 몽골군은 코카서스산맥을 넘어 킵차크초원에 이르렀다. 알란족(Alans)과 킵차크족을 물리친 몽골족은 달아나는 킵차크족을 계속 추격했다. 코텐칸(Koten Khan)이 거느린 킵차크족은 러시아 제후들에게 도움을 청했다. 정치적 유대나 정략적 결혼으로 결속된 러시아 제후 중에는 특히 코텐의 처형 갈리시아의 엠스티슬라프 엠스티슬라비치(Mstislav Mstislavich) 공(公)이 있었다. 코텐 칸이 지금 연합해서 몽골군에 대항하지 않으면 다음 침략 목표는 러시아 공국이 될 것이라고 설득하자, 러시아군이 킵차크군에 합류했다. 또한, 엠스티슬라프는 몽골군이 킵차크군을 격파하면 킵차크군이 몽골군에 합병될 가능성이 높다고 생각했다.

그 당시, 러시아 공국에 관심이 없던 칭기즈칸은 사신을 통해 러시아에 자신의 뜻을 전했다. 그러나 러시아 공국은 이 내용을 무시하고 사신을 죽인 뒤, 키에프의 엠스티슬라프 로마노비치 대공작(Grand Prince Mstislav Romanovich), 체르니고프의 미하일 공작(Prince Mikhail), 갈리치의 엠스티슬라프 엠스티슬라비치(Mstislav Mstislavich), 키에프의 엠스티슬라프의 손자 다니일 로마노비치(Daniil Romanovich) 등을 포함시킨 군대를 소집했다.

몽골군은 진격을 앞둔 러시아군에 다시 사신을 보내 지난번에 사신을 죽였으니 전쟁을 피할 길이 없다고 경고했다. 몽골군과 싸워본 적이 없었던 러시아군이 몽골 사신을 죽인 것은 대담한 행동이었다. 알란족, 아브카지안족, 체르케스족을 비롯한 여러 민족을 정복한 몽골군은 그 기원을 알 수 없는 신비스러운 존재였다. 게다가 킵차크군이 몽골군을 두려워한 나머지 지원 요청을 한 것을 보면 몽골의 경고는 가볍게 받아들일 것이 아니었다.

러시아군은 드네프르강(Dnepr River)의 바랑섬(Varangian Island)에서 킵차크군과 합류했다. 그곳에서 연합군은 몽골군이 러시아 전함을 조사하고 있다는 소식을 접했다. 이에 다니일 로마노비치는 스스로 정보를 수집한 후에 대규모 병사를 이끌고 진격했다. 다니일은 몽골군이 인접해 있다는 소식을 엠스티슬라프 엠스티슬라비치 공에게 전했다. 엠스티슬라프 공과 몇몇 젊은 제후들은 몽골군을 공격하기로 결정하고 드네프르강을 건넜다. 몽골군을 쉽게 격파한 러-킵 연합군은 몽골군을 추격했다. 이 추격전에 또 다른 러시아 제후 몇몇이 동참했다. 몽골군은 쫓기면서도 항상 연합군의 가시권을 벗어나지 않았다. 이렇게 여드레 동안 몽골군을 쫓던 연합군은 할하강에 도달했다. 아흐레 날 엠스티슬라프 공은 다니일 로마노비치에게 할하강을 건너서 몽골군을 계속 추격하라고 명령했다. 그러는 동안 엠스티슬라프 공은 할하강 제방을 따라서 군영을 설치했다.

척후병과 전위 부대에 경무장한 킵차크군을 내세운 러-킵 연합군의 추격 부대는 몽골군과 킵차크군 간에 작은 전투가 벌어졌다는 소식에 본격적인 전투를 준비했다. 주력 부대였던 러시아군이 전위 부대를 도우러 출격하자 몽골군은 달아났고, 러시아의 기마병이 달아나는 몽골군을 필사적으로 추격했다. 그러나 매복해 있던 몽골군이 모습을 드러내는 것을 본 러시아군은 몽골군의 퇴각이 함정이었음을 깨달았다. 몽골군에 양 측면을 에워싸인 러시아군은 소나기처럼 퍼붓는 활 세례를 받아야 했다.

이제는 전열을 잃고 달아나기 시작한 킵차크군이 몽골군의 추격을 받을 차례였다. 바실코 가브릴로비치 공과 다니일 로마노비치 공은 몽골군의 공격을 막아보려 했지만, 둘 다 몽골군의 창에 목숨을 잃고 말았다. 몽골군의 기습에 동요된 킵차크군은 퇴각에 퇴각을 거듭하여 할하강 제방을 따라 설치된 러시아군의 군영에까지 이어져 러시아군의 막사를 짓밟기에 이르렀다. 킵차크군의 너무나 갑작스러운 난입에 러시아의 제후들은 미처 병사를 소집할 시간조차 없었다.

몽골군이 바짝 추격해오는 통에 킵차크군은 계속 후퇴했고, 러시아군은 운이 없게도 킵차크군을 추격해오던 몽골군의 공격을 받았다. 이미 러시아 군영은 킵차크군의 쇄도로 쑥대밭이 된 후였다. 방어할 군대를 소집할 틈이 없었던 러시아군은 몽골군의 살육에 무방비상태였다. 많은 러시아군이 혼비백산하며 달아났지만, 키에프의 엠스티슬라프 로마노니비치 공과 그의 사위 안트레이 공(Prince Andrei), 알렉산드르 두브로비치 공(Prince Aleksandr Dubrovich) 등은 강변을 따라 군대를 소집하여 몽골군의 공격을 막고자 강가의 바위가 많은 지역에 요새를 만들었다. 그러는 동안, 몽골군의 일부는 남아 있는 킵차크군과 러시아군을 격파하기 위해 드네푸르강까지 추격했다.

사흘이 넘도록 포위 공격이 잦아들지 않자, 엠스티슬라프 로마노비치 공과 제후들은 한 브로드니크인(Brodniki 코사크인의 조상)과 협상을 거친 후에 항복했다. 그 브로드니크인이 자신의 자유의지로 몽골군에 합류했는지는 알 수 없지만, 몽골은 킵차크어와 러시아어를 알았던 브로드니크인을 유용하게 활용할 수 있었다. 브로드니크인의 도움으로 엠스티슬라프의 항복을 확보한 몽골군은 러시아군의 요새를 점령했다.

이제 몽골군은 승리를 축하하는 잔치를 벌였다. 몽골군은 넓은 판자로 연회장을 만들어 그 위에 앉아서 먹고 마시며 유흥을 즐겼다. 아마 큰소리로 노래 부르고, 발을 쿵쿵 구르며 춤도 췄으리라. 그러나 포로가 된 러시아 제후들은 잔치를 즐길 수 없었다. 연회장으로 사용된 판자를 밑에서 받치고 있어야 했던 그들은 잔치가 벌어지는 내내 거의 압사 상태였다.

러시아의 제후 중 유일하게 드네푸르강을 건너서 도망친 이는 엠스티슬라프 엠스티슬라비치뿐이었다. 출격한 러시아 병사 중 귀향한 병사는 열에 한 명 꼴이었다. 연대기에 의하면 '승리를 거둔 몽골군은 드네푸르강을 건너 되돌아갔지만, 그들이 어디에서 왔고 어디로 가버렸는지는 모른다'고 기록되어 있다.

그 당시 영토의 정복보다는 원정 자체에만 관심이 있었던 몽골군은 러시아군을 격파한 후에 러시아의 영토를 차지하려 들지 않았다. 몽골은 러시아군과 킵차크군이 원정을 마친 몽골군의 귀향을 방해하지 않기만을 바랄 뿐이었다. 그러나 몽골군은 대략적인 병력, 적군의 전술, 러시아와 킵차크가 연합 전선을 구축했다는 사실, 지형에 대한 지식 등 러시아군 및 킵차크군과의 전쟁에서 소중한 정보를 얻었다. 러시아 공국은 분명히 몽골군이 다시 공격해 오리라는 걱정을 하지 않았을 것이다. 사실, 몽골은 그 후로 14년 동안 러시아 공국에 위협 세력이 아니었다. 몽골이 러시아를 정복할 의도를 갖고 전례 없는 병력으로 침공하기 전까지는 말이다.

◎ 포위 공격

바그다드(Baghdad)

아바스 왕조(Abbasid Caliphate)의 수도 바그다드는 1230년대에 몽골군의 공격을 수차례 받긴 했지만, 여전히 몽골에 항복하지 않은 상태로 저항을 멈추지 않았다. 아바스 왕조는 대규모 병력과 성곽으로 몽골의 공격을 막아냈다. 그러나 17년 동안 통치하던 칼리프 알-무스탄시르(Caliph al-Mustansir)가 사망하자(1242년), 바그다드의 자주성은 서서히 종말을 고하기 시작했다. 그리고 무스타심 이븐 무스탄시르(Mustasim ibn Mustansir)의 즉위로 바그다드의 몰락이 가속화되었다. 어느 사가는 다음과 같이 기록했다.

무스탄시르가 죽자, 그의 아들 무스타심이 16년 동안 통치했다. 그는 어린 아이 수준의 이해력을 가진 자로, 선악을 구분할 능력이 없으며, 항상 비둘기를 비롯한 새들과 노는 데에 정신이 팔려 있었다. 그리고 바그다드를 공격할 준비를 마친 타타르족이 페르시아의 주요 도시들을 점령하고 파괴했다는 소식을 들은 무스타심은 "이곳은 우리의 영토이다. 우리가 허락하지 않으면 타타르족은 이곳에 들어올 수 없다"고 대답했다. 이 바보 같은 군주가 다스리는 동안 아바스 왕조의 종말이 왔다.

무스타심의 통치 기간 중에 칼리프의 권위가 약화되었다. 1250년에서 1251년에 무스타심은 자신의 아버지가 징집했던 군대에 지급하던 보조금을 중단하고 군대를 해산했다. 그리고 1258년에 시아파와 수니파 사이에 일어난 종교 분쟁은 무스타심의 대국민 통치력의 부재를 여실히 보여주었다. 이 종교 분쟁은 시아파의 재상 이븐 알카미(Ibn Alqami)가 몽골과 접촉하여 아바스 왕조를 전복시키는 계기가 되었다. 또한 이븐 알카미는 쿠르드군의 일부를 해산했을 뿐만 아니라, 몽골과 평화를 유지한다는 구실로 아바스 왕조의 또 다른 부대를 해산했다. 물론, 칼리프 무스타심은 사소한 일에만 신경을 썼고, 그처럼 중대한 문제는 관심 밖이었다. 사실, 훌라구의 전령이 바그다드에서 붙잡혔지만, 무스탄심은 몽골군이 감히 공격해 오리라고는 생각지 않았고, 그의 생각이 옳지 않다고 설득할 만한 신하도 없었다. 따라서 바그다드는 앞으로 닥쳐올 살육에 무방비 상태였다.

1256년에 알라무트의 암살 비밀 결사단을 정복한 멍케의 동생 훌라구와 쿠빌라이칸(Khubilai Khan)은 바그다드를 점령하기 위해 카즈빈(Qazvin)에서 하마단(Hamadhan)으로 진격했다(1257년 3월). 훌라구는 우선 바그다드의 외곽 도시와 주변 산악 지대를 점령하기로 마음먹었다. 그는 칼리프 무스탄심에게 좌천된 다르탕(Dartang)의 통치자 후삼 알-딘 아카(Husam al-Din Akka)에게 전령을 보내서 항복을 받아내고 여러 요새를 넘겨받았지만, 후삼은 항복으로 전화위복의 행운에 기분이 들떠서 "내가 바그다드의 군대를 지휘한다면 훌라구쯤은 문제없다"라고 떠벌렸다. 이 말을 들은 훌라구는 즉시 후삼의 요새 전부를 파괴하라고 명령한 다음, 그의 목을 베어버렸다.

바그다드로 출격하기 전에 훌라구는 이슬람 점쟁이를 불러 적당한 공격 시기를 물어보았다. 점쟁이는 바그다드를 공격하지 말라는 점괘가 나왔다면서 몽골군이 무리하게 공격을 시도하면 대재앙(말이 죽고 군사가 병들며, 해가 뜨지 않고, 폭풍우나 지진, 가뭄이 계속될 것)이 닥칠 것이라고 충고했다. 당연히 이런 재앙은 식물이 성장을 멈추고 초원이 사막화되는 것을 의미했다. 점쟁이는 바드다드를 공격하면 심지어 1년 이내에 몽골의 통치자가 죽을 것이라는 말도 전했다. 그렇지만 모든 장수들은 훌라구에게 바그다드 침공을 간언했고, 마음을 정하지 못한 훌라구는 나시르 알-딘 투시(Nasir al-Din Tusi)라는 학자에게 문의했다. 나시르는 무함마드의 친구들이 박해를 받았고, 여러 칼리프가 살해되었지만 아무런 재앙이 없었다는 점을 지적하며 훌라구에게 침공을 강행하라고 충고했다.

훌라구는 그루지야, 아르메니아, 모술(Mosul)의 방어군을 포함하는 군대를 이끌고 바그다드로 진격했다(1258년). 훌라구가 20킬로미터 지점까지 진격했다는 소식에 술라이만 샤(Sulaiman Shah)와 말리크 이즈 알-딘 이븐 파스 알-딘(Malik Izz al-Din ibn Fath al-Din 칼리프의 쿠르드족 출신 전사로 아바스 왕조 군대의 우익 사령관)과 무자히드 알-딘(Mujahid al-Din) 등 아바스 왕조 군대의 장수들은 칼리프에게 조치를 취하라고 충고했다. 하지만 칼리프는 그의 와지르(Wazir 재상) 이븐 알카미의 손에 만사를 맡겼다. 물론, 이븐 알카미는 몽골군의 진격에 아무런 대응도 하지 않았다.

훌라구가 동쪽에서 바그다드로 진격하자, 중동의 타미치 바이주(Baiju)는 북서쪽에서 공격했다. 바그다드 궁의 사령관 루큰 알-딘(Rukn al-Din)은 바이주의 전위 부대를 요격하려고 했지만, 바그다드에서 30킬로미터 떨어진 지점에서 패배하고 말았다. 원래 루큰 알-딘은 바이주의 전위 부대를 두자일(Dujayl) 지역까지 밀어붙였으나, 이때 바이주가 진격하여 몽골군이 승리를 얻어냈다.

아르마니아인과 그루지야인을 포함한 바이주의 군대는 바드르-

알-딘 룰루스(Badr-al-Din Lu'lu's) 기술자가 만든 주교(舟橋)를 이용하여 티그리스강(Tigris River)을 건넜다. 타크리트(Takrit)에 주둔하던 아바스 왕조의 군대는 주교를 불태워 몽골군의 도하를 막아보려 했지만, 몽골군은 다시 주교를 만들었다. 티그리스강을 건넌 몽골군은 바그다드의 서쪽 지역에 대한 진격에는 실패했지만, 쿠파(Kufa), 힐라(Hillah), 카르크(Karkh) 등의 요새를 점령했다.

연대기의 기록에 의하면, 밀리크 이즈 알-딘과 무자히드 알-딘은 카르크를 비롯한 인근 도시에서 지원받은 병력으로 보강된 기마병 2만 명을 이끌고 티크리스강을 건넜다. 몽골군은 이들 아바스 왕조 군대와 교전을 벌였지만, 패하고 말았다. 밀리크 이즈 알-딘은 몽골군을 추격하길 원했지만, 위장 퇴각 전술이라고 생각한 무자히드 알-딘은 그를 말렸다. 결국 그들은 유프라테스강의 지류인 나르-이-쉐르(Nahr-i-sher) 근처에 진을 쳤다. 밤이 되자, 재상 알카미는 아랫사람을 시켜 제방을 허물도록 하여 평야를 홍수로 만들었다. 몽골군은 때를 놓치지 않고 물바다가 된 아바스 왕조 군대의 진영을 새벽녘에 공격했다.

충분히 가능성이 있는 이와 같은 설명을 완전히 무시해서는 안 되겠지만, 연대기의 기록자인 페르시아의 망명자 주자니(Juzjani)는 몽골군의 승리가 몽골군의 노력이라기보다는 알카미의 배신 탓으로 돌리고 있다. 알카미의 행동을 입증할 만한 증거가 없는 지금, 교전 중에 알카미가 정확히 어떤 역할을 했는지는 의문이다. 그러나 알카미가 외교적으로 중요한 역할을 맡았던 것은 분명하다.

이 전투에서 패배한 아바스 왕조 군은 바그다드로 퇴각하여 산

자리 마스지드(Sanjari Masjid)와 카스르 술라이만 샤(Kasr Sulaiman Shah)를 방어했다. 그러는 동안, 바이주는 서쪽으로 진격했던 반면(1258년 1월 22일), 케트 부카는 나자시이야(Najasiyya)에서 도착했고, 며칠 후에 사르사르(Sarsar)는 훌라구와 함께 동쪽에서 도착했다. 포위 공격은 1월 29일에 시작되었다. 바그다드의 지도급 인사들은 협상을 시도했지만, 외교적 타협의 시기는 이미 물 건너간 상태였다. 훌라구는 바그다드에서 보낸 사신을 감금하고 포위 공격을 멈추지 않았다. 그와 동시에 아바스 왕조의 저항을 늦추기 위한 협상(항복하면 성직자와 민간인은 살려주겠다)도 진행했다.

몽골군은 투석기의 목표물을 오로지 아자미탑(Ajami Tower)에 집중했고, 결국 2월 1일에 탑을 무너뜨렸다. 그렇지만 몽골군이 바그다드에 진입한 것은 2월 3일이었고, 도시의 성벽 일부를 점령한 후에도 협상은 지속되었다.

이즈 알-딘과 무자히드 알-딘은 바그다드를 버리고 강 하류를 통해 바스라(Basra)로 도망가라고 칼리프에게 권했지만, 이븐 알카미는 칼리프에게 자신이 몸소 몽골군과 협상하겠다고 자청했다. 훌라구가 제안한 조건은 알-무스타심의 딸을 자신의 아내로 맞이하는 것과 셀주크(Seljuq) 왕조 시대에 술탄이 아바스 왕조에 대해 지녔던 권위와 동일한 권위를 칼리프 알-무스타심이 훌라구에게 인정하는 것이었다. 칼리프가 이 두 조건을 받아들이면 훌라구는 공격을 중지할 것이라고 말했다. 칼리프와 지도급 인사들은 조약을 체결하기 위해 바그다드의 성문을 나섰다. 그러자 훌라구는 지도급 인사 대부분을 처형하고, 이어 칼리프도 처형하라고 명령했다. 훌라구는 축적해

놓은 도시의 방어에 재물을 쓰지 않고 독차지하려 한 칼리프를 꾸짖은 다음, 양탄자에 말아서 짓밟아 죽였다.

바그다드의 군대도 항복하려 했지만, 그 과정에서 몽골군 장수 한 명이 눈에 화살을 맞는 부상을 당하자, 훌라구는 바그다드 병사를 닥치는 대로 살해했다. 그 뿐만 아니라 몽골군은 바스라로 진격하여 있는 대로 약탈했다. 결국 바그다드는 2월 10일 항복했고, 이로써 몽골군은 바그다드군에 대한 대학살을 마무리 지을 수 있었다.

이렇게 아바스 왕조는 1258년에 멸망했고, 20년 동안 간헐적인 전투를 벌인 끝에 결국 바그다드가 완전히 몽골의 손에 들어왔다. 훌라구는 2월 13일부터 34일 동안 몽골 병사들에게 바그다드에 대한 약탈을 공식적으로 승인했다.

몽골군이 바그다드를 정복하긴 했지만, 아바스 왕조 군대의 저항이 즉시 멈춘 것은 아니었다. 아바스 왕조 병사 1만 명은 와디(Wadi)에 몸을 숨기고, 계속해서 게릴라전을 펼치며 몽골군에 항전했다. 이들의 주요 목표는 바그다드의 파괴에 참여한 수많은 기독교인(그루지야군과 아르메니아군)이었다. 또한, 이들은 와지르와 바그다드의 다루가치를 붙잡는 데 성공했다. 몽골군은 이들 반란군을 없애려고 애를 썼지만, 상황에 따라서 몽골군에 맞서 싸우기도 하고 도망을 치기도 했던 반란군을 제거하기란 여간 어려운 일이 아니었다. 그러나 결국 반란군은 붙잡혀 처형되었다. 그 후 훌라구는 바그다드 함락 이전에 와지르가 호화롭게 살 수 있었던 원인이 무엇인지에 대해 질문을 던지자, 이제 자유의 몸이 된 와지르 이븐 알카미는 모든 것이 다 칼리프 덕이라고 대답했다. 그러자 훌라구는 다음과 같이 와

지르를 비난하며 그를 처형했다. "너는 너의 주인에 대해 감사할 줄 모르는 인간이므로 내 밑에 있을 자격이 없다."

채주(蔡洲)에 대한 포위 공격

연경(燕京)과 카이펑에 대한 몽골군의 포위 공격은 공성전의 좋은 예이긴 하지만, 몽골군이 공성 역량과 가차 없는 진격을 보여주었던 이상적인 예는 금나라의 마지막 항전 도시 채주(蔡洲)에 대한 포위 공격일 것이다. 네르제를 사용한 몽골군은 채주를 고립시키고, 지역 주민들을 감시하여 채주의 식량 공급망을 통제했다. 채주 공격 중에 몽골군이 활용한 전술은 지역 주민들에게 몽골군에 대한 공포가 얼마나 효과적으로 확산될 수 있는지를 여실히 보여주었다. 총사령관 수부타이가 카이펑을 점령하긴 했지만, 채주 공습의 지휘는 무명의 장수 타차르(Tachar)가 맡았다.

1231년경에 금나라의 영토는 하남성(河南省) 동부와 수도 카이펑으로 국한되었다. 몽골군이 카이펑을 포위하리라고 예견한 금나라 황제 애종(哀宗)은 채주로 천도를 결심했다. 채주가 방어 진지로 적합하지 않음을 파악한 거란족 출신의 금나라군 총사령관 쿠안-누(Kuan-nu)는 애종에게 수양(睢陽)으로 천도하는 것이 더 좋다고 간했다. 그러나 이를 자신의 능력에 대한 경멸로 여긴 애종은 쿠안-누를 참수시켰다. 채주에 도착한 또 다른 장수 푸시안(Puxian)이 채주가 장기적인 포위 공격을 막기에 적합하지 않은 도시임을 파악했을 때에는 이미 늦어 있었다. 황제가 이미 천도 중이었기 때문이다. 황제 또한 채주에 도착하여 때늦은 후회를 하고 말았다. 그렇지만 카이펑이 수부타이에 이내 함락(1233년)된 것을 보면 금나라는 채주 천도로 멸망을 몇 개월 늦출 수 있었던 것이 사실이다.

쿠안-누와 푸시안 말고도 애종에게 채도 이외의 도시로 천도하라고 간한 신하가 또 있었다. 연나라의 왕자인 융-안(Yung-An)은 애종에게 채주 대신 산동성(山東省)으로 천도할 것을 간하는 편지를 썼다. 첫 번째 이유는 산동성 주위로 물이 흐르기 때문에 몽골군의 공격을 막아내는 데 유리했고, 두 번째 이유는 곡식은 부족하지만 물고기와 야채가 풍부해 식량을 자급자족하기에 충분하다는 점이었다. 세 번째 이유는 몽골군이 채주를 차지하지 않은 것은 금나라를 위한 것이 아니었다는 점이었는데, 이는 마치 사람들을 놓아준 다음 그 뒤를 추격하기 위한 것, 즉 싸우기 힘든 곳에서 물러서 있다가 공격하기 쉬운 곳으로 몰고 가기 위한 것과 같았다. 네 번째 이유는 송나라 국경에서 20킬로미터밖에 떨어져 있지 않은 채주로 천도하면 송나라에서 군대와 식량을 몽골에 지원할 수 있다는 점이었다(송나라는 실제로 몽골과 동맹을 맺는다). 우연히 미래를 예견한 융-안 왕자는 송나라가 몽골을 지원하면 금나라가 불행을 면치 못하리라고 지적했다. 다섯 번째 이유는 산동성이 함락되면 배를 타고 채주로 달아날 수 있지만, 채주로 천도하여 채주가 함락되면 달아날 길이 바다밖에 없다는 점이었다. 여섯 번째 이유로, 계절이 무더운 우기라는 점을 지적했다. 게다가 홍수가 났기 때문에 채주로 천도하면 금나라의 지원군이 도착하는 데 어려움이 있었지만, 산동성은 지원군이 배를 타고 도착할 수 있는 곳이었다. 이런 합당한 전략상의 이유에도 불구하고 애종과 그의 대신들은 융안의 충성을 불신하며 그의 간언을 무시했다.

몽골군이 중국 북부를 하나둘씩 정복해 나가자, 금나라군의 병사들은 물론, 장수들까지 몽골군에 투항하기 시작했다. 게다가 금나라군은 영토를 방어하기 위한 방어선이 지나치게 확대되었기 때문에 황제의 지원군 요청에도 장수들이 제때에 도착할 수 없었다. 따라서 타차르 노이안은 거침없이 진격하여 채주로 천도한 애종을 공격했다(1233년 10월). 금나라의 황실에서 부른 점쟁이 와캉(Wa Kang)은 금나라가 승리할 것이지만 새해 정월 열사흘 째까지 공성이 계속될 것이며, 열사흘에는 채주에 개미새끼 한 마리 얼씬하지 않을 것이라고 예언했다. 점쟁이의 말을 들은 애종은 당연히 기뻐했지만, 채도에 금나라의 식량이 충분한 것은 아니었다. 애석하게도 점쟁이의 예언은 빗나가서 채도는 1234년 2월 9일(음력으로 새해 정월 열흘)에 몽골군에 함락되었다. 그러나 몽골군은 정월 열사흘에 채도에서 철군했다.

몽골군의 승리 소식에도 불구하고 금나라의 장수들은 마술이나 점성술에 의존하지 않고 오로지 군사력으로 몽골군의 공격을 저지하려고 애썼다. 은퇴한 금나라의 장수 네이-추 아-후-타이(Nei-tsu A-hu-tai)는 식량을 확보하고 송나라가 몽골과 동맹을 맺지 못하도록 송나라와 연합 전선을 구축하라고 간언했다. 그의 간언은 무시되었지만, 1233년 9월 18일에 송나라는 탕현(Tang Prefecture)을 점령했고, 대규모 군대를 국경에 집결시켰다. 이에 애종은 지원군 3만3천 명을 국경 지대로 보내면서 다음과 같은 격려의 말을 덧붙였다.

몽골군이 군대를 파견하여 전쟁에 승리를 거두는 이유는 북방 민족의 전투 방식과 중국식 전술을 적절히 활용하기 때문이다. 몽골군은 결코 만만히 볼 상대가 아니다. 그러나 송나라는 우리의 적수가 안 된다! 송나라군은 무사가 아니라, 나약한 계집아이 같다. 장강(長江)과 회하(淮河)로 진격하는 데 무장한 병사 3천 명이면 족하다. 제군들은 용기를 잃지 말라!

사실 금나라는 창-투 티엔(Chang-tu Tien)에서 송나라에 승리를 거두었지만, 몽골군만 만나면 맥을 못 추었다. 1233년 9월 28일에 몽골군은 춘현(Chün Prefecture)과 쉬우현(Xü Prefecture)을 이미 점령했다. 10월이 되자, 금나라의 모든 장수들은 몽골군이 채도를 공격 목표로 삼고 있음을 파악했다. 몽골군은 10월 말에 인근 도시를 점령해서 채도를 고립시키는 네르제 전술로 채로로 진격했다. 루샨(Lu Shan)의 사령관 유안 치(Yüan Chih)는 지원군을 이끌고 끊임없는 전투를 치르며 채도에 도착했다. 그렇지만 각 지역의 많은 사령관들은 자신들의 영토를 지키느라 황제의 지원군 요청에 응하기를 주저했다. 몽골군은 부대를 소규모로 나누어 금나라군의 반격을 유인하고, 금나라 지원군의 합류를 저지하는 데 초점을 두었다.

몽골군이 도착하자, 금나라 장수들은 식량을 징발했고, 더 많은 식량을 징발한 장수는 진급과 봉급이 높아졌다. 그러나 몽골군에 대한 만연한 공포로 통화 가치가 밤사이에 곤두박질쳤고, 11월 19일에 공격이 시작되자 이내 몽골군에 투항하는 금나라 황실 호위군도 생겨났다.

공성이 장기화되면서 채주의 상황은 더욱 악화되었다. 12월에는 채주의 음식 값이 천문학적인 수치로 솟아올랐고, 식인 풍습이 등장하기도 했다. 인육을 먹은 악한을 교수형에 처해도 식인 풍습은 사라지지 않았다. 시민들이 먹을 식량은 부족했지만, 애종의 장수 웬-툰 창 순(Wen-Tun Ch'ang Sun)이 채주의 서쪽 도시 리엔 치앙(Lien Chiang)으로 날마다 소규모 군대를 이끌고 물고기를 잡아왔기 때문에 애종은 배를 채울 수 있었다. 그러나 타차르가 알긴친에게 명령을 내려 웬-툰 창 순의 부대를 매복하여 섬멸한 후(이 교전에서 웬-툰 창 순은 전사했다)에는 애종도 굶주릴 수밖에 없었다.

병사들에게 미약(媚藥)을 먹여서 전투를 벌이게 한 금나라 부대가 있었던 것을 보면 금나라의 절박함이 어느 정도였는지를 짐작할 수 있다. 또한 몽골마를 겁주기 위해 말에게 사자의 마스크와 커다란 방울을 목에 단 금나라 부대도 있었다. 애종도 이런 부대를 어리석게 생각하고 그런 행동을 중단시켰다. 송나라군 1만 명이 몽골군의 포위 공격에 합류했을 때 금나라의 상황은 더욱 악화되었다. 금나라군에 이내 저지되긴 했지만, 송나라군은 성벽을 돌파하기도 했다.

1234년이 다가오자, 애종이 아직 몽골에 항복하지 않은 금나라의 도시와 요새에 전령을 보내 새해 첫날 합동 공격을 개시하자는 전갈을 전하면서 채도는 안도의 희망을 품었다. 그러나 공격을 감행한 도시나 요새는 한 곳도 없었다. 몽골군은 전령의 일부를 사로잡았고, 전령에게 전갈 받은 장수도 채도를 구하려는 시도는 실패할 수밖에 없다고 판단했다. 앉아서 기다리다가 유리한 조건으로 몽골군에 항복하는 장수가 많았다. 배신을 혐오한 몽골군은 중요한 순간에 황제를 버린 금나라 사람들은 처형했지만, 채도의 함락 이후에 항복한 사람들은 우호적으로 대접했다.

1234년 1월 8일에 몽골군은 리엔강(Lien River)의 제방을 무너뜨렸고, 이와 동시에 송나라는 주강(Ju River)의 강물로 채주의 서쪽 및 남쪽 진입로를 물바다로 만들었다. 홍수로 혼란한 틈을 타서 채도의 서문(西門)을 뚫고 들어간 몽골군은 1월 20일에 채도의 서쪽 지역을 점령했다. 이어 몽골군은 금나라군의 반격을 막기 위해 울짱을 설치했다. 타차르는 한시라도 급히 승리의 영광을 맛보기 위해 서두르는 대신, 빈틈없는 승리를 위한 입지를 확실히 다졌다. 금나라는 말을 군량으로 삼고, 민간 가옥을 부수어 그 재료로 요새를 구축하는 등 필사적으로 저항했다. 애종은 환관과 대신들까지 요새를 짓는 인력으로 활용하도록 명령했다. 두말할 필요 없이 이런 최후의 노력도 몽골군의 대세를 막을 수는 없었다. 몽골군을 저지하지 못한 애종은 2월 8일에 네이-추 쳉-린(Nei-tsu Ch'eng-lin)에게 왕위를 물려주고 퇴위했고, 그 이튿날 채주는 몽골군에 함락되었다.

채주의 포위 공격은 도시의 함락 과정은 물론, 금나라의 필사적인 항전을 여실히 보여주는 좋은 예이다. 몽골은 금나라와 20년 동안 전쟁을 벌인 끝에 승리를 거두었다. 몽골군이 금나라 이외의 원정에 신경을 쓰기도 했지만, 금나라가 그토록 오랫동안 저항했던 것을 보면 금나라의 방어 능력이 뛰어났던 것을 알 수 있다. 그리고 몽-금 전쟁은 몽골군 장수들의 역량이 어느 정도인지를 보여준 전쟁이기도 했다. 금나라 공격을 개시했던 몽골군의 총사령관 수부타이는 금나라가 항복하기 전에 킵차크군와 러시아군에 대한 원정군을 이끌고 유럽으로 향했다. 전쟁이 한창 벌어지는 도중에 사령관을 교체했다는 사실은 몽골군의 장수에 대한 신뢰가 두터웠음을 보여준다. 수부타이를 대신한 경험이 부족한 어린 장수가 금나라 정벌을 마무리했다. 오고타이칸은 노련한 장수의 충고가 없어도 몽골군이 맡은 바 임무를 완수하리라고 확신했던 것이다.

✤

C H A P T E R 9

몽골군이 남긴 유산

몽 골군의 탁월한 역량은 몽골군이 펼쳤던 원정을 연구하면 잘 알 수 있지만, 몽골군이 역사에 미친 군사상의 영향은 간과된 듯하다. 이를 제대로 평가하려면 몽골 군사 제도의 장단점을 알아보고, 몽골군의 전술 및 전략상의 특성과 정황을 고려하여 파악해야 한다. 그리고 중세에서 현대에 이르는 전쟁의 발전에 몽골군이 끼친 영향을 고려해야 한다.

☉ 몽골군의 장점

몽골 군사 제도의 가장 큰 장점은 병력의 기동성과 군율이었다. 활을 쏘는 기마병은 오래전부터 있어 왔다. 궁수 기마병은 놀라운 활솜씨와 기동성으로 적을 제압했다. 그러나 유목민족 군대의 최대 약점은 해이한 군율이었다. 전투에서 승세를 타면 승리를 확정짓기보다는 약탈에 정신을 팔고, 패배하는 경우에는 재집결하기보다는 뿔뿔이 흩어지기에 바빴다.

몽골군은 이런 약점을 극복했다. 몽골군은 전통적으로 내려오는 초원 전투의 여러 전략을 개선하고, 이를 확고부동한(때로는 가혹하기까지 한) 군율과 조화시켰다. 이로써 몽골의 장수들은 독자적인 군사 작전을 더 없이 효율적으로 수행할 수 있었고, 이는 다시 몽골군의 기동성 향상으로 이어졌다. 장수에 대한 신뢰가 깊었던 몽골의 칸은 원정 중에 여러 장수들에게 다양한 목표를 할당했다. 엄격한 군율로 몽골군은 공격 중에 적진 깊숙이 돌격할 수 있었고, 중요 목표물에 대한 집중 공격이 용이해졌다.

❂ 몽골군의 단점

전투력이 월등한 몽골군에게도 약점은 있었다. 몽골군을 막을 수 있는 상대는 그 누구도 없다고들 하지만, 몽골군도 수많은 후퇴와 처절한 패배를 경험했던 것이 사실이다. 그러나 새로운 형태의 전술과 전략을 익히는 것에 탁월한 능력이 있는데다, 과거의 패배를 설욕하려는 복수심이 유달리 강했던 몽골군은 패배를 일시적인 후퇴로 삼았다.

몽골군의 최대 강점이었던 기동성은 커다란 약점으로 작용하기도 했다. 행군은 물론, 전투 중에 전술상의 공격 속도를 유지하기 위해 각 병사는 말 서너 필을 예비마로 대동해야 했다. 그러므로 말을 먹이려면 목초지를 확보해야 했다. 몽골군은 보통 전투를 통해서 목초지를 확보했고, 목초지의 크기에 따라서 주둔할 병력의 크기가 결정되었다.

또 다른 약점은 병사들의 자질이었다. 물론, 그 당시의 다른 군대의 병사와 비교하면 일반적으로 몽골 병사는 괜찮은 편이었다. 초원의 혹독한 환경 탓에 유목민족은 고난을 잘 견디어냈고, 기마술과 궁술에 탁월한 재능도 있었다. 그러나 몽골제국의 위상을 고려하면 몽골군은 중세의 정선된 군대의 수준에 못 미쳤다. 맘루크군과 일본의 사무라이는 싸움에만 전념했던 정예 군사였다. 물론, 몽골군 중에 이들 정예 군사와 맞먹는 전투력을 보유한 이들도 있었지만, 전반적으로 몽골군은 괜찮은 군대였지 정예군은 아니었다. 1270년대에 몽골군이 일본을 침략했을 때 사무라이는 처음에 크게 패했지만, 이내 몽골군의 공격에 맞설 수 있었다. 가잔칸이 침공했을 때(1299년 ~1300년)를 제외하고 몽골군이 맘루크군을 능가한 적은 없었다.

사무라이와 맘루크군은 몽골군에 심각한 타격을 입혔다. 사무라이는 기존의 일본식 전투 방식대로 몽골군에 일대일로 맞섰다. 사무라이에게는 불운한 일이었지만, 몽골군은 전쟁을 조직력 싸움으로 보았다. 그러나 몽골군과 고려 및 중국 보병과 일대일로 싸워봐야 승산이 없음을 깨달은 순간부터 사무라이는 전투의 주도권을 쥐기 시작했다. 활솜씨와 검술에 뛰어났던 사무라이는 원거리는 물론, 근거리에서도 몽골군과 대등하게 싸울 수 있었다.

가자(Gaza)에서 처음 몽골군을 격파하고, 1260년에 아인 잘루트

(Ayn Jalut) 대전투에서 몽골군에 승리를 거둔 맘루크족에 대해서도 비슷한 이야기를 할 수 있다. 맘루크군의 대부분은 원래 몽골군이 여러 번 승리를 거두어 자(自)군에 편입시켰던 킵차크투르크족 출신의 노예들로 이집트와 시리아의 노예 시장에서 팔려와 창, 검, 활, 말 등의 기술을 수년 동안 연마한 병사들이었다. 몽골군에 비해 무거운 갑옷과 예비마를 거느리지 않았던 맘루크군은 중기병으로 기동성은 떨어졌지만, 몽골 병사와는 달리 전쟁의 모든 영역에서 훈련이 잘된 병사였다.

사무라이와 맘루크군은 중세의 정예 부대였다. 수적으로 우세했던 몽골군이 시기와 정황이 적절했다면 이들을 격파했겠지만, 일대일 전투는 평생 싸움만을 하고 살아온 사무라이와 맘루크군이 우세할 수밖에 없었다. 자신들과 엇비슷한 전투력을 갖추었던 유럽의 기사단과는 달리 활솜씨가 뛰어난 사무라이와 맘루크군은 몽골군과 맞대응했던 반면, 몽골군은 유럽의 기사단과의 백병전을 피했다. 그러나 몽골군을 맘루크군이나 사무라이와 비교하는 것은 현대의 보병을 미 해군의 특수부대(US Navy SEAL)나 특전부대(Green Beret) 혹은 영국의 공군특수기동대(SAS Trooper)와 비교하는 것과 같다. 다른 민족이나 나라의 일반 병사와 비교하면 몽골 병사에 대적할 만한 상대는 당연히 없다고 봐야 할 것이다.

◉ 몽골군이 전쟁에 남긴 전반적인 유산

몽골군이 전술과 전략에 미친 전반적인 영향에 대해 평가를 내리긴 어렵다. 몽골군이 유라시아의 초원 전쟁에 계속 주도권을 잡았던 것이 사실이다. 다시 말하면, 기동성이 좋고 활을 잘 쏘는 기마병이 전쟁을 주도했던 것이다. 초원과 그 주변 지역은 궁수 기마병이 지속적으로 영향력을 발휘했다. 명나라(1368년~1644년) 때에도 수많은 몽골의 기마병이 가치를 인정받았다. 그러나 몽골군이 전쟁에 남긴 진정한 유산은 초원 이외의 지역에서 그들이 보여준 전략과 전술을 검토해야 한다.

몽골군이 동유럽 전쟁에 미친 영향

동유럽이 초원에서 멀리 떨어져 있긴 하지만, 동유럽 지역의 여러 군대의 발전 과정을 보면 몽골군에 영향을 받은 흔적을 발견할 수 있다. 동유럽의 슬라브 공국 초원의 유목민족과 내내 자주 접했지만, 초원 전쟁의 전략과 전술을 쉽게 받아들이지 않았다. 자신들의 전통에 따라서 전쟁을 치른 동유럽 국가와 민족들은 유목민족을 동맹군이나 보조군으로 활용했다. 몽골제국이 등장하고 나서야 초원 전쟁의 전략과 전술이 동유럽의 군사적 사고에 영향력을 끼치기 시작했다. 몽골제국 이전에는 동유럽 국가와 민족이 유목민족처럼 싸울 필요가 없었다. 몽골 이전의 킵차크족과 페체네그족(Pechenegs)은 만만찮은 적이긴 했지만, 싸울만한 상대였다. 러시아 공국은 듣도 보도 못한 전략과 전술을 쓰는 몽골과 맞설 대책이 없었다. 몽골군의 압도적인 군사력 앞에 러시아 공국의 전통적인 군사 체계를 고수하는 것은 어리석음의 극치였다.

예를 들어, 모스크바군은 여느 러시아 도시처럼 몽골의 군사 체계를 있는 그대로 받아들였다. 이와 같은 수용은 러시아군이 몽골군에 편입되면서 가속화되었다. 모스크바군은 몽골군처럼 군대를 조직하고 몽골군의 전술과 무기를 사용했다. 또한, 몽골의 행정적인 체계도 받아들였다. 대공작 이반 3세(Prince Ivan III the Great)는 역참 제도를 수용하여 몽골과 유사한 방식으로 시행에 옮겼다.

모스크바의 경우, 안정을 위협하는 주요 세력이었던 황금군단의 분파와 리투아니아군이 초원 전투에 능했기 때문에 몽골 군사 체계의 수용에 의의가 있었다. 러시아의 귀족은 몽골제국이 등장하기 이전의 선조들처럼 기습 기마병이 아니라 궁수 기마병으로 싸웠다. 이반 4세(Ivan IV)가 16세기에 총병(銃兵 Streltsy)을 조직하기는 했지만, 이들의 주요 역할은 남쪽 경계를 침입하는 유목민족을 막기 위한 요새 방어였다. 사실, 코자크군의 세력이 커지고 모스크바 대공국이 타타르의 경기병을 활용하면서 초원 전투에 능한 군대의 필요성이 부각됐다. 러시아가 초원 전투에 대한 관심을 접은 것은 유럽에 강력한 세력이 등장한 표트르 대제(Peter the Great) 통치기 이후였다.

표트르 대제와 그의 계승자들의 노력에도 불구하고 점차 약화되긴 했지만, 몽골군의 영향력은 지속되었다. 예를 들어, 1600년대에 볼가강으로 이주한 칼미크족(Kalmyks 서몽골족)은 러시아의 남쪽 국경의 방어에 중요한 역할을 담당했다. 19세기에 중앙아시아를 정복한 러시아는 초원 전투의 전술에 다시 관심을 기울이기 시작했다. 키바 칸 왕국(Khanate of Khiva)과 전투를 벌일 때 초원 전쟁의 전략과 전술을 파악한 미하일 이바닌(Mikhail Ivanin 1801년~1874년)

은 초원 전쟁이 더 이상 주요 전쟁 형태는 아니지만, 초원 전쟁의 전략과 전술의 장점을 그의 저서 〈몽골군의 전술과 중앙아시아 민족들(The Art of War of the Mongols and the Central Asia Peoples)〉에 기록했다. 러시아의 군사 양성 학교는 교과 과정에 초원 전쟁의 전략과 전술을 포함했고, 이 장의 뒷부분에서도 언급하겠지만, 그것은 제2차 세계대전까지 지속되었다.

화약과 초원 전쟁의 종말

화약의 보급은 몽골제국의 번영과 직접적으로 관련되어 있다. 화약의 제조법이 중국에서 아시아 전역으로 서서히 퍼지기는 했지만, 몽골제국의 평화기에 화약의 확산을 가속화했던 것이 사실이다. 몽골군은 중국 이외의 지역의 공성전에 쇠뇌에서 발사하는 폭탄을 사용했지만, 안타깝게도 이를 입증할 만한 구체적인 문서는 없다. 화약을 사용하는 무기에 해당하는 용어와 쇠뇌가 동음이의어이기 때문이다. 몽골군이 좋아하지 않은 무기가 좀처럼 없었다는 점을 고려할 때, 몽골군이 화약 무기를 안전하게 운반하는 방법을 알았다면 그들은 분명히 중국 이외의 원정에 화약 무기를 포함시켰을 것이다. 그렇지만 이것은 어디까지나 추측일 뿐이다.

그러나 직접적이든 간접적이든 간에, 즉 전쟁을 통해서든 몽골을 통과하는 주요 무역상을 통해서든 화약 제조법의 유럽 전파에 주요 역할을 한 것은 몽골제국이었다. 화약 제조법이 몽골에서 유럽으로 직접 전해졌을 가능성은 희박하지만, 사실상 화약이 유럽에 등장한 것은 몽골의 침입 이후였다. 마르코 폴로는 물론, 여러 무역상은 몽골제국 전역을 돌아다니면서 화약 제조법을 전파했을 것이다. 마르코 폴로가 가지고 돌아온 화약 제조법은 궁극적으로 1500년 이후 유럽 열강의 세계 제패로 이어졌다.

케네스 체이스(Kenneth Chase)가 화기(火器)의 전파에 대한 연구에서 언급한 것처럼, 유럽 열강이 전 세계의 주도권을 장악할 수 있었던 원인은 몽골에서 들어온 화약 제조법이 전부가 아니었다. 몽골의 전략과 전술 그리고 무기 또한 주변 지역에 영향을 주었다. 유목민족의 각궁은 발사속도는 물론, 사거리와 정확도 면에서 구식 보병총과 그 밖의 초기 화기보다 뛰어났기 때문에 유목민족 병사 한 명이 화기로 무장한 보병 열 명을 대적할 수 있을 정도였다. 게다가 초기의 포병대는 유목민족의 기동성을 따를 수 없었다. 손쉽게 조종할 수 있는 대포가 등장한 것은 16~17세기 이후였다.

그러는 동안, 대포의 제조에 드는 비용을 충당할 수 있는 유일한 계급은 서유럽에서 패권을 장악하고자 했던 그곳의 여러 왕들뿐이었다. 전통적인 공성 무기에 대비한 성곽의 저항 전술이 지속적으로 발달했기 때문에 왕들은 적군을 무찌르기 위해 성벽을 부술 만한 대포에 의존하게 되었다. 게다가 초원의 유목민족과 싸울 기회가 적었던 서유럽 군대는 좀 더 강력한 무기로부터 몸을 보호하는 것을 기동성보다 중요시했다. 따라서 기사단은 석궁, 장궁(長弓), 초기의 화기에 몸을 보호할 수 있도록 갑옷의 방어력을 점점 강화시켰다. 그 결과, 기사단의 기동성은 더욱 떨어졌다. 그러나 초기의 대포와 화기는 초원의 유목민족 부대와는 달리 기사단과 보병대에는 효과적이었다. 물론, 기사단은 결국 사라진 반면, 경기병과 중기병(中騎兵)은 포병대과 맞서 싸울 만큼 발전했다.

중국에서도 비슷한 결과가 발생했다. 대포를 사용했던 명나라는 1368년에 몽골군을 몰아냈다. 그러나 몽골군의 패배에 대포가 그리 큰 역할을 한 것은 아니었다. 사실, 명나라는 공성전과 중국 남부의 전투에서만 대포를 사용했다. 위에서 언급한 것처럼 초기의 대포는 경기병과 중기병에 효과를 발휘하지 못했기 때문에 명나라는 북쪽 경계에서 벌인 몽골군과의 전투에 대포를 활용하지 않았다.

대포를 사용하고 나서부터 생겨난 결과는 굉장했다. 초원의 유목 민족과 경계를 이룬 국가들은 화기의 발전이 늦어졌는데, 이들 국가들은 농경민족에 군사력을 집중하고 난 뒤에야 화기에 관심을 기울이게 되었다. 그때부터 화기 제조법이 발달하기 시작했다. 17세기 말로 접어들면서 야전 포병대의 기동성이 좋아졌고, 이들 포병대는 구식 총으로 무장한 보병대를 지원했다. 이제 대포는 초원의 기병대의 전열을 쉽게 무너뜨릴 수 있었고, 각궁보다 사거리가 더 길어졌다. 이때부터 초원 전쟁의 전술과 전략이 쇠퇴하기 시작했다. 그러나 1600년대 이전에 이미 궁수 기마병을 효율적으로 다룰 수 있는 전술을 개발한 유일한 나라가 있었으니, 그 나라가 바로 오스만투르크제국(Ottoman Turkey)이었다. 오스만투르크는 유럽 합스부르크(Habsburg) 왕가의 견고한 요새를 공략하고, 아크 코이운루(Aq Qoyunlu)와 사파비 왕조(Safavids 1514년에 찰디란[Chaldiran]에서 패배)에서 맘루크 왕조(1516년~1517년에 정복)에 이르는 제국의 동쪽 경계에서 궁수 기마병을 상대해야 했기 때문이었다.

몽골군의 전차전(戰車戰)에 대한 영향

몽골군이 기동성과 활솜씨를 전승하고 이를 강조했던 점을 고려하면 이미 12세기에 기계화 부대가 된 몽골군의 전술에 대한 재평가가 있었다고 해도 과언이 아니다. 놀라운 일은 몽골군의 전술과 기계화 부대의 연관성을 지적하는 군사 전문가가 드물다는 점이다. 영국의 학자 리델 하르트(B.H. Liddell Hart)는 전차와 기계화 보병대의 연합 대형을 과거에 몽골군이 펼쳤던 대형의 현대적 형태로 간주했다. 하르트는 기계화 전쟁에서 기동성이 뛰어난 전차 부대가 주력 부대의 선봉에 서서 독립적으로 작전을 수행할 수 있다고 가정했다. 이렇게 되면 전차 부대는 적의 통신망과 보급망을 두절시켜서 적군을 무력화시킬 수 있다. 적군은 잘 해봐야 방어하는 수밖에 없고, 조직적인 공격은 불가능하다. 이런 설명이 틀린 것은 아니지만, 리델 하르트는 몽골군이 가장 중요시했던 적군의 야전 부대의 무력화라는 전략적 목표를 간과했다. 물론, 제1차 세계대전의 무분별한 참호전을 목격한 리델 하르트는 앞으로는 그토록 엄청난 사상자가 생기지 않기를 바랐던 것 같다.

몽골군이 기동성과 활솜씨를 강조했다는 리델 하르트의 생각은 영국 최초의 기갑 여단의 훈련으로 결실을 맺었다. 이 여단의 성공적인 훈련과 리델 하르트의 저서 〈명 지휘관의 비밀을 벗기다(Great Captains Unveiled)〉에 나온 칭기즈칸과 수부타이에 대한 설명은 1935년에 미군에도 기갑 부대를 창설하자는 당시 육군 참모 총장인 더글러스 맥아더(Douglas MacArthur) 장군의 제안에 큰 역할을 했다. 맥아더는 또한 장래에 활용하기 위해 몽골군의 원정을 연구해야 한다고 주장했다. 불행히도 그의 제안은 제2차 세계대전이 끝난 후에야 세인의 관심을 끌었다. 임기 말기에 피력한 그의 주장은 보수적인 그의 후임자들의 반대와 그 당시 몽골군에 대한 연구 자료가 부족했기 때문에 무시되었던 것이다.

프랜시스 가브리엘(Francis Gabriel)은 리델 하르트가 몽골군에 대해 설명하기는 했지만, 경기병과 중기병의 동시 활용이나 보병의 활용 그리고 공격 이전에 예비 사격과 같은 몽골군의 군사적 사고를 완전히 이해한 것은 아니라고 주장했다. 그러나 가브리엘의 해석은 정확하지 않다. 제2차 세계대전 이후에 쓴 저서에서 밝힌 것처럼 리델 하르트는 경(輕)기갑 부대로의 회귀를 부르짖었다. 나토(NATO) 가입 국가들 사이에 기동성이 떨어지는 중(重)기갑 부대를 선호하는 경향이 있다고 지적한 리델 하르트는 위력을 발휘하는 중기갑 부대를 유지하면서 경기갑 부대를 증원하여 기동성을 높이자고 주장했다. 그가 이런 결론을 내리게 된 이유는 경기병과 중기병 중 어느 한쪽만 배치했을 때가 아니라, 이 둘을 함께 배치했을 때 몽골군의 군사 작전이 가장 효율적으로 수행되었다고 보았기 때문이다. 사실 그는 '기갑 부대의 근본적이면서도 가장 독특한 특징은 기동성과 유연성이다. 이 두 가지 특성이 전차의 철갑보다 훨씬 중요하다'라고 기록했다. 이것이 바로 몽골군이 지녔던 특성이었다. 게다가 〈명 지휘관의 비밀을 벗기다(Great Captains Unveiled)〉에서 리델 하르트는 몽골군 덕분에 포병대가 발달할 수 있었다고 지적했다.

또 다른 영국 군사 전문가 풀러(J.K.C. Fuller)는 기갑 부대를 '현대의 몽골군'이라고 보았고, 자주포(自走砲)의 사용을 장려했다. 풀러는 또한 전투기의 역할을 강조했다. 몽골군 전술의 채택을 주장했지만, 리델 하르트와 풀러의 생각은 서방 군부(軍部)에 받아들여지지 않았다. 그러나 동방에서는 그들과 유사하지만 약간 차이가 났던 생각을 실용적으로 활용한 바가 있다.

전격전

제2차 세계대전 중에 독일군에 의해 유명해진 전격전이라는 전술은 놀랍게도 몽골군의 전술과 유사한 점이 많으며, 이는 우연의 일치가 아니다. 전격전이 발전했던 부분적인 이유는 1923년에 맺어진 라팔로조약(Rapallo Pact)으로 소련에서 입수한 정보 때문이었다. 전격전은 소련의 장군 미하일 니콜라이예비치 투하체브스키(Mikhail Nikolayevich Tukhachevsky 1893년~1937년)의 군사 작전 원칙에서 나온 것으로 미하일 장군은 '신속하게 움직이는 기갑 부대와 함께 전투기의 전진 배치'를 강조했다. 미하일 장군의 관점은 소련군이 '장기적으로 공격력을 유지하여 포위하는 작전'에 주안점을 두는 것이었다. 현대의 군사 전략가들은 이것을 '종심전투(Deep Battle) 교리'라 부른다. 한편, 제1차 세계대전 후에 프랑스, 영국, 미국의 군사 지도자들은 적군을 파멸시키는 대신에 적을 평화 협상으로 이끌 수 있는 전략과 전술의 개발에 초점을 맞추었다. 러시아와 소련에 있는 사관학교의 군사 이론가들은 유목민족이 초원 전투에서 활용한 전통적인 전략과 전술에 정통했고, 몽골의 전략과 전술을 현대의 기갑 전술과 조화시키고자 했던 리델 하르트의 생각마저 소련 연방에 흘러들어 갔다. 사실, 소련 미하일의 군사 작전 원칙과 리델 하르트의 주장은 모두 독자적인 견해였지만, 두 사람의 전략은 사실상 몽골군의 군사 체계와 동일하다.

소련의 '종심전투' 개념은 적이 군대를 활용하지 못하도록 방해하고 계획대로 공격하지 못하게 만들면서, 몽골군의 공격에 반응하도록 만드는 몽골군의 목표와 일맥상통한다. 프랜시스 가브리엘에 의하면, 1937년에 소련은 원칙과 전략 측면에서 몽골식 군대를 보유했는데, 이는 원수 미하일 니콜라이예비치 투하체브스키와 미하일 바실리예비치 프룬제(Mikhail Vasilyevich Frunze 1885년~1925년)가 발전시킨 종심전투 전략 덕분이었다. 그러나 불행하게도 같은 해에 스탈린(Stalin)은 붉은군대(Red Army)의 장교 대부분을 숙청하고 미하일 니콜라이예비치 투하체브스키를 처형했다. 따라서 독일군이 소련을 침공했을 때 붉은군대는 혼란에 빠졌고, 종심전투 전략의 핵심인 미하일 니콜라이예비치 투하체브스키의 기갑 부대는 와해되었다. 주력 부대가 아니라 보병의 보조 부대 역할을 맡았던 기갑 부대는 제2차 세계대전 초기에 독일군을 막기에는 역부족이었다.

소련의 두 원수 이외에 독일군의 압도적인 전격전 전략에 영향을 준 인물이 있었다. 독일군의 발전에 큰 역할을 했던 독일 장교 두 사람이 있었는데, 이들은 전격전을 수행하기 위한 특수 부대를 창설했다. 그중 한 명인 한스 폰 제크트(Hans von Seecht) 장군은 라이히스베르(Reichswehr 제1차 세계대전과 베르마흐트[Wehrmacht] 군대의 창설 사이에 조직된 독일군) 군대를 창설했다. 라이히스베르 군대 조직과 훈련에서 가장 중요한 요소는 상관을 대신해야 할 경우(사망, 좌천, 강등)가 발생하면 보조 장교가 지휘권을 맡을 수 있도록 훈련시키는 것이었다. 따라서 장군이 사망하면 소령이 사단을 효과적으로 지휘하기 마련이었다. 사병들도 지휘권과 지도력을 발휘해야 할 상황이 오면 소대를 지휘할 수 있도록 훈련받았다. 이것은 우연의 일치였겠지만, 지휘권과 지도력에 대한 몽골군의 관점과 일치했다. 아마 이와 유사한 예를 들자면 모든 병사가 배낭에 원수의 지휘봉을 휴대하라는 나폴레옹의 격언(모든 병사가 군의 최고 계급까지 진급할 수 있다는 의미)일 것이다.

한스 폰 제크트 장군의 군사 체계에 대한 몽골군의 영향이 보다 극명하게 드러나는 것은 라이히스베르 군대의 군사 전략이었다. 1921년부터 라팔로 조약 이전까지 한스 장군이 쓴 저서를 보면 '미래의 전쟁에서는 전투기와 함께 비교적 규모는 작지만 역량이 뛰어나고 기동력이 좋은 부대를 활용하는 것이 중요하다'고 기록되어 있다. 한스 장군이 이런 결론을 내린 것은 몽골군의 전략이나 전술에 직접적인 영향을 받았다기보다는 오히려 본인이 제1차 세계대전 중에 겪었던 경험과 라이히스베르 군대의 보조 장교들의 말이 바탕이 되었다. 궁극적으로 한스 장군이 바랐던 것은 제1차 세계대전 때처럼 움직임이 적은 전투를 피하고, 소련처럼 적군을 압도하고 적군의 대응을 유도하기 위하여 작전을 원활하게 펼칠 수 있는 기동성에 중점을 두는 것이었다. 또한, 공격의 목적은 적군이 반격하기 전에 적을 섬멸하는 것이었다.

한스의 보조 장군이었던 하인즈 구데리안(Heinz Guderian) 장군은 여느 기갑 부대 지휘관처럼 풀러, 리델 하르트, 마르텔(Martel) 등의 저서를 연구했다. 이들 군사 전문가들은 기갑 부대가 나머지 부대를 지원하는 것이 아니라, 기갑 부대를 기타 부대(보병대, 포병대, 공군)의 지원을 받는 공격의 핵심이라고 주장했다. 한스 장군처럼 구데리안도 기갑 부대가 전쟁에서 기동성을 발휘할 것이라고 믿었다. 앞에서 언급했던 것처럼, 풀러와 리델 하르트는 몽골군의 영향을 크게 받았고, 따라서 한 다리 걸쳐서 간접적으로 영향을 받은 구데리안은 그런 생각을 독일군의 전격전에 반영했다.

사실, 전쟁에 대한 구데리안의 개념은 몽골군의 군사 작전과 크게 다를 바 없다. 그는 적이 전열을 가다듬기 전에 전차 부대가 한꺼번에 적에게 기습 공격을 펼치는 것이 가장 효과적이라고 생각했다. 몽골군이 고립된 요새를 섬멸하기 위해 케리크 부대를 보조 부대로 활용했던 것처럼 기갑 부대가 적의 방어선을 뚫으면 적을 섬멸하는 임무는 기갑 부대 이외의 나머지 부대가 맡을 수 있다고 믿었다.

비록 간접적이긴 해도, 현대 전쟁에 미친 몽골군의 영향은 자명하다. 사실, 2003년 이라크 전쟁에 참여한 많은 사령관들은 리델 하르트의 이론을 반영한 군사 작전을 수행했다. 그 이론의 궁극적인 근원이 몽골군의 전술이라는 것을 아는 이는 드물었다. 현대의 군사 지휘관들이 전략적 또는 전술적 문제에 봉착하는 경우, 몽골군이 사용한 전술의 기본적인 원칙을 체계화한 칭기즈칸을 비롯한 몽골 장수들의 자질과 몽골군의 역량을 고려해 보면서 '칭기즈칸이라면 이런 문제를 어떻게 타개해 나갔을까?'라는 질문을 던져보는 것도 무리는 아닐 것이다.

THE MONGOL
ART OF WAR

아이라(Airagh) | 초원 유목민족 대부분이 선호한 음료인 발효된 마유를 가리키는 몽골어. 도수를 높게 만들 수도 있었지만, 대개 알코올 함유량은 낮았다. 쿠미스(Kumiss) 참조

아즈랍(Ajlab) | 술탄이 사들여서 훈련시킨 왕실 맘루크군(맘루크[Mamluk] 참조). 무스타라와트(Mustarawat) 또는 줄반(Julban) 참고

알긴치(Alginci 복수형은 Algincin) | 타마(Tamma)의 전위 부대와 척후병. 일반적으로 알긴치는 주력 부대보다 도시에 더욱 근접한 곳에 주둔했다.

아미르(Amir) | 장수나 사령관을 뜻하는 아랍어. 아랍 문헌은 노이안(Noyan)이란 용어가 들어갈 자리에 아미르를 사용했다.

안다(Anda) | 의형제. 의형제는 평생토록 이어진 두 남자의 유대 관계로서 가족보다 유대감이 더욱 끈끈한 것으로 여겨졌다. 의형제를 맺는 의식 중에 두 남자 또는 소년은 서로의 피를 약간 마신 다음 선물을 교환했다. 칭기즈칸의 안다 자무카는 칭기즈칸 최고의 경쟁 상대였다.

아르반(Arban 복수형은 Arbat) | 병사 열 명으로 구성된 군사 단위. 또는 열 가정으로 구성된 경제 단위

아르반-우 노이안(Arban-u Noyan) | 아르반을 이끄는 장수

아우루그(Aurug) | 군대에 군수품을 공급하기 위해 칭기즈칸이 창설한 부대. 원래 이 단어는 확대 가족의 단위였다. 칭기즈칸은 정복한 부족을 기존의 몽골인에게 분산하고 융합시킨 후에 몽골제국을 보다 조화롭게 통합하기 위해 아우루그를 새롭게 만들었다. 또한 아우루그는 군수품의 공급을 도왔다.

바아두르(Ba'adur) | 케시크(Keshik)가 닮고자 했던 용사 또는 전사. 바하두르(Bahadur) 또는 바아타르(Baatar)로도 표기된다.

발라그치(Balaghci 복수형은 Balaghcin) | 황궁의 출입구 또는 칸의 막사로 이어지는 진입로를 경비하는 케시크의 병사

바오준(Baojun) | 몽골군 내의 공성 공병대를 지칭하는 중국어. 몽골어로 공성 공병대를 뜻하는 단어가 있었는지는 알 수 없다.

바라군 가르(Baraghun Ghar) | 몽골군의 우익(문자 그대로의 의미는 '서쪽 손'). 몽골군은 오른쪽, 왼쪽으로 정렬하기보다는 먼저 남쪽을 향한 다음, 동서남북의 방향대로 정렬했다.

비체치(Biceci 복수형은 Bicecin) | 칸의 연대기를 기록하는 관리. 주로 케시크가 담당했다. 비체치는 또한 지역의 공무원(주로 서기)으로도 활동했다.

빌리그(Bilig) | 칭기즈칸의 좌우명 또는 금언. 공식적인 법률은 아니었지만, 칭기즈칸의 금언은 몽골인들에게 굉장한 영향력을 주었다.

봄보그 카르바아(Bombog Kharvaa) | 카바크(Qabaq)로 알려진 맘루크의 군사 훈련과 유사한 몽골의 군사 훈련을 지칭하는 근대 몽골어. 봄보그 카르바아(활쏘기용 공)는 장대에 가죽 공을 매달아 놓는 것으로 구성되었다. 말을 탄 궁수가 진격하면서 첫 번째 공을, 지나치면서 두 번째 공을 그리고 파르티아 화살(Parthian shot)을 사용하여 지나간 후에 세 번째 공을 쏘았다.

보리치(Borici 복수형은 Boricin) | 음식과 음료를 담당한 병사. 보리치는 칸과 가까이에서 접촉하기 때문에 굉장히 중요한 직위였다. 가장 신뢰할 수 있는 사람만이 보리치로 임명되었다.

카라콜(Caracole) | 일련의 부대가 활을 쏘면서 진격한 후에 퇴각하면 또 다른 부대가 활을 쏘면서 진격하는 군사 작전을 가리키는 근대 군사 용어. 이 작전을 성공적으로 수행하려면 정기적인 훈련이 필수적이었다. 16~17세기에 유럽의 소총 기병대가 이 전술을 사용했던 것으로 유명하다. 몽골의 나구르(Nagur 호수) 대형이 카라콜 전술과 유사하다.

카라가나(Caragana) | 가시가 많은 관목의 이름을 따서 붙인 몽골의 전투 대형. 이 대형으로 어떻게 군사 행동을 취했는지를 아는 사람은 아무도 없다. 카라가나는 '근접 대형' 또는 '밀집 대형'으로 해석되어 왔다.

케리크(Cerik) | 지역의 방어를 위해 몽골군이 농경민족으로 편성한 부대. 여러 가지 측면에서 유목민족으로 구성된 타마(Tamma)와 비슷했다.

체바우치(Chebauchee) | 14~15세기에 유럽에서 인근 지역을 의도적으로 황폐화시키면서 후퇴하는 전술을 지칭하는 군사 용어. 공격군은 전투 식량이 될 만한 모든 것을 약탈하고 파괴했다. 체바우치의 또 다른 이점은 적군을 요새에서 나오도록 유인해서 장기적인 공성전을 피할 수 있다는 점이다.

치-탄 춘(Ch'i-tan Chün) | 거란족 케리크를 가리키는 중국어

다라치(Daraci 복수형은 Daracin) | 술을 담당한 케시크 병사. 알코올 음료(특히, 쿠미스

Kumiss)가 황실 행사에 자주 쓰였던 것을 고려하면 다라치는 중요한 직위였다.

다루가치(Daruqaci 복수형은 Daruqacin) | 지역이나 도시에 임명된 통치자로 소규모의 군대도 거느렸다. 주로 케시크 출신의 몽골인 또는 지역 관리가 담당했다(페르시아어로는 샤나[Shahna]라고 한다).

다쉬트-이 킵차크(Dasht-i Kipchak) | 지금의 러시아 남부와 우크라이나의 대부분 지역을 차지하고 카자흐스탄까지 뻗치며, 카르파티아산맥에서 아랄해 북쪽까지 이르는 캅차크 초원. 유목민족인 킵차크 투르크족(Kipchak Turks)의 본거지로 몽골에 정복되었다. 그 후에 다쉬트-이 킵차크는 조치드 울러스(황금군단 왕조)의 중심지가 되었다.

델 또는 데젤(Deel 또는 Degel) | 무릎까지 오는 유목민족의 전통 외투로 한쪽에서 조여 맸다. 방수 처리를 했고, 추위를 막기 위해 안감을 대기도 했다.

더르벤 쿨루우트(Dörben Külü'üt) | 툴루우드(Külü'üd) 참고

더르벤 노카스(Dörben Noqas) | '칭기즈칸의 네 마리 사냥개'로 제베(Jebe), 수부타이(Sübedei), 젤메(Jelme), 쿠빌라이(Qubilai) 등 가장 자질이 뛰어난 네 장수를 칭한다. 더르벤 노카스와 이들이 지휘하는 부대는 도주하는 적을 집요하게 추격하는 것으로 이름난 정예 여단이었다.

드루지나(Druzhina) | 러시아 군주가 거느렸던 사병. 러시아군의 핵심 역할을 한 드루지나는 주로 중기병대로 전투에 나섰다.

파리스(Faris) | 기마병을 지칭하는 아랍어. 푸리시야(Furisiyya 기마술, 궁술, 검술, 기마 창술)에 능했던 병사

굴람(Ghulam) | 노예를 지칭하는 페르시아어. 가정 노예는 물론 군대 노예 모두를 의미했다. 맘루크(Mamluk) 참조

구레젠(Güregen) | 칭기즈칸의 사위를 지칭하는 권위 있는 직위. 구레젠은 나중에 칭기시드(Chinggisid 칭기즈칸의 후손) 여인과 결혼한 비(非) 칭기시드를 지칭하게 되었다.

할카(Halqa) | 맘루크 왕조의 군대 중 비(非) 맘루크 출신 기병대

한(Han) | 중국의 민족. 13세기에 지금의 중국 영토에는 오늘날처럼 많은 민족이 존재했다. 그러나 비(非) 한족 출신 왕조가 중국을 다스린 경우가 더 많았다.

헤이 춘(Hei Chün) | '흑군(黑軍)'을 뜻하는 중국어. 1235년 이전에 한족으로 구성된 케리크를 지칭한 용어. 몽골과 초원 유목민족 문화에서 검정은 '평민' 또는 '하급자'의 상징적 의미를 갖는다.

호이-인 이르겐(Hoy-in Irgen) | 예네세이강(Yenesei River) 계곡의 서쪽과 몽골고원 북부
의 바이칼호(Lake Baikal)에 둘러싸인 삼림 지역에 살던 '삼림 부족 집단'. 호이-인 이르
겐은 오이라드 부족(Oyirad), 부리야드 부족(Buriyad), 키르기스 부족(Kirghiz) 등으로 구
성되었다. 이들은 1207년~1208년에 몽골에 항복했지만, 1218년에 반란을 일으켰다.

쉰 춘(Hsin Chün) | '신군(新軍)'을 뜻하는 중국어. 1236년과 1241년 사이에 징집한 케리크
의 증가로 헤이 춘의 병력이 9만5천 명에 달하자, 신군으로 재편되었다.

이크타(Iqta) | 불하된 토지를 가리키는 아랍어. 유럽의 봉토와는 달리, 이크타의 수령자는
토지나 토지의 경작자를 소유하지 못했고, 다만 토지에서 나오는 수입만을 지급받았다.
이것은 이슬람 제국 전역에서 흔히 볼 수 있는 관습이었다. 티마르(Timar) 참고

자다치(Jadaci 복수형은 Jadacin) | 날씨에 주술을 부리는 무당. 전투 중에 특별한 바위에 주
문을 걸어 폭풍우를 몰고 왔다.

자군(Jaghun 복수형은 Jaghut) | 병사 1백 명(10개의 아르반)으로 구성된 군사 단위 또는
1백 가정으로 구성된 경제 단위

자군-우 노이안(Jaghun-u Noyan) | 자군을 이끄는 장수

자를리그치(Jarlighci 복수형은 Jarlicin) | 칭기즈칸과 칭기즈칸 이외의 칸의 명령이나 천명
(天命) 담당자. 주로 케시크의 병사가 자를리그치를 맡았다.

제운 가르(Ja'ün Ghar) | 몽골군의 좌익(문자 그대로의 의미는 '동쪽 손'). 몽골군은 단순히
오른쪽, 왼쪽으로 정렬하기보다는 먼저 남쪽을 향한 다음, 동서남북의 방향대로 정렬했다.

줄반(Julban) | 술탄이 사들여서 훈련시킨 왕실 맘루크군(맘루크[Mamluk] 참조). 무스타라
와트(Mustarawat) 또는 아즈랍(Ajlab) 참고

여진족(Jurched) | 1125년부터 1234년까지 만주와 중국 북부를 지배한 금나라의 주축을
이루었던 민족. 원래 만주 출신이지만, 중국 문화에 동화되기까지 준 유목민족이었다. 몽
골군에 징집된 여진족은 몽골군 내에서 자체적인 부대를 형성했다.

케브레울(Kebte'ül) | 케시크의 야간 호위병. 원래 규모는 80명이었으나 점차적으로 증가
하여 1천 명에 이르렀다.

케시크(Keshik) | 칸의 호위병. 1만 명 규모로 주간 호위병(투르카우드[Turqa'ud]), 야간
호위병(케브레울[Kebte'ül]), 궁수(코르치[Corcin]) 등 세 부대로 구성되었다.

케시크텐(Keshikten) | 케시크 소속 병사

거란족(Khitans) | 요나라(945년~1125년)를 세우고 중국 북부와 몽골고원 대부분을 지배

했던 민족. 여진족에 패망한 후, 일부는 중앙아시아에 흑거란 왕국을 세웠다. 거란은 민족적, 언어적으로 몽골과 흡사했다. 거란족 대부분은 몽골군의 주력 부대나 특수 거란 부대로 활약했다.

컬덜치(Köldölci) | 울둘치(Üldüci) 참고

쿨루우드(Külü'üd) | 칭기즈칸의 네 영웅. 몽골고원 전쟁 중에 칭기즈칸이 가장 신임했던 친구 네 명으로 보로굴(Boroghul), 보오르추(Bo'orchu), 무칼리(Muqali), 칠라운(Chila'un)이 그들이었다.

쿠미스(Kumiss) | 발효된 마유를 가리키는 터키어. 도수가 약해 몽골인 대부분이 좋아하는 음료였다.

라아게르(Laager) | 마차로 둥그렇게 구축한 진지. 대개 마차를 서로 쇠사슬로 묶어서 고정시켰다. 헝가리군이 주로 사용하였다.

리(Li) | 중국의 길이 단위. 1리가 얼마나 되는 거리인지는 정확하지 않지만, 대개 0.5킬로미터 또는 0.25마일에 해당된다.

맘루크(Mamluk) | 이슬람의 노예 병사. 맘루크의 대부분은 초원에서 붙잡힌 투르크족이었다. 맘루크를 산 주인은 이들을 파리스(Faris 기마병)로 훈련시켰다. 그 과정에서 맘루크는 이슬람으로 개종하고 노예 신분에서 해방되었다. 맘루크는 이슬람의 정예 부대였다. 1250년에 이집트를 점령하고 맘루크 왕조를 세운 맘루크들은 1260년에 아인 잘루트(Ayn Jalut)에서 몽골군을 격파하고 시리아까지 영토를 확장했다.

멩-쿠 춘(Meng-ku Chün) | 타마(Tamma)와 구별되는 정규 몽골군을 지칭하는 중국어

밍칸(Minqan 복수형은 Minqat) | 병사 1천 명(10개의 자군)으로 구성된 군사 단위. 또는 1천 가정으로 구성된 경제 단위. 밍칸은 몽골군의 필수적인 전략 · 전술적 군사 단위였다.

밍칸-우 노이안(Minqan-u Noyan) | 밍칸을 이끄는 장수

모이라(Moira) | 비잔틴군의 군사 단위. 1모이라는 3 이상의 타그마(Tagmas)로 구성되는데, 1타그마는 기마병 200~400명으로 구성되었다.

모린치(Morinci 복수형은 Morincin) | 황실의 마차와 말을 관리한 케시크의 병사. 울라아치(Ula'aci) 참고

무스타크다문(Mustakhdamun) | 퇴위한 술탄과 죽거나 쫓겨난 아미르가 소유했던 맘루크를 비롯하여 다른 주인으로부터 술탄이 새롭게 획득한 맘루크. 아미르(Amir)와 맘루크(Mamluk) 참고

무스타라와트(Mustarawat) | 술탄이 사들여서 훈련시킨 왕실. 맘루크군(맘루크[Mamluk]
참조). 아즈랍(Ajlab) 또는 줄반(Julban) 참고

나구르(Nagur) | '호수'를 뜻하는 단어로 몽골군의 군사 대형을 가리킨다. '개방된 대형'으
로 해석되었으나 카라콜 전술처럼 파상 공격을 지칭하기도 했다.

나시즈(Nasij) | 몽골의 특권층이 즐겨 찾았던 금문직(金紋織) 옷감. 비단 직물 기술자들을
작업실에 보내서 나시즈를 짜게 했다.

네르제(Nerge) | 몽골의 사냥 방식으로, 군사 훈련을 겸했다. 전략·전술적 군사 작전으로
활용되기도 했다. 네르제를 하는 경우, 몽골군은 몇 킬로미터 전부터 부채꼴로 에워싼 다
음, 점차 거리를 좁혀가서 작은 원을 만들어 사냥감을 사람과 말 내부에 포위시킨다.

노이안(Noyan 복수형은 Noyad) | 군주 또는 사령관(장수). 원래 이 용어는 군사 지휘관을
뜻했지만, 결국 칭기즈칸의 후손을 뜻하기 보다는 귀족을 지칭하게 되었다. 귀족이었던
노이안은 일반적으로 투멘(Tümen)의 지휘관이었다.

누-치 춘(Nü-chih Chün) | 여진족 출신의 케리크를 지칭하는 중국어

오르다 또는 오르두(Orda 또는 Ordu) | 군주나 장군의 막사를 가리키는 몽골어 또는 터키
어. 오르다는 영어 단어 'Horde(유목 집단)'의 어원이기도 하다.

어를루그(Örlüg) | 군대의 원수. 이 용어는 일반적으로 칭기즈칸의 특별한 친구 아홉 사람
(이순 어를루그[Yisün Örlüg])을 가리켰다. 그들은 무칼리(Muqali), 보오르추(Bo'orchu),
보오굴(Boroghul), 칠라운(Chila'un), 제베(Jebe), 수부타이(Sübedei), 젤메(Jelme), 쿠빌
라이(Qubilai), 쉬키 쿠투크투(Shiqi Qutuqtu) 등이었다.

오르타크(Ortaq) | 상인. 일반적으로 이슬람 출신이었던 오르타크는 몽골제국에 굉장한 영
향을 주었다. 무역을 크게 장려했던 몽골은 무역상의 영향을 받을 수밖에 없었다. 반대로
오르타크는 몽골 장군들에게 그들이 지나쳐온 지역에 대한 정보를 주었다. 또한 오르타
크는 행정력과 재무 능력으로도 크게 인정을 받았다. 그러나 터레제네(Töregene)와 오
굴-카이미쉬(Oghul-Qaimish)의 섭정기에 발생한 부정부패의 대부분은 세금 징수를 맡
았던 오르타크의 탐욕 때문이었다. 멍케칸(Möngke Khan)은 이들의 부정부패를 뿌리 뽑
았다.

파르티아 화살(Parthian shot) | 퇴각하는 궁수 기마병이 뒤를 돌아보면서 추격하는 적을
향해서 쏘는 화살. 파르티아군은 카르하이(Carrhea)에서 크라수스(Crassus)가 이끄는
로마군을 격파했다(기원전 53년).

카바크(Qabaq) | 호리병을 지칭하는 아랍어. 말을 타고 달려가면서 기둥에 묶인 호리병을 쏘아 맞추는 훈련을 가리키기도 했다. 여러 기둥을 일렬로 세웠고, 기둥의 높이는 조절 가능했기 때문에 훈련병은 활의 각도를 달리하여 위쪽으로 쏘거나 뒤쪽으로 쏘기도 했다. 몽골의 봄보그 카르바아(Bombog Kharvaa)가 이와 유사한 훈련이었다.

카디(Qadi) | 이슬람의 율법에 기초해 판결을 내리는 재판관. 일반적으로 카디는 국가에서 임명했다.

카무크 몽골 울러스(Qamuq Mongol Ulus) | 전(全) 몽골제국. 칭기즈칸이 몽골고원을 통일한 후에 붙여진 몽골의 국가명. 카무크 몽골 울러스는 더 이상 부족장이 존재하지 않는 여러 투르크족을 비롯한 몽골고원의 다양한 부족 모두를 포함했다. 몽골을 다스리는 핵심 세력은 칭기즈칸과 그의 일가, 그리고 그가 거느리는 장수들이었다. 결국 카무크 몽골 울러스는 예케 몽골 울러스(Yeke Mongol Ulus 대(大) 몽골제국)로 알려지게 되었다.

키그하즈(Qighaj) | 키파즈(Qipaj)라고도 알려진 아랍의 군사 훈련. 키그하즈는 카바크(Qabaq)와 유사했지만, 훈련병이 좀 더 유리한 위치에서 쏘기 위해 목표물을 지나는 순간에 등자(鐙子)에서 일어서서 활을 쏘는 훈련이었다.

키파즈(Qipaj) | 키그하즈(Qighaj) 참고

콜(Qol) | 중앙 또는 주축. 골(Ghol)이라고도 불렸다. 중앙 부대를 일컬었다.

코닌치(Qoninci 복수형은 Qonincin) | 양치기. 케시크의 병사가 황실의 양을 돌보는 코닌치 역할을 맡기도 했다.

코르치(Qorci 복수형은 Qorcin) | 케시크 소속의 화살 운반병 또는 궁수. 1천 명으로 구성된 코르치는 케시크(칸의 호위병)의 세 부대 중 하나였다.

쿨라간치(Qulaghanci 복수형은 Qulaghancin) | 절도범을 붙잡는 임무를 맡았던 헌병. 케시크의 병사도 이 역할을 수행했다.

쿠르치(Qurci 복수형은 Qurcin) | 악기 연주자. 케시크의 병사도 이 역할을 수행했다. 코르치와 혼동하지 말 것

쿠릴타이(Quriltai) | 몽골의 부족장 회의. 귀족과 장수들을 비롯한 몽골의 지도급 인사들이 모여 국정을 논의하고 칸을 선출하며, 사령관을 임명하고 침공 계획을 세웠다.

쿠루트(Qurut) | 몽골 병사의 기본 식량. 쿠루트는 주로 분말 마유(馬乳)나 그 반죽이었는데, 쿠르트는 끓는 물에 풀어서 먹거나, 행군을 하는 동안 잘 섞이도록 아침에 쿠루트를 말안장에 매달린 가죽 부대에 물과 함께 넣어 둔 다음 저녁에 먹었다.

샤나(Shahna) | 다루가치(Daruqaci) 참고

시바우치 또는 시바우친(Siba'uci 또는 Siba'ucin) | 수할치. 케시크의 병사가 이 역할을 수
행하는 경우가 많았다.

시야(Siyah 복수형은 Siyat) | 각궁의 양쪽 끝에 부착한 견고한 조정 부품. 지렛대 역할을 한
시야 덕분에 적은 힘으로 활을 당길 수 있었다. 이는 석궁에 이용되는 근대적인 도르래
장치와 비슷한 기능을 했다.

스메르디(Smerdy) | 농부로 구성된 러시아의 민병대

수구르치(Sügürci 복수형은 Sügücin) | 케시크 소속의 황실 의복 담당자

타마(Tamma) | 초원과 농경지 사이의 국경 지대를 지배하기 위해 파견된 선별 부대. 몽골
의 지배권을 확대하고 주둔지 인근 지역에 대한 영향력을 확대하는 역할도 있었다.

타마치(Tammaci 복수형은 Tammacin) | 타마에 소속된 병사. 타마를 구성하는 일반 병사
는 물론, 장수도 타마치로 지칭했다.

탄-마-치 춘(Tan-ma-ch'ih Chün) | 타마치군의 중국명

테메치(Temeci 복수형은 Temecin) | 낙타 관리자. 케시크의 병사가 황실의 낙타를 돌보는
역할을 맡기도 했다.

티마르(Timar) | 봉급 대신에 병사에게 불하된 토지를 가리키는 아랍어. 유럽의 봉토와는
달리, 티마르의 수령자는 토지나 토지의 경작자를 소유하지 못했고, 다만 토지에서 나오
는 수입만을 지급받았다. 이것은 이슬람 제국 전역에서 흔히 볼 수 있는 관습이었다. 이
크타(Iqta) 참고

텁(Töb) | 중앙. 일반적으로 중앙 부대를 일컬었다.

투멘(Tümen 복수형은 Tümet) | 병사 1만 명(10개의 밍칸)으로 구성된 군사 단위 또는 1
만 가정으로 구성된 경제 단위

투멘-우 노이안(Tümen-ü Noyan) | 투멘(tümen)을 이끄는 장수

투크(Tuq) | 몽골군의 군기. 일반적으로 봉 끝에 북과 말꼬리 아홉 개가 달려 있었다. 투크
는 칸의 막사 밖에 세워져 있었는데, 말꼬리가 흰색일 때는 평화기, 검은색일 때는 전쟁
기임을 나타냈다.

투르카우트(Turqa'ut) | 케시크의 주간 호위병. 원래 70명으로 구성되었으나 8천 명으로
증가했다.

우구르그-아(Ughurgh-a) | 몽골고원의 유목민족이 사용한 올가미. 장대에 줄을 매달아 빙

글빙글 돌리면서 줄 끝의 올가미로 짐승을 옭아내는 도구였다. 몽골군이 전쟁에 우구르그-아를 사용했는지는 알 수 없다.

울라아치(Ula'aci) | 황실의 마차와 말을 관리한 케시크 병사. 모린치(Morinci) 참고

울두치(Üldüci) | 칸의 검과 활을 관리한 케시크 병사. 컬덜치(Köldölci)라고도 불렸다.

울러스(Ulus) | 나라, 국가, 소유, 세습 등을 일컫는 몽골어. 몽골제국은 일반적으로 예케 몽골 울러스(Yeke Mongol Ulus 대(大) 몽골제국)로 불렸다. 몽골제국은 와해된 후 네 울신(Ulsyn 왕국)으로 나뉘었다. 중국과 티벳의 대(大) 칸 왕국(Great Khan), 중앙아시아의 차가타이드(Chaghatayid) 칸 왕국, 러시아와 유라시아의 남부 초원 그리고 지금의 카자흐스탄 일부를 차지한 조치드(Jochid) 칸 왕국, 아프가니스탄과 아무다리야강에서 유프라테스강과 지금의 터키 일부를 차지한 일-칸(Il-Khanid) 왕국이 네 울신이었다.

와디피이야(Wadifiyya) | 맘루크 왕조로 피신한 몽골의 피난민. 와디피이야는 대개 일-칸 왕국에서 도망친 몽골인이었다. 이들은 주로 맘루크군의 할카 부대(Halqa 비맘루크 기병대)에서 복무했다.

와지르(Wazir) | 칼리프 또는 술탄의 재상을 칭하는 아랍어. 그들은 매일 국정을 처리했다. 와지르가 칼리프 또는 술탄 뒤에 숨어서 실권을 장악하는 경우도 있었다. 비지에르(Vizier)로도 불렸다.

얌(Yam) | 몽골의 역참 제도. 얌은 30~50킬로미터마다 하나씩 설치되었고, 전령과 고위 관리에게 보충마, 음식, 숙소 등을 제공했다.

얌치(Yamci) | 얌의 관리자

야사(Yasa) | 칭기즈칸의 명령. 야사의 대부분은 관례가 되었고, 관례가 되지 못한 야사는 칭기즈칸과 칭기즈칸 이외의 칸들이 법령으로 제정했다. 야사의 관리 및 집행은 케시크의 자를리그친(Jarlighcin)이 담당했다.

이순 어를루그(Yisün Örlüg) | 아홉 용사. 칭기즈칸의 특별한 친구 아홉 명을 가리키는 용어. 그들은 무칼리(Muqali), 보오르추(Bo'orchu), 보오굴(Boroghul), 칠라운(Chila'un), 제베(Jebe), 수부타이(Sübedei), 젤메(Jelme), 쿠빌라이(Qubilai), 쉬키 쿠투크투(Shiqi Qutuqtu)이다.

○ ○ 색인

『ㅇ』

○○ 참고 문헌

PRIMARY SOURCES

Abu'l-Faraj, Gregory. See Bar Hebraeus.

al-Ansari, Umar Ibn Ibrahim al-Awsi. *A Muslim Manual of War: Being Tafrij al-Kurub Fi Tadbir al-Hurub*, edited and translated by George Scanlon. Cairo: American University at Cairo Press, 1961.

al-Ansari, Umar Ibn Ibrahim al-Awsi. *Tafrij al-Kurub fi Tadbir al-Hurub (The Liberation of Sorrow in Planning of Warfare)*. Cairo: American University at Cairo Press, 1961.

Baha al-Din Ibn Shaddad. *The Rare and Excellent History of Saladin or al-Nawadir al-Sultaniyya Wa'l Mahasm al Yusufiyya*, translated by D.S. Richards. Crusades Texts in Translation, vol. 7. Aldershot: Ashgate Publishing, 2002.

Bar Hebraeus. *The Chronography of Gregory Ab U'l-Faraj 1225-1286, the Son of Aaron, the Hebrew Physician Commonly Known as Bar Hebraeus, Being the First Part of His Political History of the World*. Amsterdam: APA, 1976.

Bretschneider, Ernst, ed. and trans. *Mediaeval Researches from Eastern Asiatic Sources: Fragments Towards the Knowledge of the Geography and History of Central and Western Asia from the 13th to the 17th Century*. New York: Barnes & Noble, 1967.

Budge, Ernest, trans. *The Monks of Kublai Khan (Translation of The History of the Life and Travels of Rabban Sawma and Mar Yahbhallaha)*. London: The Religious Tract Society, 1928.

The Chronicle of Novgorod, 1016-1471, edited and translated by Robert Michell and Nevill Forbes. Camden Third Series, vol.25. London: The Camden Society, 1914.

Clavijo, Gonzalez de. *Embassy to Tamerlane 1403-1406*, translated by Guy Le Strange. Broadway Travellers Series. London: Routledge, 1928.

Cleaves, Francis W. 'The Memorial for Presenting the Yuan Shih', *Asia Major* 1 (1988): 59-70.

Dawson, Christopher, ed. *The Mongol Mission: Narratives and Letters of the Franciscan Missionaries in Mongolia and China in the Thirteenth and Fourteenth Centuries*, translated by a nun of Stanbrook Abbey. London: Sheed and Ward, 1955.

De Bridia, C. 'The Tartar Relation' in *The Vinland Map and the Tartar Relation*, edited by R.A. Skelton et al. New Haven: Yale University Press, 1965.

Ermonlmskaia Letopis' (The Chronicle of Ermonlin), edited by A.E. Tsepkov. Russkie Letopis.' Riazan': Naste Vremia, 2000.

Franke, Herbert. 'Chinese Texts on the Jurchen 1) A Translation of the Jurchen
Monograph in the San-Ch'ao Pei-Meng Hui-Pien', *Zentralasiatische Studien* 9 (1975):
119-86. In Herbert Franke and Hok-lam Chan, *Studies on the Jurchens or the Chin
Dynasty*. Variorum Collected Studies Series. Aldershot: Ashgate Publishing, 1997.

Gaadamba, Sh., ed. *Mongolyn Nuuts Tovchoo (The Secret History of the Mongols)*.
Ulaanbaatar: Ulsiin Khevleliin Gazar, 1990.

Grigor of Akanc. 'The History of the Nation of the Archers by Grigor of Akanc', translated
by R.P. Blake and R.N. Frye. *Harvard Journal of Asian Studies* 12 (1949): 269-399.

Guillelmus de Rubruc. 'Itinerarium Willelmi de Rubruc (The Journey of William of
Rubruck)'. In *Sinica Franciscana: Itinera et Relationes Fratrum Minorum Saeculi XIII et
XIV*, edited by P. Anastasius Van Den Wyngaert. Smica Franciscana 1, 164-332. Firenze:
Apud Collegium S. Bonaventurae, 1929.

Hambis, Louis. *Le Chapitre CVII Du Yuan Che*, translated by Louis Hambis. Leiden: E.J. Brill,
1954.

He Qiutao. 'Sheng Wu Qin Zheng Lu (Bogda Bagatur Bey-e-Ber Tayilagsan Temdeglel)
(The Campaigns of the Holy Warrior)'. In *Bogda Bagatur Bey-e-Ber Tayilagsan
Temdeglel*, edited by Asaraltu. Monggol Tulgur Bicig-un Cubural, 3-94. Qayilar: Obor
Monggol-un Soyul-un Keblel-un Qpriy-a: Kolun Boyir Ayimag-un Sinquva Bicig-un
Delgegur tarqagaba, 1985.

Hetoum ('Hayton'). 'La Flor Des Estoires de la Terre D'Orient'. In *RHC: Documents
Armeniens*. Paris: Imprimerie Nationale, 1896-1906.

Hetoum ('Hayton'). *A Lytell Cronycle*, edited and translated by Glenn Burger. Toronto:
University of Toronto Press, 1988.

*Histoire Des Campagnes de Gengis Khan: Cheng-Wou Ts'm-Tcheng Loy (History of the
Campaigns of Chinggis Khan)*, translated by Paul Pelliot and Louis Hambis. Leiden: E.J.
Brill, 1951.

Ibn Abi al-Hadid, Abd al-Hamid ibn Hibat Allah. *Shark Nahi al-Balaghah (A Commentary
on the Method of Eloquence)*. Beirut: Dar Maktabah al-Hayat, 1963.

Ibn al-Athir, Izz al-Din. *Al-Kamil Ti al-Tarikh (The Complete History)*. Beirut: Dar Sadr,
1965.

Ibn Bibi, Nasir al-Din Husayn ibn Muhammad. *Saljuq Namah (The Book of the Saljuqs)*,
translated by Muhammad Zakariya Ma'il. Silsilah-Yi Matbuat, vol.136. Lahore:
Markaz-Urdu Bord, 1975.

Ibn Bibi, Nasir al-Din Husayn ibn Muhammad. *Akhbar-i Salajiqah-i Rum (The Great
Saljuqs of Rum)*. Tihran: Kitabfuushi-i Tihran, 1971.

Iohannes de Piano Carpini. 'Ystoria Mongalorum (History of the Mongols)'. In *Smica Franciscana: Itinera et Relationes Fratrum Minorum Saeculi XIII et XIV*, edited by P. Anastasius Van Den Wyngaert. Sinica Franciscana, vol. 1, 27-130. Firenze: Apud Collegium S. Bonaventurae, 1929.

Ipat'evskaia Letopis' (Chronicle ofIpat'ev), edited by A.I. Tsenkov. Russkie Letopis', vol. 1. Ryazan': Aleksandriya, 2001.

Joinville, Jean de. *The Life of St Louis*, translated by Rene Hague. New York: Sheed and Ward, 1955.

Joinville, Jean de. *Histoire de Saint Louis (The History of Saint Louis)*. Paris: Les Libraire, 1960.

Juvaini, Ala al-Din Ata Malik ibn Muhammad. *Tankh-i-Jahan-Gusha (The History of the World Conqueror)*, edited by Mirza Muhammad Qazvini. E.J.W. Gibb Memorial Series (3 vols). Leiden/London: Brill, 1912, 1916, 1937.

Juvaini, Ala al-Din Ata Malik ibn Muhammad. *Genghis Khan: The History of the World Conqueror*, edited and translated by J. A. Boyle. Seattle: University of Washington Press, 1997.

Juvaini, Ala al-Din Ata Malik ibn Muhammad. *The History of the World-Conqueror*, translated by J.A. Boyle. Cambridge: Harvard University Press, 1958.

Juzjani, Minhaj Siraj. *Tabaqat-i-Nasm (Dynasties of the Helpers)* (2 vols). Lahore: Markazi Urdu Bord, 1975.

Juzjani, Minhaj Siraj. *Tabaqat-i-Nasm (Dynasties of the Helpers)* (2 vols), edited by Abd al-Hayy Habibi. Kabul: Anjuman-i Tarikh-i Afghanistan, 1964-5.

Juzjani, Minhaj Siraj. *Tabaqat-i-Nasm (A General History of the Muhammadan Dynasties of Asia)* (2 vols), edited and translated by Major H.G. Raverty. New Delhi: Oriental Books Reprint Corp, 1970.

Kiracos de Gantzac. 'Journey of the Armenian King Hethum to Mangoo Khan Performed in the Years 1254 and 1255, and Described by the Historian Kirakos Kandtsaketsi: Translated from the Armenian with Notes', *Asiatic Journal* 10 (1833): 137-43.

Latham, J.D., and Paterson, W.F., ed. and trans. *Saracen Archery: An English Version and Exposition of a Mameluke Work on Archery*. London: The Holland Press, 1970.

Letopis' Po Lavrentievskomu Spisku (The Laurentian Chronicle). Saint Petersburg: Arkheograficheskoi Kommissii, 1872.

'Liao Shi' (History of the Liao Dynasty). In *History of Chinese Society: Liao 907-1125*, edited and translated by Karl A. Wittfogel and Feng Chia-Sheng. Philadelphia: The American Philosophical Society, 1949.

Li Chih-Ch'ang. *The Travels of an Alchemist: The Journey of the Taoist, Ch'ang-Ch'un, from China to the Hindukush at the Summons of Chingiz Khan, Recorded by His Disciple, Li Chih-Ch'ang*, translated by Arthur Waley. London: Routledge & Sons, 1963.

al-Maqrizi, Ahmad ibn Ali. *Kitab al-Suluk Li-M'anfat Ft Dul al-Muluk (Introduction to the Knowledge of Royal Dynasties)*, edited by Ziyardah Muhammad Mustafi. Cairo: Lajnat al-Ta'lif wa al-Tarjamah wa al-Nashr, 1956.

Martinez, A.P. 'The Third Portion of the History of Gazan Xan in Rasidu'd-Din's Ta'rix-e Mobarake-e Gazani'. *Archivum Eurasiae Medn Aevi* VI (1988): 41-127.

Maurikos. *Maurice's Strategikon: Handbook of Byzantine Military Strategy*, translated by George T. Dennis. Philadelphia: University of Pennsylvania Press, 1984.

Nasawi, Muhammad ibn Ahmad. *Sirah al-Sultan Jalal al-Dm Mankubirti (The History of Sultan Jalal al-Dm Mankubirti)*. Cairo: Dar al-Fikr al-Arabi, 1953.

Nikonovskaia Letopis'. *The Nikonian Chronicle* (5 vols), translated by Serge A. and Betty Jean Zenkovsky. Princeton: The Kingston Press, 1984.

al-Nuwayri, Ahmad ibn Abd al-Wahhab. *Nihayat al-Arab Ft Funun al-Adab (The Conclusion of the Desires in a Variety of Humanities)*, edited by S'aid 'Ashur. Cairo: Al-hayat al Misriyyat al-'ammat lil-kitab, 1975.

Paris, Matthew. *English History*, translated by J.A. Giles. New York: AMS Press, 1968.

Peng Daya and Xu Ting. 'Hei Da Shi Lue ('Qar-a Tatar-un Tuqai Kereg-un Tobci' - Yin Tayilburilan Gerecilegsen Bicig) (Brief Account of the Black Tatar)'. In *Bogda Bagatur Bey-e-Ber Tayilagsan Temdeglel*, edited by Asaraltu. Monggol Tulgur Bicig-un Cubural, 159-256. Qayilar: Obor Monggol-un Soyul-un Keblel-un Qpriy-a: Kolun Boyir Ayimag-un Sinquva Bicig-un Delgegur tarqagaba, 1985.

Piano Carpini, John of. 'History of the Mongols'. In Dawson, Christopher, ed. *The Mongol Mission: Narratives and Letters of the Tranciscan Missionaries in Mongolia and China in the Thirteenth and Tourteenth Centuries*, translated by a nun of Stanbrook Abbey. London: Sheed and Ward, 1955.

Piano Carpini, John of. *Jean de Piano Carpini: Histoire Des Mongols (History of the Mongols)*, translated by Jean Becquet and Louis Hambis. Paris: Adrien-Maisonneave, 1965.

Polo, Marco. *The Book of Ser Marco Polo*, edited and translated by Henry Yule. 3rd edition. London: J. Murray, 1929.

Polo, Marco. *La Description du Monde (Description of the World)*, edited and translated by Louis Hambis. Paris, 1955.

Polo, Marco. *The Description of the World*, translated by A.C. Moule and Paul Pelliot.

London: G. Routledge, 1938.

Polo, Marco. *The Travels of Marco Polo (2 vols)*, translated by Henry Yule, edited by Henri Cordier. New York: Dover Publications, 1993.

Polo, Marco. *The Travels of Marco Polo*, translated by Ronald Latham. New York: Penguin Books, 1958.

Qazwini, Hamd-allah Mustaqfi. *The Geographical Part of the Nuzhat-al-Qulub Composed by Hamd-Allah Mustaqfi ofQazwm in 740 (1340)*, edited and translated by Guy Le Strange. Leiden: Brill, 1919.

Rachewiltz, Igor de. *Index to the Secret History of the Mongols*. Bloomington: Indiana University, 1972.

Rashid al-Din Tabib. *J ami al-tawarikh (Compendium of Chronicles) by Rashid al-Din* (3 vols), edited by A.A. Alizade. Baku: NAUKA, 1957.

Rashid al-Din Tabib. *The Successors of Genghis Khan*, translated from the Persian by John Andrew Boyle. New York: Columbia University Press, 1971.

Rashid al-Din Tabib. *J ami al-tawarikh (Compendium of Chronicles) by Rashid al-Din* (2 vols), edited by A.A. Alizade. Moscow: NAUKA, 1980.

Rashid al-Din Tabib. *Jami' al-tawarikh (Compendium of Chronicles)*, edited by B. Karimi (2 vols). Teheran: Iqbal, 1983.

Rashid al-Din Tabib. 'The Third Portion of the History of Gazan Xan in Rasidu'd-Din's Ta' Rix-e Mobarak-e Gazani', translated by A.P. Martinez. *Archivum Eurasiae Medii Aevi* 6 (1986; 1988): 43-127.

Rashid al-Din Tabib. *Jami al-tawarikh (Compendium of Chronicles)*, edited by Muhammad Rushn Mustafi Musavi. Teheran: Nashr al-Buruz, 1995.

Rashiduddin Fazlullah. *Jami'u't-tawankh: Compendium of Chronicles* by Rashiduddin Fazlullah, Parts 1-3. Sources of Oriental Languages and Literatures, vol.45, translated by W.M. Thackston, edited by Sinasi Tekin and Goniil Alpay Tekin. Central Asian Sources IV. Cambridge, Harvard University: Department of Near Eastern Languages and Civilizations, 1998.

Rubruck, William of. *The Mission of Friar William of Rubruck: His Journey to the Court of the Great Khan Mongke, 1253-1255*, translated by Peter Jackson, edited by David Morgan. Works Issued by the Hakluyt Society, 2nd Series, vol. 173. London: The Hakluyt Society, 1990.

Rubruck, William of. 'His Journey to the Court of the Greak Khan Mongke'. *In The Mongol Mission: Narratives and Letters of the Franciscan Missionaries in Mongolia and China in the Thirteenth and Fourteenth Centuries*, edited by Christopher Dawson, translated by a nun of Stanbrook Abbey. London: Sheed and Ward, 1955.

The Secret History of the Mongols, translated by Igor de Rachewiltz. In *Papers on Far Eastern History* 4 (September 1971): 115–63; 5 (March 1972): 149–75; 10 (September 1974): 55–82; 13 (March 1976): 41–75; 16 (September 1977): 27–65; 18 (September 1978): 43–80; 21 (March 1980): 17–57; 23 (March 1981): 111–46; 26 (September 1982): 39–84; 30 (September 1984): 81–160; 31 (March 1985): 21–93; 33 (March 1986): 129–37.

The Secret History of the Mongols, edited and translated by Francis W. Cleaves. Cambridge: Harvard University Press, 1982.

The History and the Life of Chinggis Khan: The Secret History of the Mongols, edited and translated by Urgunge Onon. Leiden/New York: E.J. Brill, 1990.

The Secret History of the Mongols: The Life and Times of Chinggis Khan, translated by Urgunge Onon. New edition. Richmond, Surrey: Curzon Press, 2001.

The Secret History of the Mongols, edited and translated by Igor de Rachewiltz. Leiden: Brill, 2004.

Histoire Secrete Des Mongols (The Secret History of the Mongols), edited and translated by Louis Ligeti. Monumenta Linguae Mongolicae Collecta vol. 1: Budapest, 1971.

Sheng wu chin cheng lu (The Campaigns of the Holy Warrior). Ch iu–t ao Ho, Kuo–wei Wang, Kung Chao, Ta–ya P eng, T ing Hsu, Ta–heng Hsiao, Kokeondur, and Asaraltu. *Bogda Bagatur Bey–e–Ber Tayilagsan Temdeglel*. Angqadugar keb. Monggol Tulgur Bicig–un Cubural. Qayilar: Obor Monggol–un Soyul–un Keblel–un Qpriy–a Kolun Boyir Ayimag–un Sinquva Bicig–un Delgegur tarqagaba, 1985.

Ssu–ma Ch'ien. *Records of the Grand Historian*, translated by Burton Watson. New York: Columbia University Press, 1961.

Thomas of Spalato. *Istonya Arxiyepiskopov Salom i Splita (The History of the Archbishop of Salon and Split)*, translated by A.I. Solopov, edited by O.A. Akumovoi. Moscow: Indrik, 1997.

Umari, Ibn Fadl Allah al. *Kitab Masalik al–Absar Wa Mamalik al–Amsar: Mamalik Bayt Jinkiz Khan (Book of the Policy of Vision and Imperial Capitals: The Empire of the House of Chinggis Khan)*, edited and translated by K. Lech. Asiatische Forschungen, vol. 14. Wiesbaden: Otto Harrassowitz, 1968.

Villehardouin, Geoffroi de, and Joinville, Jean. *Chronicles of the Crusades*, edited and translated by Margaret R.B. Shaw. Baltimore: Penguin Books, 1983.

Voskpesenskaia Letopis' (The Chromlce of Voskpesen), edited by A.E. Tsepkov. Riazan': Pepkov Aleksandr Ivanovich, 1998.

Wang O. *The Tall of the Jurchen Chtn: Wang O's Memoir on the Ts'ai-Chou Under the Mongol Siege (1233-1234)*, edited and translated by Hok-lam Chan. Miinchener Ostasiatische Studien, vol. 66. Stuttgart: F. Steiner Verlag, 1993.

Yuan Shih (History of the Yuan Dynasty), Chapters 98 and 99, translated by Ch'i-ch'ing Hsiao. In *The Military Establishment of the Yuan Dynasty*, 72-124. Cambridge: Harvard University Press, 1978.

Zenkovsky, Serge A., ed. and trans. *Medieval Russia's Epics, Chronicles, and Tales*. Revised and enlarged (2nd edition). New York: Penguin Books, 1974.

Zhao Hong (Zhao Gong). *Meng-Da Bei-Lu: Polnoe Opisanie Mongolo-Tatar (Record of the Mongols and the Tatars)*, translated by Nikolai Ts. Munkuev. Moscow: Academy of Sciences (Nauka), 1975.

Zhao Hong (Zhao Gong). 'Meng-Da Bei-Lu ('Monggol-Tatar-un Tuqai Burin Temdeglel'-un Tayilburilan Gerecilegsen Bicig) (Record of the Mongols and the Tatars)'. In *Bogda Bagatur Bey-e-Ber Tayilagsan Temdeglel*, 95-158, edited by Asaraltu. Monggol Tulgur Bicig-un Cubural. Qayilar: Obor Monggol-un Soyul-un Keblel-un Qpriy-a: Kolun Boyir Ayimag-un Sinquva Bicig-un Delgegur tarqagaba, 1985.

SECONDARY SOURCES

Aalto, Pentti. 'Swells of the Mongol-Storm Around the Baltic' *Acta Orientalia Academiae Scientanum Hungaricae* 36 (1982): 5-15.

Abid, Syed Asid Ali. 'The Mongol Invasions of Persia.' *Iqbal* 7 (1959): 31-50.

Abulafia, David. *Tredenck II, A Medieval Emperor*. Oxford: Oxford University Press, 1988.

Adams, Robert McCormick. *Land Behind Baghdad: A History of Settlement on the Diyala Plains*. Chicago: University of Chicago Press, 1965.

Ahmad, Aziz. 'Mongol Pressure in an Alien Land.' *Central Asiatic Journal* 6 (1961): 182-93.

Allsen, Thomas T. 'The Circulation of Military Technology in the Mongolian Empire.' In *Warfare in Inner Asian History, 500-1800*, edited by Nicola Di Cosmo. Handbook of Oriental Studies, Section 8: Central Asia, vol. 6, 265-94. Leiden: Brill, 2002.

Allsen, Thomas T. 'Mongol Census Taking in Rus, 1245-1275.' *Harvard Ukrainian Studies* 5, no. 1 (1981): 32-53.

Allsen, Thomas T. 'Mongolian Princes and Their Merchant Partners, 1200-1260.' *Asia Major* 2 (1989): 83-125.

Allsen, Thomas T. 'Mongols and North Caucasia.' *Archivum Eurasiae Medii Aevi* 7 (1987-91): 5-40.

Allsen, Thomas T. 'Technician Transfers in the Mongolian Empire.' *The Central Eurasian Studies Lectures* 2 (2002).

Amitai, Reuven. 'Mongol Raids Into Palestine.' *Journal of the Royal Asiatic Society* 2 (1987): 236–55.

Amitai-Preiss, Reuven. 'Arabic Sources for the History of the Mongol Empire.' *Mongolica: An International Annual of Mongol Studies* 5 (1994): 99–107.

Amitai-Preiss, Reuven. 'In the Aftermath of Ayn Jalut: The Beginnings of the Mamluk-Ilkhanid Cold War.' *Al-Masaq* 3 (1990): 1–21.

Amitai-Preiss, Reuven. 'Ayn Jalut Revisited.' *Tarih* 2 (1992): 119–50.

Amitai-Preiss, Reuven and Morgan, D.O. *The Mongol Empire and Its Legacy.* Islamic History and Civilization. Leiden/Boston: Brill, 1999.

Anderson, G.L. 'Turkish Archery.' *British Archery* 16 (1964–5): 150–1.

Asad, Talal. 'The Beduin as a Military Force: Notes on Some Aspects of Power Relations Between Nomads and Sedentaries in Historical Perspective.' In *The Desert and the Sown Nomads in the Wider Society*, edited by Cynthia Nelson. Research Series, vol.21. Berkeley: Institute of International Studies, 1973.

Aubin, Jean. 'L'Ethogenese Des Qaraunas.' *Turcica* 1 (1969): 65–95.

Ayalon, David. 'Discharges from Service, Banishments and Imprisonments in Mamluk Society.' *Israel Oriental Studies* 2 (1972): 25–50.

Ayalon, David. 'Mamluk.' In *Encyclopaedia of Islam*, vol. 6. Leiden: Brill, 1994.

Aytan, Andrew. 'Arms, Armour, and Horse.' In *Medieval Warfare*, edited by Maurice Keen, 186–208. Oxford: Oxford University Press, 1999.

Bacon, Elizabeth E. *Obok, A Study of Social Structure in Eurasia.* Viking Fund Publications in Anthropology, vol.25. New York: Wenner-Gren Foundation for Anthropological Research, 1958.

Barfield, Thomas. *The Perilous Frontier: Nomadic Empires and China, 221 BC to AD 1757.* Studies in Social Discontinuity. Cambridge: Cambridge University Press, 1992.

Barrett, T.H. 'The Secret History of the Mongols: Some Fresh Revelations.' *Bulletin of the School of Oriental and African Studies* 55 (1992): 115–20.

Barthold, Vasilii Vladimirovich. *Turkestan Down to the Mongol Invasions.* 4th edition. Philadelphia: Porcupine Press, E.J.W. Gibb Memorial Trust, 1977.

Bartold, W. *An Historical Geography of Iran*, translated by Svat Soucek. Princeton: Princeton University Press, 1984.

Bergman, C.A.; McEwen. E.; and Miller, R. 'Experimental Archery: Projectile Velocities and Comparison of Bow Performances.' *Antiquity* 62 (1988): 658–70.

Biran, Michal. 'China, Nomads, and Islam: The Qara Khitai (Western Liao) Dynasty 1124-1218.' PhD dissertation, Hebrew University, 2000.

Biran, Michal. "'Like a Mighty Wall": The Armies of the Qara Khitai (1124-1218).' *Jerusalem Studies in Arabic and Islam* 25 (2001): 44-91.

Biran, Michal. *Qaidu and the Rise of the Independent Mongol State in Central Asia.* Surrey: Curzon, 1997.

Biran, Michal. *The Empire of the Qara Khitai in Eurasian History.* Cambridge: Cambridge University Press, 2004.

Bishop, W.E. 'On Chinese Archers' Thumbrings.' *Archery* 26, no. 11 (1954): 10-14, 33-34.

Boase, T.S.R. *The Cilician Kingdom of Armenia.* New York: St Martin's Press, 1978.

Bold, Bat-Ochir. *Mongolian Nomadic Society: A Reconstruction of the Medieval' History of Mongolia.* New York: St Martin's Press, 2001.

Bold, Bat-Ochir. 'The Quantity of Livestock Owned by the Mongols in the Thirteenth Century.' *Journal of the Royal Asiatic Society* 8, no. 2 (1998): 237-46.

Borchardt, Karl. 'Military Orders in East Central Europe: The First Hundred Years.' In *Autour de la Premiere Croisade*, 247-54. Paris: Publications de la Sorbonne, 1996.

Boudot-Lamotte, A. 'Kaws.' In *Encyclopedia of Islam.* Leiden: Brill, 1978.

Boyle, J.A. 'Kirakos of Ganjak on the Mongols.' *Central Asiatic Journal* 8 (1963): 199-214. Reprinted in *The Mongol World Empire*, London: Variorum Reprints, 1977.

Boyle, J.A. 'The Mongol Invasion of Eastern Persia.' History Today 13 (1965): 614-23. Reprinted in *The Mongol World Empire*, London: Variorum Reprints, 1977.

Boyle, J.A. 'Turkish and Mongol Shamanism in the Middle Ages.' *Folklore* 83 (1972): 177-93.

Bradford, Ernie. *The Knights of the Order.* New York: Dorset Press, 1972.

Buell, Paul D. 'Early Mongol Expansion in Western Siberia and Turkestan (1207-1219): A Reconstruction.' *Central Asiatic Journal* 36 (1992): 1-32.

Buell, Paul D. 'Kalmyk Tanggaci People: Thoughts on the Mechanics and Impact of Mongol Expansion.' *Mongolian Studies* 6 (1980): 41-59.

Buell, Paul D. 'Pleasing the Palate of the Qan: Changing Foodways of the Imperial Mongols.' *Mongolian Studies* 13 (1990): 57-82.

Buell, Paul D. 'Sino-Khitan Administration in Mongol Bukhara.' *Journal of Asian History* 13, no. 2 (1979): 121-51.

Bulag, Uradyn Erden. 'Nationalism and Identity in Mongolia.' PhD dissertation, *Social Anthropology*, Cambridge University, 1993.

Bulag, Uradyn Erden. *Nationalism and Hybridity in Mongolia*. Oxford Studies in Social and Cultural Anthropology. New York: Clarendon Press, 1998.

Cahen, Claude. 'Les Mongols dan les Balkans.' *Revue Historique* 146 (1924): 55-9.

Cahen, Claude. *Pre-Ottoman Turkey*, translated by J. Jones-Williams. New York: Taplinger Publishing, 1968.

Carruthers, Douglas. *Unknown Mongolia: A Record of Travel and Exploration in North-West Mongolia and Dzungaria*. Phildelphia: J.B. Lippincott Co, 1914.

Chahin, M. *The Kingdom of Armenia*. New York: Dorset, 1991.

Chan, Hok-lam. 'Siting by Bowshot: A Mongolian Custom and its Sociopolitical and Cultural Implications.' *Asia Major* 4 (1991): 53-78.

Chan, Hok-lam. ' "The Distance of a Bowshot": Some Remarks on Measurement in the Altaic World.' *The Journal of Sung-Yuan Studies* 25 (1995): 29-46.

Chan, Hok-lam. *China and the Mongols: History and Legend Under the Yuan and Ming*. Aldershot: Ashgate Publishing, 1999.

Chase, Kenneth. *Firearms: A Global History to 1700*. New York: Cambridge University Press, 2003.

Christiansen, E. *The Northern Crusades: The Baltic and the Catholic Frontier, 1100-1525*. Minneapolis: University of Minnesota Press, 1980.

Clauson, Gerard. 'Turkish and Mongolian Horses and Use of Horses, an Etymological Study.' *Central Asiatic Journal* 10 (1965): 161-66.

Cleaves, F.W. 'A Chancellery Practice of the Mongols in the Thirteenth and Fourteenth Centuries.' *Harvard Journal of Asiatic Studies* 14 (1951): 493-526.

Cleaves, F.W. 'A Medical Practice of the Mongols in the Thirteenth Century.' *Harvard Journal of Asiatic Studies* 17 (1954): 428-44.

Contamine, Philippe. *War in the Middle Ages*, translated by Michael Jones. New York: Basil Blackwell, 1980.

Cordier, Henri. *Ser Marco Polo: Notes and Addenda to Sir Henry Yule's Edition, Containing the Results of Recent Research and Discovery*. London: J. Murray, 1920.

Cosmo, Nicola Di. 'State Formation and Periodization in Inner Asian History.' *World History* 10, no. 1 (1999): 1-40.

Dafeng, Qu, and Lin Jianyi. 'On Some Problems Concerning Jochi's Lifetime.' *Central Asiatic Journal* 42, no. 2 (1998): 283-90.

Dalantai. 'Menggu Singxue Yanjiu: Jian Lun Chengjisihan Yang Bing Zhi Mi.' In *The Secret History of the Mongols: The Life and Times of Chinggis Khan*, edited by Urgunge Onon, 279-87. Richmond: Curzon Press, 1996.

Dardess, J.W. 'From Mongol Empire to Yuan Dynasty: Changing Forms of Imperial Rule in Mongolia and Central Asia.' *Monumenta Serica* 30 (1972-3): 117-65.

Davis, R.H.C. *The Medieval Warhorse: Origin, Development, and Redevelopment*. London: Thames and Hudson, 1989.

Davis, Tenny L., and Ware, J.R. 'Early Chinese Military Pyrotechnics.' *Journal of Chemical Education* 24 (1947): 522-37.

De Rachewiltz, Igor. *Papal Envoys to the Great Khans*. London: Faber and Faber, 1971.

DeVries, Kelly. *Medieval Military Technology*. Peterborough, Ontario: Broadview Press, 1992.

Dewey, Horace W. 'Russia's Debt to the Mongols in Suretyship and Collective Responsibility.' *Comparative Studies in Society and History* 30 (1988): 249-71.

Digby, Simon. *War-Horse and Elephant in the Delhi Sultanate: A Study of Military Supplies*. Oxford: Oxford University Press, 1971.

Dunnell, Ruth. 'The Hsi Hsia.' In *The Cambridge History of China*, edited by Herbert Franke and Denis Twitchett, vol. 6, *Alien Regimes and Border States, 907-1368*, 154-214. Cambridge: Cambridge University Press, 1994.

Ecsedy, Hilda. 'Tribe and Empire, Tribe and Society in the Turk Age.' *Acta Orientalia Hungarica* 31 (1977): 3-15.

Ecsedy, Hilda. 'Tribe and Tribal Society in the 6th Century Turk Empire.' *Acta Orientalia Hungarica* 25 (1972): 245-62.

Edbury, Peter. *The Kingdom of Cyprus and the Crusades, 1191-1374*. Cambridge: Cambridge University Press, 1991.

Edbury, Peter. 'Warfare in the Latin East.' In *Medieval Warfare*, edited by Maurice Keen, 89-112. Oxford: Oxford University Press, 1999.

Elott, M.E. 'Technique of the Oriental Release.' *Archery* (December 1962): 18-21, 43.

Endicott-West, Elizabeth. 'Hereditary Privilege in the Yuan Dynasty.' *Journal of Turkish Studies* 9 (1985): 5-20.

Endicott-West, Elizabeth. 'Imperial Governance in Yuan Times.' *Harvard Journal of Asiatic Studies* 46, no. 2 (1986): 523-49.

Engels, Donald W. *Alexander the Great and the Logistics of the Macedonian Army*. Berkeley: University of California Press, 1978.

Faris, N.A., and Elmer, R.P. *Arab Archery*. Princeton: Princeton University Press, 1945.

Fennel, John. *The Crisis of Medieval Russia*. New York: Longman, 1983.

Fennel, John. 'The Tale of Baty's Invasion of North-East Rus' and its Reflexion in the Chronicles of the Thirteenth-Fifteenth Centuries.' *Russia Mediaevalis* 3 (1977): 41-78.

Fine, John V.A. *The Late Medieval Balkans: A Critical Survey from the Late Twelfth Century to the Ottoman Conquest.* Ann Arbor: University of Michigan Press, 1987.

Fletcher, Joseph. 'The Mongols: Ecological and Social Perspectives.' *Harvard Journal of Asiatic Studies* 46 (1986): 11–50.

Forbes Manz, Beatrice. 'The Office of Darugha under Tamerlane.' *Journal of Turkish Studies* 9 (1985): 69–70.

Forey, Alan. *The Military Orders from the Twelfth to the Early Fourteenth Centuries.* Toronto: University of Toronto Press, 1992.

France, John. *Western Warfare in the Age of the Crusades, 1000–1300.* Ithaca, NY: Cornell University Press, 1999.

Franke, Herbert. 'The Chin Dynasty.' In *The Cambridge History of China*, edited by Herbert Franke and Denis Twitchett, vol. 6, *Alien Regimes and Border States, 907–1368*, 215–320. Cambridge: Cambridge University Press, 1994.

Franke, Herbert. *China Under Mongol Rule.* Collected Studies. Aldershot: Variorum, 1994.

Franke, Herbert. 'Sino-Western Contacts Under the Mongol Empire.' *Journal of the Hong Kong Branch of the Royal Asiatic Society* 6 (1966): 49–72.

Franke, Herbert. 'Sung Embassies: Some General Observations.' In *China Among Equals*, edited by Morris Rossabi, 116–50. Berkeley: University of California Press, 1983.

Franke, Herbert, and Hok-lam Chan. *Studies on the Jurchens and the Chin Dynasty.* Aldershot: Ashgate Publishing, 1997.

Gaadamba, Sh. *Mongolyn Nuuts Tovchoo.* Ulaanbaatar: Ulsiin Khevleliin Gazar, 1990.

Gabriel, Richard A. *Subotai the Valiant: Genghis Khan's Greatest General.* Westport: Praeger, 2004.

Galstyan, A.G. 'The Conquest of Armenia by the Mongol Armies', translated by Robert Bedrosian. *The Armenian Review* 11 (1975): 356–77.

Gernet, Jacques. *Daily Life in China on the Eve of the Mongol Invasion, 1250–1276.* Stanford: Stanford University Press, 1962.

Golden, P.B. 'Cumanica I: The Qipcaqs in Georgia.' *Archivum Eurasiae Medii Aevi* 4 (1984): 45–87.

Golden, P.B. ' "I Will Give the People Unto Thee": The Cinggisid Conquests and Their Aftermath in the Turkic World.' *Journal of the Royal Asiatic Society* 10, no. 1 (2000): 21–42.

Golden, P.B. 'Imperial Ideology and the Sources of Politcal Unity Amongst the Pre-Cinggisid Nomads of Western Eurasia.' *Archivum Eurasiae Medii Aevi* 2 (1982): 37–76.

Golden, P.B. *Nomads and Sedentary Societies in Medieval Eurasia.* Essays on Global and

Comparative History Series. Washington, DC: American Historical Association, 1998.

Golden, P.B. 'Nomads and Their Sedentary Neighbors in Pre-Cinggisid Eurasia.' *Archivum Eurasiae Medii Aevi* 1 (1987-91): 41-82.

Golden, P.B. 'The Question of the Rus Qaganate.' *Archivum Eurasiae Medii Aevi* 2 (1982): 77-98.

Golden, P.B. 'Vyxod: Aspects of Medieval Eastern Slavic-Altaic Culturo-Linguistic Relations.' *Archivum Eurasiae Medii Aevi* 1 (1987-1991): 83-102.

Goodrich, L. Carrington. 'Early Cannon in China.' *Isis* 55 (1964): 193-5. Goodrich, L. Carrington and Feng Chia-cheng. 'The Early Development of Firearms in China.' *Isis* 36 (1946): 114-123, 250-1.

Grousset, Rene. *The Empire of the Steppes: A History of Central Asia.* New Brunswick, NJ: Rutgers University Press, 1970.

Gumilev, L.N. *Searches for an Imaginary Kingdom: The Legend of the Kingdom of Prester John.* Cambridge/New York: Cambridge University Press, 1987.

Guzman, Gregory G. 'The Encyclopedist Vincent of Beauvais and His Mongol Extracts from John of Piano Carpini and Simon of Saint-Quentin.' *Speculum* 49 (1974): 287-307.

Guzman, Gregory G. 'Simon of Saint-Quentin and the Domican Mission to the Mongol Baiju: A Reappraisal' *Speculum* 46 (1971): 232-49.

Guzman, Gregory G. 'Simon of Saint-Quentin as Historian of the Mongols and Seljuk Turks.' *Medievalia et Humanistica* 3 (1972): 155-78.

Halperin, Charles. 'The East Slavic Response to the Mongol Conquest.' Archivum Eurasiae *Medii Aevi* 10 (1998-9): 98-117.

Halperin, Charles. 'The Kipchak Connection: The Ilkhans, the Mamluks, and Ayn Jalut.' *Bulletin of the School of Oriental and African Studies* 63 (2000): 229-45.

Halperin, Charles. 'The Missing Golden Horde Chronicles and Historiography in the Mongol Empire.' *Mongolian Studies* 23 (2000): 1-16.

Halperin, Charles. *Russia and the Golden Horde: The Mongol Impact on Medieval Russian History.* Bloomington: Indiana University Press, 1985.

Halperin, Charles. 'Russia in the Mongol Empire.' *Harvard Journal of Asiatic Studies* 43 (1983): 239-61.

Halperin, Charles. *The Tatar Yoke.* Columbus, Ohio: Slavica Publishers, 1986.

Hamlin, H.S. 'A Study of Composite Bows.' *Archery* (April-September 1948).

Hartog, Leo De. *Russia and the Mongol Yoke.* New York: I.B. Tauris Publishers, 1996.

Hartog, Leo De. *Genghis Khan, Conqueror of the World.* London: Tauris, 1989.

Heissig, Walther. *The Religions of Mongolia*, translated by Geoffrey Samuel. Berkley:

University of California Press, 1980.

Hillenbrand, Carole. *The Crusades: Islamic Perspectives*. Edinburgh: Edinburgh University Press, 1999.

Hoang, Michael. *Gengis Khan*. London: Saqi, 1990.

Hodgson, Marshall G.S. *The Order of the Assassins*. New York: Mouton and Co, 1955.

Hoffmeyer, Ada Bruhn. 'East and West.' *Gladius* 1 (1961): 9-16.

Holt, P.M. *The Age of the Crusades: The Near East from the Eleventh Century to 1517*. London: Longman, 1986.

Housley, Norman. 'European Warfare, c. 1200-1300.' In *Medieval Warfare*, edited by Maurice Keen, 113-35. Oxford: Oxford University Press, 1999.

Howarth, Stephen. *The Knights Templar*. New York: Dorset Press, 1982.

Howorth, Henry H. *History of the Mongols from the 9th to the 19th Century*. New York: B. Franklin, 1965.

Humphreys, R. Stephen. 'The Emergence of the Mamluk Army.' *Studia Islamica* 46 (1977): 147-82.

Hung, C. 'China and the Nomads: Misconceptions in Western Historiography on Inner Asia.' *Harvard Journal of Asiatic Studies* 44, no. 2 (1981): 597-628.

Hung, William. 'The Transmission of the Book Known as The Secret History of the Mongols.' *Harvard Journal of Asiatic Studies* 14 (1951): 433-92.

Hurley, Vic. *Arrows Against Steel: The History of the Bom*. New York: Mason/Charter, 1975.

Irwin, Robert. *The Middle East in the Middle Ages*. Carbondale: Southern Illinois University Press, 1986.

Itani, Kozo. 'Jalal al-Din Khwarazmshah in Western Asia.' *Memoirs of the Research Department of the Toyo Bunko* 47 (1989): 145-64.

Jackson, Peter. 'Cormagun.' In *Encyclopedia Iramca*, 1993.

Jackson, Peter. 'The Crisis in the Holy Land in 1260.' *English Historical Review* 95 (1980): 481-513.

Jackson, Peter. *The Delhi Sultanate, A Political and Military History*. Cambridge Studies in Islamic Civilization, edited by David Morgan. Cambridge: Cambridge University Press, 1999.

Jackson, Peter. 'The Dissolution of the Mongol Empire.' *Central Asiatic Journal* 11 (1978): 186-244.

Jagchid, Sechin. 'Genghis Khan's Military Strategy and Art of War.' *Chinese Culture* 5 (1963): 59-62.

Jagchid, Sechin. *Essays in Mongolian Studies*. Provo, Utah: David M. Kennedy Center for International Studies, Brigham Young University, 1988.

Jagchid, Sechin and Bawden, C.R. 'Notes on Hunting of Some Nomadic Peoples of Central Asia.' In *Diejagd bet Den Altaischen Volkern*, 90-102. Wiesbaden: Harrassowitz Verlag, 1968.

Jagchid, Sechin and Hyer, Paul. *Mongolia's Culture and Society*. Boulder: Westview Press, 1979.

Jagchid, Sechin and Symons, Van Jay. *Peace, War, and Trade Along the Great Wall: Nomadic-Chinese Interaction Through Two Millennia*. Bloomington: Indiana University Press, 1989.

Kaegi, Walter Emil Jr. 'The Contribution of Archery to the Turkish Conquest of Anatolia.' *Speculum* 39 (1964): 96-108.

Kafesoglu, Ibrahim. *A History of the Seljuks: Ibrahim Kafesoglu's Interpretation and the Resulting Controversy*, translated by Gary Lieser. Carbondale: Southern Illinois University, 1988.

Kahn, Paul, and Cleaves, Francis Woodman. *The Secret History of the Mongols: The Origin of Chinghis Khan: An Adaptation of the Yuan Ch Ao Pi Shih, Based Primarily on the English Translation by Francis Woodman Cleaves*. San Francisco: North Point Press, 1984.

Keen, Maurice, ed. *Medieval Warfare*. Oxford: Oxford University Press, 1999.

Kennedy, Hugh. *Mongols, Huns and Vikings: Nomads at War. Cassell's History of Warfare*, edited by John Keegan. London: Cassell, 2002.

Khan, Abdoul-Ghazi Behadour. *Histoire des Mongols et des Tatares*, translated by Petr. I. Desmaisons. Amsterdam: Philo Press, 1970.

Khan, Iqtidar Alam. 'The Turko-Mongol Theory of Kingship.' *Medieval India* 2 (1972): 8-18.

Khan, Iqtidar Alam. *Gunpowder and Firearms: Warfare in Medieval India*. New Delhi: Oxford University Press, 2004.

Khazanov, Anatoly M. *Nomads and the Outside World*, translated by Julia Crookenden. Cambridge/New York: Cambridge University Press, 1984.

Khowaiter, Abdul-Aziz. *Baibars the First: His Endeavours and Achievements*. London: Green Mountain Press, 1978.

Khudyakov, Yu. C. *Vooruzheniye Tsentral'no-Aziatskikh Kochyevnikov v Epokhu Rannyego i Razvitogo Spegnyevekov'ya*. Novosibirsk: Academy of Sciences, 1991.

Klaproth, M. 'Apercu des Entreprises des Mongols en Georgie et en Armenie dans le XIIIe

Siecle.' *Journal Asiatique* 12 (1833): 194-214.

Koprulu, Mehmed Fuad. *Islam in Anatolia After the Turkish Invasion (Prolegomena)*, translated by Gary Leiser. Salt Lake City: University of Utah Press, 1993.

Kotwicz, Wladyslaw. 'Quelques Donnees Nouvelles sur les Relations Entre les Mongols et les Ouigour.' *Rocznik Orientalistyczny* 2 (1919-24): 240-47.

Krader, Lawrence. 'The Cultural and Historical Position of the Mongols.' *Asia Major* 3 (1952): 169-83.

Krader, Lawrence. 'Feudalism and the Tatar Policy of the Middle Ages.' *Comparative Studies in Society and History* 1 (1958): 76-99.

Krader, Lawrence. 'Qan-Qagan and the Beginnings of Mongol Kingship.' *Central Asiatic Journal* 1 (1955): 17-35.

Krader, Lawrence. *Social Organization of the Mongol-Turkic Pastoral Nomads*. The Hague: Mouton, 1963.

Krader, Lawrence. 'The Tatar State: Turks and Mongols.' In *The Formation of the State*, 82-103. Englewood Cliffs: Prentice-Hall, 1968.

Krollman, Christian. *The Teutonic Order in Prussia*, translated by Ernst Horstmann. Leipzig: Offizin Haag-Drugulin, 1938.

Krueger, John R. 'Chronology and Bibliography of the Secret History.' *Mongolia Society Bulletin* 5 (1966): 25-31.

Kwanten, Luc. 'The Career of Muqali: A Reassessment.' *The Bulletin of Sung and Yuan Studies* 14 (1978): 31-8.

Kwanten, Luc. 'Chingis Khan's Conquest of Tibet: Myth or Reality?' *Journal of Asian History* 8 (1974): 1-20.

Kwanten, Luc. 'The Role of the Tangut in Chinese-Inner Asian Relations.' *Acta Orientalia Hungarica* 39 (1978): 191-9.

Lambton, Ann K.S. 'Mongol Fiscal Administration in Persia.' *Studia Islamica* 65 (1957): 97-124.

Lambton, Ann K.S. *Landlord and Peasant in Persia*. London: Oxford University Press, 1953.

Lambton, Ann K.S. *State and Government in Medieval Islam*. Oxford: Oxford University Press, 1981.

Lang, David Marshall. *The Armenians*. London: George Allen & Unwin, 1981.

Lang, David Marshall. *The Georgians*. London: George Allen & Unwin, 1966.

Langlois, J.D., Jr., ed. *China Under Mongol Rule*. Princeton: Princeton University Press, 1981.

Latham, J.D. 'Notes on Mamluk Horse-Archers.' *Bulletin of the School of Oriental and*

African Studies 32 (1969): 257-69.

Latham, J.D.; Paterson, W.F.; and Taybugha. *Saracen Archery: An English Version and Exposition of a Mameluke Work on Archery (Ca. A.D. 1368)*. London: Holland Press, 1970.

Lattimore, Owen. 'Chingis Khan and the Mongol Conquests.' *Scientific American* 209 (1963): 55-68.

Lattimore, Owen. 'The Geography of Chingis Khan.' *Geography Journal* 129 (1963): 1-7.

Le Strange, Guy. *The Lands of the Eastern Caliphate*. London: Frank Cass, 1966.

Ledyard, G. 'The Establishment of Mongolian Military Governors in Korea in 1231.' *Phi Theta Papers* 6 (1961): 1-17.

Ledyard, G. 'The Mongol Campaigns in Korea and the Dating of The Secret History of the Mongols.' *Central Asiatic Journal* 9 (1964): 1-22.

Lessing, Ferdinand, et al. *Mongolian English Dictionary, edited by Ferdinand Lessing*. Bloomington: The Mongolia Society, 1995.

Lewicki, Marian. 'Turcica et Mongolica.' *Rocznik Onentalistyczny* 15 (1939-49): 239-67.

Lewis, Archibald. *Nomads and Crusaders: A.D. 1000-1368*. Bloomington: Indiana University Press, 1988.

Lewis, Bernard. *The Assassins: A Radical Sect in Islam*. New York: Oxford University Press, 1987.

Lewis, Bernard. 'The Mongols, the Turks, and the Muslim Polity.' In *Islam in History*, 179-98, 324-35. London: Alcove Press, 1973.

Liddell Hart, B.H. 'Jenghiz Khan and Sabutai.' In *Great Captains Unveiled*. Freeport: Books for Libraries, 1967.

Liddell Hart, B.H. *The Liddell Hart Memoirs 1895-1938*. New York: G.P. Putnam's Sons, 1965.

Ligeti, Louis. *Histoire Secrete Des Mongols*. Monumenta Linguae Mongolicae Collecta, vol.1. Budapest, 1971.

Ligeti, Louis. 'Le Lexique Mongol de Kirakos de Gandzak.' *Acta Orientals Hungarica* 18 (1965): 241-98.

Lindner, R.P. 'Nomadism, Horses and Huns.' *Past and Present* 92 (1981): 3-19.

Lindner, R.P. *Nomads and Ottomans in Medieval Anatolia*. Bloomington: Indiana University Press, 1983.

Lindner, R.P. 'What Was a Nomadic Tribe?' *Comparative Studies in Society and History* 24, no. 4 (1982): 689-711.

Lippard, Bruce G. 'The Mongols and Byzantium, 1243-1341.' PhD dissertation, Uralic and

Altaic Studies, Indiana University, 1983.

Little, D.P. 'The Founding of Sultaniyya: A Mamluk Version.' *Iran: Journal of the British Institute of Persian Studies* 16 (1978): 170-5.

Lockhart, L. 'The Relations Between Edward I and Edward II of England and the Mongol Il-Khans of Persia.' *Iran: Journal of the British Institute of Persian Studies* 6 (1968): 25-31.

Lot, Ferdinand. *L'Art Militaire et les Armees Au Moyen Age en Europe et dans Le Proche Orient.* Paris: Payot, 1956.

Love, Ronald S. '"All the King's Horsemen": The Equestrian Army of Henri IV, 1585-1598.' *Sixteenth Century Journal* 22, no. 3 (1991): 510-33.

Lutaa, B. 'Old Songs of Arrows.' *Mongolia Today Online Magazine,* no. 7 (9 August 2002). 〈http://www.mongoliatoday.eom/issue/7/archery.html〉.

Lynn, John A. 'Tactical Evolution in the French Army, 1560-1660.' *French Historical Studies* 14, no. 2 (1985): 176-91.

Lynn, John A. ed. *Feeding Mars: Logistics in Western Warfare from the Middle Ages to the Present.* Boulder: Westview Press, 1993.

Maalouf, Amin. *The Crusades Through Arab Eyes.* New York: Schocken Books, 1985.

Marshall, Christopher. *Warfare in the Latin East, 1192-1291.* Cambridge: Cambridge University Press, 1992.

Marshall, Robert. *Storm from the East from Ghenghis Khan to Khubilai Khan.* Berkeley: University of California Press, 1993.

Martin, Henry Desmond. *The Rise of Chingis Khan and His Conquest of North China.* Baltimore: Johns Hopkins, 1950.

Martinez, A.P. 'Some Notes on the Il-Xanid Army.' *Archivum Eurasiae Medii Aevi* 6 (1986): 129-242.

Matsuda, Kochi. 'On the Ho-Nan Mongol Army.' *Memoirs of the Research Department of the Toyo Bunko* 50 (1992): 29-56.

May, Timothy. 'The Mechanics of Conquest and Governance: The Rise and Expansion of the Mongol Empire, 1185-1265.' PhD dissertation, Department of History, University of Wisconsin-Madison, 2004.

Mayer, H.E. *The Crusades, translated by John Gillingham.* London: Oxford University, 1972.

Mayers, W.F. 'On the Introduction and Use of Gunpowder and Firearms Among the Chinese.' *Journal of the North China Branch of the Royal Asiatic Society* 6 (1869-70): 73-104.

McNeill, William H. *The Pursuit of Power: Technology, Armed Tone, and Society Since A.D. 1000.* Chicago: University of Chicago Press, 1982.

Meserve, Ruth I. 'An Historical Perspective of Mongol Horse Training, Care and Management: Selected Texts.' PhD dissertation, Uralic and Altaic Studies, Indiana University, 1987.

Meyvaert, Paul. 'An Unknown Letter of Hulagu, Il-Khan of Persia, to King Louis IX of France.' *Viator* 11 (1980): 245-59.

Miller, David B. 'The Many Frontiers of Pre-Mongol Rus'.' *Russian History* 19 (1992): 231-60.

Miller, William. *Trebizond, the Last Greek Empire of the Byzantine Era, 1204-1461.* Chicago: Argonaut Inc, 1969.

Minorsky, Vladimir. 'Caucasia IV.' *Bulletin of the School of Oriental and African Studies* 15 (1953): 504-30.

Minorsky, Vladimir. 'Nasir al-Din Tusi on Finance.' In *Iranica*, 292-305. Teheran, 1964.

Minorsky, Vladimir, and Bartold, V.V. *Hudud-al Alam: 'The Regions of the World'.* London: Luzac & Co, E.J.W. Gibb Memorial, 1937.

Moffet, Samuel Hugh. 'Beginnings to 1500.' In *A History of Christianity in Asia.* New York: Harper Collins, 1992.

Morgan, David O. 'Cassiodorus and Rashid al-Din on Barbarian Rule in Italy and Persia.' *Bulletin of the School of Oriental and African Studies* 44, no. 1 (1981): 120-5.

Morgan, David O. 'Mongol or Persian: The Government of Ilkanid Iran.' *Harvard Middle Eastern and Islamic Review* 3 (1996): 62-76.

Morgan, David O. *The Mongols.* Oxford: Basil Blackwell, 1986.

Morgan, David O. 'Who Ran the Mongol Empire?' *Journal of the Royal Asiatic Society* (1982): 124-36.

Morgan, David O. 'The "Great Yasa of Chingiz Khan" and Mongol Law in the Ilkhanate.' *Bulletin of the School of Oriental and African Studies* 49, no. 1 (1986): 163-76.

Moses, Larry. 'The Quarrelling Sons in the Secret History of the Mongols.' *Journal of American Folklore* 100 (1987): 63-9.

Moses, Larry. 'Triplicated Triplets: The Number Nine in the Secret History of the Mongols.' *Asian Folklore Studies* 45 (1986): 287-94.

Moule, A.C. 'Bibliographical Notes on Odoric' *T'oung Pao* 20 (1922): 387-93.

Moule, A.C. 'A Life of Odoric of Pordenone.' *T'oung Pao* 20 (1921): 275-90.

Moule, A.C. 'Marco Polo.' *Journal of the Royal Asiatic Society* (1932): 603-25.

Moule, A.C. 'A Small Contribution to the Study of the Bibliography of Odoric' *T'oung Pao* 20 (1921): 301-22.

Muir, William. *The Mameluke or Slaves Dynasty of Egypt A.D. 1260-1517.* Amsterdam:

Oriental Press, 1968.

Muldoon, James. *Popes, Lawyers, and Infidels: The Church and the Non-Christian*. Philadelphia: University of Pennsylvania Press, 1979.

Murphey, Rhoads. *Ottoman Warfare 1500-1700*. New Brunswick: Rutgers University Press, 1999.

Nacagdorz, S. 'L'Organization Sociale et son Developement Chez les Peuples Nomades d'Asie Centrale.' *Etudes Mongoles et Sibenennes* 5 (1974): 135-44.

Nam, Seng Geung. 'A Study of Military Technics of the Thirteenth Century Mongols.' *Mongolka: An International Annual of Mongol Studies* 5 (1994): 196-205.

Nasonov, A.H. *Mongoli' i Rus': Istona Tatarsko' Politiki Na Rusi*. Moscow: Izdatel'stvo Akademii HAUK SSSR, 1940.

Nersessian, Sirarpie Der. *The Armentans*. London: Thames and Hudson, 1969.

Nicolle, David. *Arms and Armour of the Crusading Era, 1050-1350*. White Plains: Kraus International Publications, 1988.

Nicolle, David. 'Medieval Warfare: The Unfriendly Interface.' *The Journal of Military History* 63 (1999): 579-600.

Nicolle, David. *Medieval Warfare Source Book*, vol. 1, Warfare in Western Christendom. London: Arms and Armour, 1995.

Nishimura, D. 'Crossbows, Arrow-Guides, and the Solenarion.' *Byzantion* 58 (1988): 422-35.

Noonan, Thomas. 'Medieval Russia, the Mongols, and the West: Novgorod's Relations with the Baltic, 1100-1300.' *Medieval Studies* 37 (1975): 316-39.

Noonan, Thomas S. *The Islamic World, Russia and the Vikings, 750-900, the Numismatic Evidence*. Aldershot: Variorum, 1998.

Olschki, L. *Marco Polo's Asia: An Introduction to His 'Description of the World' Called 'Il Milione'*. Los Angeles: University of California Press, 1960.

Olschki, L. *Marco Polo's Precursors*. New York: Octagon Books, 1972.

Olschki, L. 'Olun's Chemise: An Episode from the "Secret History of the Mongols".' *Journal of the American Oriental Society* 67 (1947): 54-6.

Oman, Charles. *A History of the Art of War m the Middle Ages* (2 vols). New York: Burt Franklin, 1924.

Ostrowski, Donald. 'City Names of the Western Steppe at the Time of the Mongol Invasion.' *Bulletin of the School of Oriental and African Studies* 61 (1998): 465-75.

Ostrowski, Donald. 'The Mongol Origins of Muscovite Political Institutions.' *Slavic Review* 49 (1990): 525-43.

Ostrowski, Donald. 'The Tamma at the Dual-Administrative Structure of the Mongol Empire.' *Bulletin of the School of Oriental and African Studies* 61 (1998): 262-77.

Ostrowski, Donald. *Muscovy and the Mongols: Cross-Cultural Influences on the Steppe Frontier, 1304-1589.* Cambridge: Cambridge University Press, 1998.

Paladi, Kovacs. 'Hungarian Horse-Keeping in the 9th and 10th Centuries.' *Acta Ethnographica Hungarica* 41 (1996): 55-66.

Patton, Douglas. 'Badr al-Din Lu'lu' and the Establishment of a Mamluk Government in Mosul' Studio, *Islamica* 74 (1991): 791-803.

Payne-Gallway, Ralph. *The Book of the Crossbow.* New York: Dover Publications, 1995.

Pelenski, J. 'The Contest Between Lithuania-Rus' and the Golden Horde.' *Archivum Eurasiae Medii Aevi* 2 (1982): 303-21.

Pelliot, Paul. *Notes on Marco Polo.* Paris: A. Maisonneuve, 1959-1973.

Pelliot, Paul. *Notes on Marco Polo.* Paris: Imprimerie Nationale, 1959.

Petrushevsky, I.P. 'Socio-Economic Conditions of Iran Under the Il-Khans.' In *Cambridge History of Iran,* edited by J.A. Boyle. Cambridge: Cambridge University Press, 1968.

Pikov, G.G. *Zapadn'ie Kidani.* Novosibirsk: Izgatel'stvo Novosibirskogo Universiteta, 1989.

Prawdin, Michael. *The Mongol Empire, Its Rise and Legacy.* New York: Free Press, 1967.

Qu, Da-Feng. 'A Study of Jebe's Expedition to Tung Ching.' *Acta Orientalia Hungarica* 51 (1998): 171-7.

Rachewiltz, Igor de. 'Some Reflections on Cinggis Qan's Jasaq.' *East Asian History* 6 (1993): 91-104.

Rachewiltz, Igor de. *Index to the Secret History of the Mongols.* Uralic and Altaic Series. Bloomington: Indiana University, 1972.

Ratchnevsky, Paul. *Genghis Khan: His Life and Legacy,* translated by Thomas Nivison Haining. Oxford: Blackwell, 1991.

Rice, David Talbot; Gray, Basil; and Rashid al-Din Tabib. *The Illustrations to the World History of Rashid al-Din.* Edinburgh: Edinburgh University Press, 1976.

Robinson, H. Russell. *Oriental Armour.* New York: Walker and Co, 1967.

Rockstein, Edward. 'The Mongol Invasions of Korea.' *The Mongolia Society Bulletin* 11, no. 2 (1972): 55-75.

Rogers, Greg S. 'An Examination of Historians' Explanations For the Mongol Withdrawal from East Central Europe.' *East European Quarterly* 30 (1996): 3-26.

Rossabi, Morris, ed. *China Among Equals: The Middle Kingdom and Its Neighbors, 10th and 14th Centuries.* Berkeley: University of California Press, 1983.

Rossabi, Morris, ed. *Khubilai Khan: His Life and Times*. Berkeley: University of California Press, 1988.

Roux, Jean-Paul. 'Le Chaman Gengiskhanide.' *Anthropos* 54 (1959): 401-32.

Roux, Jean-Paul. *Histoire de l'Empire Mongol*. Paris: Fayard, 1993.

Rudolph, R.C. 'Medical Matters in an Early Fourteenth Century Chinese Diary.' *Journal of the History of Medicine and Allied Sciences* 2 (1947): 209-306.

Salia, Kalistrat. *History of the Georgian Nation*, translated by Katherine Vivian. Paris: L' Academie Francias, 1980.

Saunders, J.J. *The History of the Mongol Conquests*. Philadelphia: University of Pennsylvania Press, 2001.

Saunders, J.J. 'The Nomad as Empire Builder: A Comparison of the Arab and Mongol Conquests.' *Diogenes* 52 (1965): 79-103.

Schamiloglu, Uli. 'Preliminary Remarks on the Role of Disease in the History of the Golden Horde.' *Central Asian Survey* 12, no. 4 (1993): 447-57.

Schurmann, H.F. *Economic Structure of the Yuan Dynasty*. Cambridge: Harvard University Press, 1956.

Schurmann, H.F. 'Mongolian Tributary Practices of the Thirteenth Century.' *Harvard Journal of Asiatic Studies* 19 (1956): 304-89.

Schwartz, Henry. 'Otrar.' *Central Asian Survey* 17 (1998): 5-10.

Schwartz, Henry. 'Some Notes on the Mongols of Yunnan.' *Central Asiatic Journal* 28 (1994): 100-18.

Serruys, Henry. 'Mongol Allan "Gold" = "Imperial".' *Monumenta Serica* 21 (1962): 357-78.

Sheppard, E.W. 'Military Methods of the Mongols.' *Army Quarterly* 18 (1929): 305-15.

Silfen, Paul Harrison. *The Influences of the Mongols on Russia: A Dimensional History*. Hicksville, NY: Exposition Press, 1974.

Simon, Edith. *The Piebald Standard: A Biography of the Knights Templars*. Boston: Little, Brown, and Co, 1959.

Simon, Robert. 'Symbiosis of Nomads and Sedentaries on the Character of Middle Eastern Civilization.' *Acta Orientalia Hungarica* 35 (1981): 229-42.

Sinor, Denis. 'History of the Mongols in the 13th Century. (Notes on Inner Asian Bibliography, Part 4).' *JASH* 23 (1989): 26-70.

Sinor, Denis. 'Horse and Pasture in Inner Asian History.' *Oriens Extremus* 19 (1972): 171-84.

Sinor, Denis. *Inner Asia and Its Contacts with Medieval Europe*. London: Variorum Reprints, 1977.

Sinor, Denis. 'The Inner Asian Warriors.' *Journal of the American Oriental Society* 101, no. 2 (1981): 133-44.

Sinor, Denis. 'On Mongol Strategy.' In *Proceedings of the Fourth East Asian Altaistic Conference*, edited by Ch'en Chieh-hsien. Taipai, 1971.

Skelton, R.A., et al, ed. *The Vinland Map and the Tatar Relation*. New Haven: Yale University Press, 1965.

Smail, R.C. *Crusading Warfare (1097-1193)*. Cambridge Studies in Medieval Life and Thought. Cambridge: Cambridge University Press, 1956.

Smith, John Masson, Jr. 'Demographic Considerations in Mongol Siege Warfare.' *Archivum Ottomanicum* 13 (1993-4): 329-35.

Smith, John Masson, Jr. 'Mongol and Nomadic Taxation.' *Harvard Journal of Asiatic Studies* 30 (1970): 46-85.

Smith, John Masson, Jr. 'Mongol Campaign Rations: Milk, Marmots, and Blood?' *Journal of Turkish Studies* 8 (1984): 223-8.

Smith, John Masson, Jr. 'The Mongols and World Conquest.' *Mongolica: An International Annual of Mongol Studies* 5 (1994): 206-14.

Smith, John Masson, Jr. 'Obstacles to the Mongol Conquest of Europe.' *Mongolica: An International Annual of Mongol Studies* 10 (2000): 461-70.

Smith, John Masson, Jr. 'Ayn Jalut: Mamluk Success or Mongol Failure?' *Harvard Journal of Asiatic Studies* 44 (1984): 307-45.

Somogyi, Joseph de. 'A Qasida on the Destruction of Baghdad by the Mongols.' *Bulletin of the School of Oriental and African Studies* 7 (1933-5): 41-8.

Stang, H. 'The Baljuna Revisited.' *Journal of Turkish Studies* 9 (1985): 229-36.

Stawson, John. *Hitler as Military Commander*. New York: Barnes & Noble, 1971.

Stein, Aurel. 'Marco Polo's Account of a Mongol Inroad Into Kashmir.' *Geography Journal* 54 (1919): 92-103.

Suny, Ronald Grigor. *The Making of the Georgian Nation*. Bloomington: Indiana University Press, 1994.

Sweeney, James Ross. 'Thomas of Spalato and the Mongols: A Thirteenth-Century Dalmatian View of Mongol Customs.' *Florelegium* 4 (1982): 156-83.

Swietoslwski, Witold. *Arms and Armour of the Nomads of the Great Steppe in the Times of the Mongolian Expansion (12th-14th Centuries)*. Studies on the History of the Ancient and Medieval Art of Warfare. Lodz: Oficyna Naukowa MS, 1999.

Tang, Chi. 'On the Administration System of the Mongol Empire in China Recorded in Jame' el-Tevarih.' Paper presented at the The International Conference on China

Border Area Studies. National Chengchi University, Taipai, Taiwan, 1984.

Tao, Jing-Shen. *The Jurchen in Twelfth-Century China: A Study in Sinicization.* Seattle: University of Washington Press, 1976.

Tao, Jing-Shen. *Two Sons of Heaven: Studies in Sung-Liao Relations.* Tucson: The University of Arizona Press, 1988.

Thorau, Peter. 'The Battle of 'Ayn Jalut: A Re-Examination.' In *Crusade and Settlement,* edited by P.W. Edbury, 236–41. Cardiff: University College Cardiff Press, 1985.

Thorau, Peter. *The Lion of Egypt: Sultan Baybars I and the Near East in the Thirteenth Century.* London: Longman, 1992.

Tikhvinskii, Sergei Leonidovich. *Tataro-Mongoly v Azii Evrope Sbornk Statei.* 2nd edition. Moskva: Nauka, 1977.

Tsevel, Ya. *Monggol Khelnii Tovch Tailbar Tol,* edited by Kh. Luvsanbaldan. Ulaanbaatar: Ulsiin Khevleliin Khereg Erkhlekh Khoron, 1966.

Turan, Osman. 'The Ideal of World Domination Among the Medieval Turks.' *Studia Islamica* 4 (1955): 77–90.

Ullman, Manfred. *Islamic Medicine.* Islamic Surveys, vol.11. Edinburgh: Edinburgh University Press, 1978.

Van de Ven, Hans, ed. *Warfare in Chinese History.* Sinica Leidensia Series, edited by W.L. Idema, vol. 47. Leiden: Brill, 2000.

Vasary, Istvan. 'Mongolian Impact on the Terminology of the Documents of the Golden Horde.' *Acta Orientalia Hungarica* 48 (1995): 479–85.

Vasary, Istvan. 'The Origin of the Institution of Basqaqs.' *Acta Orientalia Hungarica* 32 (1978): 201–6.

Verbruggen, J.F. *The Art of Warfare in Western Europe During the Middle Ages from the Eighth Century to 1340.* 2nd edition. Woodbridge: The Boydell Press, 1997.

Vernadsky, George. *The Mongols and Russia.* New Haven: Yale University Press, 1953.

Vernadsky, George. 'The Scope and Contents of Chingis Khan's Yasa.' *Harvard Journal of Asiatic Studies* 3 (1938): 337–60.

Vladimirtsov, B.I. *Le Regime Social Des Mongols: Le Feodalisme Nomade,* translated by Rene Grousset. Paris: Libraire d'Amerique et d'Orient, 1948.

Vladimirtsov, B.I. *Gengis-Khan.* Paris: Librairie d'Amerique et d'Orient, 1948.

Voegelin, Eric. 'The Mongol Orders of Submission to European Powers.' *Byzantion* 15 (1970): 378–413.

Von Gabain, Annemarie. 'Horse and Rider in the Middle Ages.' *Central Asiatic Journal* 10

(1965): 228-43.

Vyronis, Speros Jr. 'Byzantine and Turkish Societies and Their Sources of Manpower.' In
   War, Technology, and Society in the Middle East, edited by V.J. Parry and M.E. Yapp,
   125-52. London: Oxford University Press, 1975.

Walker, Cyril Charles, *Jenghiz Khan*. London: Luzac, 1939.

Wang, Ling. 'On the Invention and Use of Gunpowder and Fire-Arms in China.' Isis 37
   (1947): 160-78.

Werner, E. 'The Burial Place of Genghis Khan.' *Journal of the North China Branch of the
   Royal Asiatic Society* 56 (1925): 80-6.

White, Lynn Jr. 'The Crusades and the Technological Thrust of the West.' In *War,
   Technology, and Society in the Middle East*, edited by V.J. Parry and M.E. Yapp, 97-112.
   London: Oxford University Press, 1975.

Whitman, Captain J.E. A. *How Wars Are Taught*. London: Oxford University Press, 1941.

Williams, Alan R. 'The Manufacture of Mail in Medieval Europe: A Technical Note.' *Gladius*
   15 (1980): 105-35.

Wittfogel, Karl A., and Feng Chia-Sheng. *History of Chinese Society: Liao (907-1125)*.
   Philadelphia: The American Philosophical Society, 1949.

Woods, John E. 'A Note on the Mongol Capture of Isfahan.' *Journal of Near East Studies* 36
   (1977): 49-51.

Wu, Chaolu. 'Tree Worship in Early Mongolia.' In *Culture Contact, History and Ethnicity in
   Inner Asia*, edited by Michael Gerver and Wayne Schlepp. Toronto Studies in Central
   and Inner Asia, vol.2, 80-95. Toronto: Joint Center for Asia Pacific Studies, 1996.

Yamada, Nobuo. 'Formation of the Hsiung-Nu Nomadic State.' *Acta Orientalia Hungarica*
   36 (1982): 572-82.

Yao, Tao-Chung. 'Ch'iu Ch'u-Chi and Chinggis Khan.' *Harvard Journal of Asiatic Studies*
   46, no. 1 (1986): 201-19.

Zaky, A. Rahman. 'Introduction to the Study of Islamic Arms and Armour.' *Gladius* 1 (1961):
   17-29.

Zaky, A. Rahman. 'Islamic Armour: An Introduction.' *Gladius* 2 (1963): 69-74.

칭기즈칸의 세계화 전략: 몽골 병법

1판 1쇄 발행 2009년 4월 20일
1판 8쇄 발행 2019년 3월 5일

지은이 티모시 메이
옮긴이 신우철
펴낸이 김정주
펴낸곳 ㈜대성 Korea.com
등 록 제300-2003-82호
등록일 2003년 5월 6일

주소 서울시 용산구 후암로 57길 57 (동자동) ㈜대성
대표전화 (02) 6959-3140 | **팩스** (02) 6959-3144
홈페이지 www.daesungbook.com | **전자우편** daesungbooks@korea.com

ISBN 978-89-92758-47-5 (03900)

값 13,000원